面白いほどわかる

JN048772

日本史

山中 裕典

河合塾講師／
東進ハイスクール・
東進衛星予備校講師

＊この本には「赤色チェックシート」がついています。

はじめに

▶「全体の中の位置づけ」をつかむと、日本史はもっとわかるようになる！

「戦前戦中の政治家、東条英機（とうじょうひでき）以外は誰が誰やらわからない。満州事変だとか出来事は知ってるが、誰がどう関わったなどが覚えられなくて、テレビの特集で見て『この人が、そのとき、それをしたのか』と理解するのだが、すぐ忘れるし、人名がごちゃまぜになる。」「明治・大正・昭和の流れがわからない。関東大震災から満州事変までそう年月が経ってないことも、最近知った。」

なにげなく SNS を眺めていたら、このようなコメントが目にとまりました。この国に生きる人びとが、日本史をどのように把握しているのか、その一端が表れているように感じたのです。歴史上の出来事を少しは知っている、歴史の流れもなんとなくわかる、でも**時期の感覚**が混乱しているのだと思われます。

しかし、その感覚は、「白紙に戻そう遣唐使（894年、菅原道真の建議で遣唐使を停止）」などの語呂合わせで覚えた西暦年代（年号）の知識で得られるものではありません。歴史的事象が、日本史の全体像のどこに位置づけられるのか、という**時期の感覚**を持つには、出来事と世紀や10年単位との結び付きを把握するのが効果的です。遣唐使の停止が 9 世紀末で平安時代前期、東条英機内閣の登場が1940年代初頭で昭和時代初期の戦中、といったイメージが思い浮かぶとともに、世紀や10年単位の数字を見たときに、その時期に起きたことが思い浮かぶようになれば、前と後にある出来事との関係や、同時代の出来事との関係から、その事象のもつ意味を考えることができます。

歴史とは、「過去において人びとがどのように生きたのか」という経験の集合体です。歴史の中に分け入り、**時期の感覚**を使って思考を自由にめぐらすことで、これからを生きる自分自身の人生が豊かになっていくはずです。

▶共通テスト対策の参考書が、「大人の教養が身につく参考書」に進化！

そこで、本書の出番です。この『大人の教養　面白いほどわかる日本史』は、私が大学入学共通テスト（以下、共通テスト）の対策本として著した『大学入学共通テスト　日本史Bの点数が面白いほどとれる本』（KADOKAWA）を、「この歴史用語は過去に何回出題された」といった受験生に必要な観点を取り除き、必須の知識にしぼって簡潔に編集したものです。

全国一斉の大学入学試験として毎年多くの受験生を集める共通テストは、共通一次試験（1979〜）やセンター試験（1990〜）の後継として2021年に登

場し、高等学校で学んだ事項をマークシート式で問いつつ、「思考力・判断力・表現力」を問うものにリニューアルされました。マニアックな知識は一切不要で、**資料を読みとって情報を整理する問題**や、**抽象的な選択肢の文章から具体的な出来事を思い出して時代を特定する問題**などが出題されます。大人の方々が持つ「大学入試の日本史って、こんな感じだった」というイメージとは、大きく変わっています。そして、私が共通テスト対策本を著すにあたり、知識どうしの「つながり」や「ひろがり」（出来事の原因・結果の関係や、同じ時代に起きた出来事どうしの関係）を考えて納得しながら覚えられるように、**年表**を示して日本史の流れをパッケージングしました。さらに、しくみや構造を視覚的に理解できるように、本文の随所に**図解**を示して日本史の考え方やイメージを図式化しました。その工夫は、この『大人の教養　面白いほどわかる日本史』でも生かされています。日本史の全体像をつかみ、理解を深め、覚えた知識を使いこなして、人生を豊かにすることに役立てていただければ、筆者としてこれ以上の喜びはありません。

▶**本書の特長と活用方法**

　特定の時代・分野にかたよることなく、すべての時代・分野を網羅しました。特に、文化史の内容にもふれることで、全体像をつかむことを重視しました。

　まず最初に**総合年表**（**原始・古代、中世、近世、近代・現代**）を見て、これから自分が読んでいく章の「世紀の数字（年代の数字）」と「タテ（前後）・ヨコ（左右）に位置する項目」を確認します。

　次に、**各章の年表**にある見出し（例：1 旧石器文化・縄文文化・弥生文化）と項目を、タテ（前後）・ヨコ（左右）を意識しながら目を通していきます。

　その次に、本文を読んでいきます。冒頭の「第○章のテーマ」にある⑴⑵…の番号は、年表の中の⑴⑵…の番号と対応しています。そして、大学受験を経験された方には懐かしい**赤シート**を使って重要語句をチェックしつつ、**図解**を参照しながら読んでいきましょう。ある章を読み終わったら、**各章の年表**に戻り、章の本文の内容を思い出しながら、年表のタテ・ヨコの「つながり」「ひろがり」を確認するとよいでしょう。

山中　裕典

も　く　じ

Ⅲ 近世

Ⅳ 近代・現代

本文デザイン：長谷川有香（ムシカゴグラフィクス）
本文イラスト：どいせな、中口美穂
地図作成：佐藤百合子

原始・古代 総合年表

世紀	天皇	権力者	政治・外交	社会・経済	文化
		（藤原姓は省略）	（〜1万3千年前 旧石器時代）	第1章　1旧石器文化	
			（1万3千年前〜 縄文時代）	第1章　1縄文文化	
前4 前3 前2 前1				第1章 1弥生文化	
1世紀 2世紀 3世紀			第1章 2小国の分立と連合		
4世紀 5世紀			第2章 1ヤマト政権と東アジア	第2章 2古墳文化	
6世紀	欽明 崇峻		第3章 1ヤマト政権の動揺と推古天皇の時代	第2章 3ヤマト政権と国内社会	
7世紀	推古★ 舒明 皇極★ 孝徳 斉明★ （中大兄） 天智 天武 持統★		第3章 2大化改新と白村江の戦い / 第3章 3壬申の乱と律令体制の整備	（4−2）律令国家の構造	第7章 1飛鳥文化 / 第7章 2白鳳文化

★は女性天皇

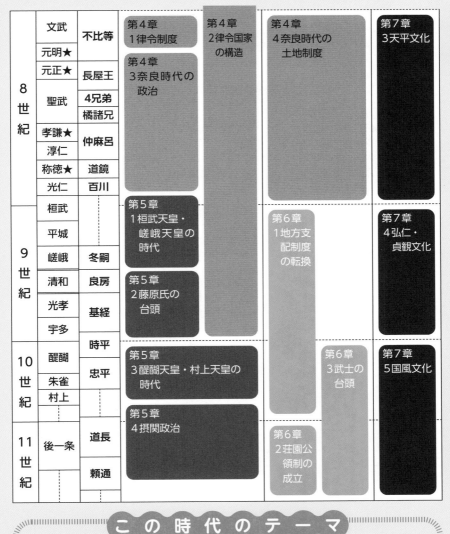

8世紀

文武	不比等	
元明★		
元正★	長屋王	
聖武	4兄弟	
	橘諸兄	
孝謙★	仲麻呂	
淳仁		
称徳★	道鏡	
光仁	百川	

9世紀

桓武	
平城	
嵯峨	冬嗣
清和	良房
光孝	基経
宇多	

10世紀

	時平
醍醐	忠平
朱雀	
村上	

11世紀

後一条	道長
	頼通

第4章 1律令制度
第4章 3奈良時代の政治
第4章 2律令国家の構造
第4章 4奈良時代の土地制度
第7章 3天平文化

第5章 1桓武天皇・嵯峨天皇の時代
第5章 2藤原氏の台頭
第6章 1地方支配制度の転換
第7章 4弘仁・貞観文化

第5章 3醍醐天皇・村上天皇の時代
第6章 3武士の台頭
第7章 5国風文化

第5章 4摂関政治
第6章 2荘園公領制の成立

この時代のテーマ

第1章 日本列島と人間社会：旧石器・縄文・弥生文化の違いを理解します。

第2章 ヤマト政権の成立と展開：東アジアとの関係や、国内支配の拡大に注目します。

第3章 律令国家の成立：中国の制度をまねて、天皇中心の中央集権体制が確立しました。

第4章 奈良時代の律令政治：律令制度の内容と、天皇家・貴族らの政争を学びます。

第5章 平安時代の貴族政治：藤原氏を中心とする政治の展開を追います。

第6章 平安時代の地方社会：地方支配の変化と、荘園公領制の成立過程を理解します。

第7章 古代文化：仏教中心の文化が大陸から伝来し、日本列島に定着していきました。

日本列島と人間社会（旧石器・縄文・弥生時代）

	1 旧石器文化・縄文文化・弥生文化		
地質学 諸条件	※旧石器時代の自然 更新世（氷河期） 大陸と陸続き 大型動物 針葉樹林	※縄文時代の自然 完新世（温暖化） 日本列島形成 中小動物 広葉樹林	※弥生時代の変化 水稲耕作と金属器が伝来 →九州～東北へ伝わる
土器	①旧石器文化 土器は使用せず	②縄文文化 縄文土器	③弥生文化 弥生土器
道具	打製石器 尖頭器（槍）	磨製石器も加わる 石鏃（弓矢） 骨角器	石包丁
金属器			鉄器・青銅器（銅鐸など）
生活	狩猟が中心 洞穴など 移動生活	狩猟・漁労・採取 竪穴住居 貝塚 定住化 交易(黒曜石)	農耕が中心 竪穴住居 高床倉庫 水稲耕作での共同作業
身分		身分差なし	身分差あり 首長の出現
墓制		共同墓地に屈葬 副葬品は見られず	甕棺墓・支石墓 墳丘墓 特定の墓から副葬品
習俗		アニミズム 土偶 抜歯 屈葬	農耕儀礼
遺跡	群馬県岩宿遺跡	東京都大森貝塚 青森県三内丸山遺跡	静岡県登呂遺跡 佐賀県吉野ヶ里遺跡
	(1)		(2)

世紀	政治・外交	社会・文化	中国大陸
前4世紀			（戦国時代）
前3世紀	(3)		秦
前2世紀	**2 小国の分立と連合**	弥生文化	漢
前1世紀	① 『漢書』地理志 倭人が楽浪郡へ遣使		
1世紀	② 『後漢書』東夷伝 奴国の遣使→印綬を授かる ☆金印「漢委奴国王」 倭国王の帥升らが生口を献上		後漢
2世紀	倭国の大乱		
3世紀	③ 「魏志」倭人伝 邪馬台国連合 卑弥呼の遣使→「親魏倭王」称号得る		（三国時代） 魏・蜀・呉
			晋

第 1 章 の テ ー マ

日本列島を舞台に歴史の歩みが始まった、原始（約1万3千年前以前〜3世紀前半）と呼ばれる時代を見ていきます。

(1) **旧石器文化**と**縄文文化**は、どちらも自然の恩恵を獲得して人びとが生活した時代です。両者はどこが異なるのでしょうか。

(2) **弥生文化**は、自然を改変して食料を生産するようになった時代です。農耕の開始が社会をどのように変えたのでしょうか。

(3) 弥生時代は、「文字史料の解読で判明する歴史」が始まった時代でもあります。中国史書を分析し、日本列島に権力が生まれた過程を追います。

❶ 旧石器文化・縄文文化・弥生文化

① 旧石器文化 ～自然環境と食料獲得形態は、どう関連しているのか？

今から約1万3千年前まで展開したのが旧石器文化です。**旧石器時代**は、地質学上は氷期と間氷期が交互に出現する**更新世**で、寒冷な気候でした。大陸氷河の形成で海水面が下がり、日本と大陸は陸続きとなり、大陸から**ナウマンゾウ**や**オオツノジカ**が往来しました。人びとは、このような**大型動物**の**狩猟**を行い（**打製石器**を付けた**槍**などを使用）、移動性の高い生活を営みました。

戦後発見の**群馬県**岩宿遺跡は、日本の旧石器時代の存在を証明しました。

② 縄文文化 ～世界史の視点から見た、日本の縄文文化の特徴は何か？

約1万3千年前から1万年あまり続いたのが縄文文化です。約1万年前、地質学上で**完新世**に入ると、氷期が終わって温暖な気候となり、旧石器時代と異なる**縄文時代**の社会が形成されました。旧石器時代に引き続き**狩猟**を行いながら（増加した**中小動物**に対応して**弓矢**を使用）、**採取**が盛んになり、豊富になった木の実の加工や、**縄文土器**を用いた煮炊き、貯蔵を行うようになりました。**漁労**も重要となり、貝殻やゴミが捨てられた場所に**貝塚**が形成されました。

このように各地の自然環境に対応した狩猟・採取・漁労が行われ、食料獲得が豊かで多彩なものとなったことで、**定住化の傾向**が進んだのです（日本各地に**竪穴住居**の集落が営まれた）。当時の世界では、**農耕・牧畜**といった**食料生産**が始まっており、栽培や飼育の土地を確保するために人びとは定住するようになっていました（**磨製石器**も使用された**新石器時代**）。日本のように、本格的な食料生産がないままの定住化は、世界の歴史に見られない特徴と言えます。

青森県三内丸山遺跡（さんないまるやま）では、掘立柱建造物（ほったてばしら）やクリの栽培の跡が発見されました。

③ 弥生文化　〜水稲耕作の拡大は、社会をどう変化させたのか？

　紀元前4世紀ごろから3世紀前半まで約650年間続いたのが**弥生文化**です。さまざまな技術を持った人びとが日本列島へ渡来し、**水稲耕作**（すいとうこうさく）や**金属器**の使用（**青銅器**は祭器、**鉄器**は実用器）を伴う**弥生時代**が始まると、縄文時代と比べて社会は大きく変化しました。**身分差・貧富差**のある階級社会の形成です。このことは、特定の墓に大量の**副葬品**が集中していることや、巨大な**墳丘墓**（ふんきゅうぼ）が登場したことなどからわかるんですよ。共同で行う農作業には集団の指導者が必要ですし、豊作を願う儀式を行う宗教的指導者も必要ですよね。水稲耕作の開始により、特定の人びとに権力や権威が集中し、それが身分差・貧富差の出現や共同体の指導者である**首長**（しゅちょう）の登場につながったのでしょう。

　また、矢じりが刺さった人骨や首のない人骨が遺跡から発見されるなど、弥生時代は激しい争いの時代でした（周囲に防御施設をめぐらせた**環濠集落**（かんごう）が拡大）。食料生産が本格化すると、耕地や収穫物をめぐり、集落どうしの争いが激しくなったのではないでしょうか。こうして、各地に「**クニ**」が形成され、弥生時代中期には**小国分立**の状況となりました。

　近年注目されるのが、奈良県**纒向遺跡**（まきむく）です。大型建造物跡や、各地から搬入された土器が発見され、出現期の古墳が周囲に集中していることもあり、ヤマト政権の最初の王都である可能性が指摘されています。

旧石器文化・縄文文化・弥生文化の遺跡

● …旧石器文化の遺跡
▲ …縄文文化の遺跡
★ …弥生文化の遺跡

亀ヶ岡（かめがおか）
三内丸山
姫川流域（ひめかわ）
和田峠産（わだとうげ）の黒曜石の交易
荒神谷（こうじんだに）
野尻湖（のじりこ）
岩宿
板付（いたづけ）
和田峠
大森（おおもり）
吉野ヶ里（よしのがり）
纒向
登呂（とろ）
港川（みなとがわ）

2 小国の分立と連合 (紀元前1世紀〜紀元後3世紀)

弥生時代中期・後期の**倭**の様子は、中国の歴史書に記録されています。当時の中国では、日本列島に住む人びとのことを「倭人」と呼んでいたのですよ。

トピック 〈冊封体制〉

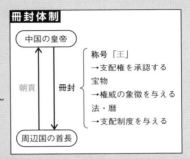

当時の東アジアでは、中国中心の国際秩序が作られていました。周辺国の首長は、皇帝に使者を派遣して貢ぎ物を献上する朝貢を行い、皇帝から冊封されて「王」の称号（皇帝の臣下となり、地域支配権が承認されたことを示す）を与えられました。こうした中国と周辺国との形式的な君臣関係を、**冊封体制**と呼びます。

冊封体制

中国の皇帝 ─── 周辺国の首長

朝貢 → / ← 冊封

称号「王」
→支配権を承認する
宝物
→権威の象徴を与える
法・暦
→支配制度を与える

当時の日本列島は小国分立の状況で、小国の首長は中国の皇帝に支配の正統性を承認されることで、国内の統治を有利にしようとしたと考えられます。また、宝物も中国の皇帝から与えられ、権威のシンボルになったのではないでしょうか。

こうした国際秩序へ関与するために日本列島から使者が派遣され、それが中国の側に記録されたと考えられます。

① 『漢書』地理志 〜紀元前1世紀ごろの日本列島の状況は？

漢（前漢）の歴史をまとめた『**漢書**』地理志には、倭は百余りの国に分かれ、倭人が**楽浪郡**（朝鮮半島にあった漢の拠点）に定期的に使者を送ってくる（献見）、という内容があります。倭は、中国への外交的アプローチを開始したのですね。

『漢書』地理志　前1世紀
楽浪郡
百余国
倭
漢
献見
倭人

② 『後漢書』東夷伝 〜1・2世紀の日本列島の状況は？

後漢の歴史をまとめた『**後漢書**』東夷伝には、西暦57年、倭の**奴国**が後漢の都洛陽へ遣使し（朝賀）、**光武帝**は**印綬**（公式の印と組みひも）を授けた、

とあります。**福岡県の志賀島**からは「**漢委奴国王**」と刻印された**金印**が発見されていることから、志賀島は奴国の一部だった場所であり、金印は後漢の光武帝から授かったものだと考えられます。1世紀中ごろ、倭には中国皇帝から「王」の地位を承認された者がいたのでしょう。

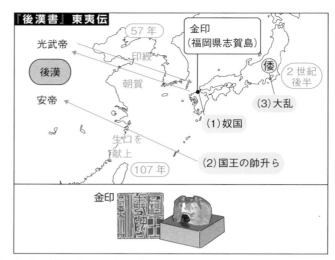

『後漢書』東夷伝

57年
光武帝
印綬
後漢
朝賀
安帝

金印
（福岡県志賀島）

倭　2世紀後半

（3）大乱
（1）奴国

生口を献上

（2）国王の帥升ら

107年

金印

　西暦107年、倭の国王である**帥升**らが、生口（奴隷）160人を後漢の安帝に献上します。2世紀初め、倭の小国のなかには身分が成立していました。

　2世紀後半、**倭では内乱が激しく**、まとめる者がいませんでした。小国が互いに争うなかで、政治統合が進んでいったと考えられますね。

③「魏志」倭人伝

　3世紀の状況は、**三国時代（魏・呉・蜀）**の歴史をまとめた『**三国志**』の「**魏志**」**倭人伝**に記されています。

(1)　邪馬台国連合は、どのようにして成立したのか？

　「魏志」倭人伝には、倭国では従来男性を王に立てていたが、争乱が激しくなったのち、多くの小国が共同で**卑弥呼（邪馬台国の女王）**を倭国の王として立てた、と記されています。倭国は30国（もしくは29国）の小国の連合であり、邪馬台国がその盟主となりました。つまり、「倭国、イコール**邪馬台国連合**」であり、卑弥呼は邪馬台国の女王から**倭国王**となったのです。

　そして、卑弥呼は**鬼道**（呪術）の力で人びとを従えており、夫がおらず、弟が政治を補佐していました。卑弥呼は、宗教的権威を持つシャーマン（巫女）的な王であったと推定されます。

(2)　倭国（邪馬台国連合）の政治制度や社会は、どのようなものであったか？

　「魏志」倭人伝には邪馬台国に至る経路が記されていますが、その解釈の違

いから、位置に関する**近畿説**と**九州説**が存在します。纒向遺跡の調査が進み、近年では近畿説が有力となりつつありますが、邪馬台国とヤマト政権の関係をどう考えるかについては諸説あります。

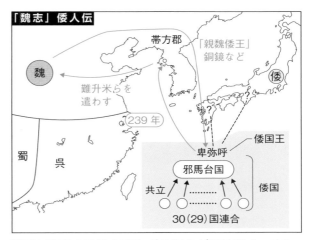

「魏志」倭人伝には、政治制度や社会も記されていますよ。刑罰・租税の制度、諸国の市、諸国を監察する地方官などの存在が興味深く、また、**大人・下戸**という身分の上下差を含んだ制度があったことがうかがえますね。

(3) 卑弥呼による魏への遣使は、何をめざしたものであったか?

西暦239年、卑弥呼が魏へ遣わした役人の難升米は、**帯方郡**（魏の朝鮮半島での拠点）において皇帝に謁見することを求め、都まで至りました。のち、魏の皇帝から詔書が下され、卑弥呼は「親魏倭王」の称号を与えられます。このとき金印や銅鏡100枚なども授かりますが、この金印は発見されていないのです。

(4) 卑弥呼が死去したあとの倭国は、どうなったのか?

その後、ライバルである**狗奴国**との争いのなか、卑弥呼は死去しました。ところが、卑弥呼の死後に男性の王が立てられると、諸国は従わずに抗争が発生したので、今度は卑弥呼の一族の女性である**壱与**（もしくは台与）が倭国王として立てられて、争いは終結するのです。

倭国王のあり方は、【男王→争乱→諸国が卑弥呼を「共立」→男王を立てる→争乱→卑弥呼一族の女性を立てる】となっています。王家が代々王位を継承する世襲王権は、弥生時代には確立していなかったことがわかりますよね。

そして、西暦266年、魏ののちに成立した**晋**に倭の女王（壱与のことか?）が遣使した記事を最後に、その後の約150年間、倭は中国の史書から姿を消します。この間、日本列島では**ヤマト政権**が成立し、**古墳時代**を迎えていました。

世紀	政治・外交	社会・経済	中国	朝鮮半島
3世紀	（1） **1 ヤマト政権と東アジア** ①**ヤマト政権の成立** 　近畿中央部の首長連合	（2） **2 古墳文化** ※**前期**（3世紀後半〜4世紀） 　前方後円墳の出現 　竪穴式石室 　銅鏡・玉類などを副葬	（三国） 晋 （西晋）	高句麗　百済　新羅　加耶
4世紀	②**朝鮮半島進出と対中国外交** 　加耶諸国を拠点 　百済と協力 ※**高句麗好太王碑文** 　高句麗と交戦		（五胡十六国）　東晋	
5世紀	※**『宋書』倭国伝** 　倭の五王、中国南朝に遣使 倭王武の上表文 ③**ヤマト政権の国内支配** 　ワカタケル大王の支配拡大 　稲荷山古墳出土の鉄剣銘	※**中期**（5世紀） 　前方後円墳の巨大化 　竪穴式石室 　馬具などを副葬	（北朝）（南朝）	
6世紀	**3 ヤマト政権と国内社会** ①**氏姓制度** 　姓を豪族へ与える 　私有地・私有民 ②**大陸文化の伝来** 　渡来人が技術を伝える 　漢字・仏教 ※**古墳時代の生活と社会** 　土師器・須恵器　盟神探湯	※**後期**（6世紀） 　群集墳の増加、古墳の縮小 　横穴式石室 　日常生活用品などを副葬		
7世紀	（3）	※**終末期**（7世紀） 　大王に特有の八角墳	隋	

　原始から古代へと移り変わる時期（**3世紀後半〜7世紀**）の、日本列島に権力のまとまりができていった状況を見ていきます。

(1)　近畿中央部の首長連合として**ヤマト政権**が成立し、朝鮮半島への進出や中国王朝への遣使も行いました。

(2)　ヤマト政権の時代は、同時に**古墳文化**が展開した時代でもあります。古墳の変化と社会状況の変化はどのように関連しているのでしょうか。

(3)　**氏姓制度**の政治構造に加え、渡来人が伝えた大陸文化にも触れます。

■1 ヤマト政権と東アジア（3世紀後半〜5世紀）

　3世紀後半から6世紀までは、考古学では**古墳時代**にあたります。同じころ、日本列島のなかに**ヤマト政権**が成立し、東アジア諸国との関係を深めました。

① ヤマト政権の成立　〜その事情は、どこまでわかっているのか？

トピック 「空白の4世紀」とヤマト政権

　3世紀後半に**前方後円墳**が出現し、**銅鏡**が大量に副葬されたことが判明しています。形や副葬品が共通の古墳が広がり、巨大なものが奈良県に集中することから、3世紀後半、奈良県大和地方を中心に近畿の首長が**ヤマト政権**という政治連合を作り、地方の首長を従えて、**大王**を中心とする**豪族**連合としての形を整えていったと考えられます。しかし、中国史書には3世紀後期から5世紀初頭にかけての倭国関連の記述が存在せず（**「空白の4世紀」**）、ヤマト政権を誰がどのように作ったのかは謎のままです。

　そして、遅くとも7世紀後半には**「日本」**国号や**「天皇」**称号が成立し、8世紀初頭、天皇中心の中央集権体制を持つ古代国家が完成しました。「日本」「天皇」の誕生は、ヤマト政権成立から400年以上も後のことです。

② 朝鮮半島進出と対中国外交

　弥生時代の小国の王や倭国王は、中国との外交関係を築いて先進的な文物を得ようとしました。ヤマト政権は、4世紀ごろから朝鮮半島に進出し、先進的な文物を自ら入手しましたが、5世紀になると、中国との外交関係を復活させ、それを梃子にして朝鮮半島への進出を図りました。

(1) ヤマト政権の朝鮮半島進出の目的は、何か？

　朝鮮半島では、北部の高句麗が強大となり、南部の西側に百済、東側に新羅が成立し、最南部は小国が分立していました（加耶諸国）。

　ヤマト政権は、4世紀ごろには加耶諸国を拠点とし、百済と協力して、朝鮮半島南部への進出を強めていきました。奈良県石上神宮の七支刀に刻まれた文字から、この時期の百済が倭国へこの七支刀を贈ったことが推定されます。

　当時、朝鮮半島では先進的な鉄の生産が行われたため、ヤマト政権（倭国）は鉄資源の確保と生産技術の導入をはかったのです。鉄は農具・工具や武器となり、生産力の向上や軍事力の増強は国内支配の強化につながりますね。

　ところが倭国の前に高句麗が立ちはだかり、4世紀末から5世紀初め、高句麗と対戦して敗北しました（高句麗の好太王碑の碑文）。ただ、このとき高句麗の騎馬軍団と戦うことで、大陸の乗馬技術が日本列島に伝わりました。

(2) 倭の五王による中国南朝への遣使は、どのような目的があったのか？

　5世紀における中国との外交については、宋の歴史をまとめた『宋書』倭国伝に、倭の五王（讃・珍・済・興・武）が相次いで中国南朝へ朝貢したことが記されています。

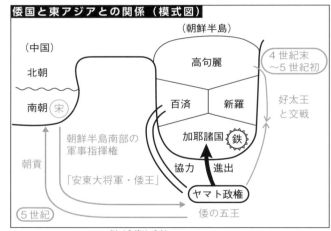

倭国と東アジアとの関係（模式図）

　倭王興の後継者である弟の武は、朝鮮半島南部に対する軍事指揮権と「安東大将軍・倭国王」の称号を宋の皇帝に求めました。西暦478年に宋の皇帝に提出された倭王武の上表文には、歴代の倭王が周辺の地域を征服していった経緯が説明されます。そして、宋の皇帝は、朝鮮半島南部の軍事指揮権と「安東大将軍・倭国」の称号を武に与えました。倭王は、中国の皇帝から保証されることで、朝鮮半島への進出を有利に進めようとしたのですね。

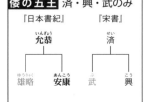

倭の五王 済・興・武のみ

『日本書紀』	『宋書』
允恭	済
雄略　安康	武　興

③ ヤマト政権の国内支配 〜5世紀の日本列島の状況は？

　埼玉県の稲荷山古墳出土の**鉄剣**に刻まれた銘文には、5世紀後半、先祖以来大王に奉仕してきた豪族が、**ワカタケル大王**の「天下」統治を助けた、と記されています（**熊本県の**江田船山古墳出土の鉄刀の銘文にも「治天下」ワカタケル大王の名が見える）。5世紀後半、ワカタケル大王は地方豪族を服属させ、関東から九州中部にかけて拡大した支配領域を自らの「天下」としたことがわかりますよね。

　大王権力の強大化は、**5世紀**が**古墳時代中期**に該当し、近畿地方の前方後円墳が巨大化した（大王の墓と推定される）ことからもうかがえます。

　ワカタケルは、『日本書紀』にある「大泊瀬幼武」、つまり〔雄略天皇〕であり、さらに『宋書』倭国伝にある倭王武でもあることは、ほぼ確実です。

2 古墳文化（3世紀後半〜7世紀）

① 古墳文化の展開

(1)　古墳時代前期・中期に、古墳文化はどのように発展したか？

古墳文化

時期	前期（4世紀中心）	中期（5世紀）	後期（6世紀）
立地	山麓や丘陵	平野	平野や丘陵・山間部
墳形	前方後円墳	古墳の**巨大化・全国化**	群集墳、古墳の縮小
内部	竪穴式石室…個人墓	**竪穴式石室**	横穴式石室…追葬が可能
副葬品	銅鏡（三角縁神獣鏡）・玉類 ＝呪術的内容	馬具・鉄製武器・甲冑 ＝**軍事的内容**	日常生活用品・須恵器
埋葬者	**司祭者的**な性格の首長	**武人的**な性格の豪族	**有力農民**、豪族

　古墳時代前期（3世紀後半〜4世紀）の代表的古墳は、卑弥呼の墓という説もある**奈良県の**箸墓古墳です。**前方後円墳**の出現は**ヤマト政権**の成立を示し、銅鏡（**三角縁神獣鏡**など）や玉類など**呪術的内容**の副葬品から、被葬者の**司祭者的**な性格（弥生時代以来の宗教的権威を持つ首長）が推定されますね。

　古墳時代中期（5世紀）の代表的古墳は、日本最大規模で世界遺産にも指定された**大阪府の**大仙陵古墳（仁徳天皇陵古墳）です。前方後円墳が近畿で巨大化し、分布が東北から南九州にまで拡大したことは、**大王の権力が強大化し**、ヤマト政権の支配が地方へ拡大したことを示します。また、**馬具**や甲冑・鉄製武器など**軍事的内容**の副葬品から、被葬者の**武人的**な性格（強力な軍事力で地

域を支配した首長）が推定されますね。

　古墳時代前期・中期の<u>竪穴式石室</u>は、棺を収めたあとに再び開けることは想定されませんでした。<u>この時期の古墳が個人の墓であることを示しています。</u>

(2)　古墳時代後期に、古墳文化はどのように変化したのか？

　古墳時代後期（6世紀）、小規模な古墳が密集した**群集墳**が一気に増加し、副葬品には**日常生活用品**などが登場しました。当時、鉄製農具の使用で生産を伸ば

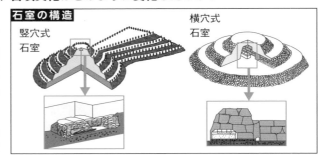

石室の構造
竪穴式石室　　横穴式石室

した**有力農民**が出現し、<u>ヤマト政権は有力農民を取り込むため、彼らに古墳の築造を許可したことが推定できます。一方、近畿以外の古墳が縮小したことから、地方豪族が大王に服属する度合いを強めたこともうかがえます。</u>

　石室は**横穴式石室**に変化しました。棺を置く玄室や、外部との通路である羨道を備え、**追葬**（後日再び開けて葬る）が可能となり、<u>古墳は家族の墓としての性質も持ったのです。</u>

② 古墳文化の終焉　〜古墳の消滅と古代国家成立との関係は？

　大王の権力が強大化するなかで規制が強められ、7世紀初めには前方後円墳の築造が停止されました。一方、7世紀には近畿に大王（天皇）特有の**八角墳**が造られ、大王（天皇）が豪族を超越した存在であることを誇示しました。

　石室の壁画で有名な**高松塚古墳**（白鳳文化）は、終末期古墳にあたります。

3 ヤマト政権と国内社会（6世紀中心）

① 氏姓制度　〜大王と豪族は、どのような関係であったのか？

　<u>氏姓制度</u>を支えた**豪族**は、経済基盤として**私有地・私有民**を保持し、**氏**という一族のまとまりごとに大王へ奉仕しました。また、**姓**という政権内での地位を示す称号が氏ごとに与えられ、先祖以来の役割を**世襲**して受け継ぎました。

　中央では、「**臣**」（近畿の有力豪族）を姓とする豪族たちの最有力者が任じられる<u>大臣</u>と、「**連**」（特定の職掌で仕える豪族）を姓とする豪族たちの最有力者

が任じられる**大連**が国政を担当し、政権所属の豪族が**伴造**として実務を担当しました（技術者集団の**品部**を率いて、軍事・財政・祭祀・文書作成などを分担）。また、地方豪族は**国造**に任じられて地域支配権を認められる代わり、一族の子女を大王に提供するなどしてヤマト政権に奉仕しました。

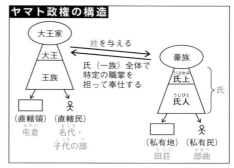

② 大陸文化の伝来

(1) 文字の受容と使用は、どのように始まったのか？

漢字は、弥生時代に中国へ朝貢する過程で受容が始まりました。奴国王は後漢から印綬を受け、卑弥呼は魏から「親魏倭王」と認められる詔書を送られましたね。ヤマト政権の時代には、先進的な技術や知識を持つ**渡来人**の貢献もあって、漢字の使用が始まりました。倭王武の上表文などの外交文書には漢文が用いられ、稲荷山古墳出土鉄剣の銘文にあるワカタケルの表記（「獲加多支鹵大王」）には、漢字の音を使って日本語を表記する試みが見られます。

(2) 仏教や儒教は、どこからどのように伝えられたのか？

世界宗教の一つである**仏教**は、日本の宗教思想の重要な要素となりました。6世紀前半には、渡来人の私的な仏教信仰に加え、**百済**の**聖明王**から〔**欽明天皇**〕に仏像や経典などが贈られ、仏教が公式に伝来しました（**仏教公伝**）。

中国の道徳律である**儒教**は、日本の政治思想の根幹を形成しました。6世紀初頭、**百済**の**五経博士**（儒教を教える役人）が渡来し、儒教が伝来しました。

この時期には「**帝紀**」（大王の系譜）・「**旧辞**」（神話・伝承）が作られたとされ、のちの『古事記』・『日本書紀』といった史書の原型となりました。

(3) 古墳時代の生活と社会は、どのような状況だったのか？

生活用具として、弥生土器の系統で赤茶色の**土師器**や、朝鮮半島の技術を用いた灰色の**須恵器**が作られました。農耕儀礼として、春の豊作祈願の**祈年の祭**や、秋の収穫感謝の**新嘗の祭**が行われました。**神祇信仰**の始まりは自然物に宿る神々をまつるもので、奈良県**大神神社**は**三輪山**を神体とし、福岡県**宗像大社**は**沖ノ島**を神体としました。呪術的風習として、鹿の骨を焼いて吉凶を判断する**太占**や、熱湯に手を入れて真偽を判断する**盟神探湯**が行われました。

律令国家の成立 (飛鳥時代)

世紀	天皇	政治・外交	中国			朝鮮半島			
			（北朝）	（南朝）	高句麗	百済	新羅	加耶	
6世紀	欽明	**1 ヤマト政権の動揺と推古天皇の時代** …(1) ①6世紀の国内外の動向 　朝鮮半島の緊迫化（高句麗の南下、加耶の滅亡） 　地方豪族の反乱（筑紫国造磐井の乱） 　中央豪族の内紛（蘇我氏 vs. 物部氏） ②飛鳥の朝廷の改革 　〔推古天皇〕・厩戸王・蘇我馬子 　冠位十二階・憲法十七条 　遣隋使を派遣（小野妹子）						
	崇峻								
	推古★			隋					
7世紀	舒明	**2 大化改新と白村江の戦い** …(2) ①7世紀前半の国内外の動向 　唐の対外拡張 　蘇我氏の勢力拡大（蘇我蝦夷・入鹿） ②大化改新（7世紀中期） 　乙巳の変（蘇我氏滅亡）→中大兄皇子へ権力集中 　改新の詔（中央集権体制への方針）　●難波宮 ③白村江の戦い（663） 　百済復興めざす→白村江の戦いで唐・新羅に敗北 　国防の強化（水城・朝鮮式山城） 　〔天智天皇〕即位　●近江大津宮 　戸籍の作成（庚午年籍）						
	皇極★		唐						
	孝徳								
	斉明★								
	(中大兄)								
	天智								
	天武	**3 壬申の乱と律令体制の整備** …(3) ①壬申の乱（672） 　皇位継承争い→壬申の乱で大海人皇子が勝利 　〔天武天皇〕即位　●飛鳥浄御原宮 　律令・国史の編纂を開始 ②律令体制の整備 　〔持統天皇〕の政治　飛鳥浄御原令の施行 　戸籍の作成(庚寅年籍)　都城制を導入　●藤原京			新羅			
	持統★								
8世紀	文武	大宝律令の制定（701）							

★は女性天皇

第 3 章 の テ ー マ

古代国家が成立していく過程（**6世紀～8世紀初頭**）を見ていきます。

(1)　6世紀、倭国と朝鮮半島の情勢が変化していくなかで、**推古天皇**の時代には、大王家と蘇我氏が協力して政治改革が行なわれました。

(2)　7世紀、東アジア情勢が緊迫するなかで**大化改新**による集権化がめざされ、**白村江の戦い**の敗北が古代国家形成に大きな影響を与えました。

(3)　**壬申の乱**に勝利して即位した**天武天皇**は、強大な権力・権威により中央集権体制の整備を進めました。8世紀初頭、律令体制が完成します。

1 ヤマト政権の動揺と推古天皇の時代（6世紀～7世紀初め）

　6世紀は**氏姓制度**が確立し、**古墳時代後期**にあたります。6世紀末以降の〔推古天皇〕の時代、大王家と蘇我氏が協力して国政改革が進められました。

① 6世紀の国内外の動向

(1)　6世紀の東アジア情勢は、何が大きく変化したのか？

　6世紀の朝鮮半島では高句麗が強大化しました。倭国は百済を援助しますが、新羅が**加耶**を滅ぼし、倭は朝鮮半島への進出拠点を失いました。中国では、南北朝時代を経て隋が統一を果たし（589）、高句麗への遠征を開始しました。〔推古天皇〕による国政改革の背景には、こうした激動の東アジア情勢がありました。

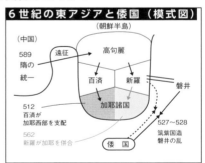

6世紀の東アジアと倭国 （模式図）

(2)　ヤマト政権の支配は、どのように展開したのか？

　ヤマト政権は、地方豪族を**国造**に任命して地方支配を進め、6世紀前期の**筑紫国造磐井**による反乱を制圧し、直轄領や直轄民を設定していきました。

　そして、中央豪族では**物部氏**と**蘇我氏**が台頭します。物部氏は仏教排除を主張したのに対し、蘇我氏は渡来人が信仰する仏教を積極的に受容しました。この争いは、6世紀後期に**蘇我馬子**が**物部守屋**を滅ぼしたことで決着がつき、さらに馬子はおいの〔**崇峻天皇**〕を暗殺して〔推古天皇〕を立てました（592）。推古は馬子のめいで、かつて大王の后だった大王家の女性でもありました。

② 飛鳥の朝廷の改革

(1) 冠位十二階と十七条憲法はどのような意義があったのか？

飛鳥(あすか)の朝廷では、大臣の蘇我馬子(推古のおじ)や厩戸王(推古のおい)が協力し、中国を参考に制度を整備して大王(天皇)への集権化が図られました。ちなみに、「聖徳太子」の聖人のイメージは、後世に作られたものです。

冠位十二階(603)は、個人の才能や功績に応じて12ランクに分かれた冠位を与えるもので、氏を単位として世襲的に職掌を担当させる氏姓制度を

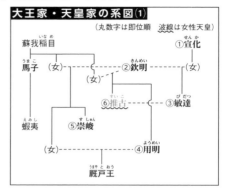

大王家・天皇家の系図(1)

(丸数字は即位順　波線は女性天皇)

蘇我稲目 — 馬子(女) — ②欽明 — ①宣化 — (女) / ⑥推古 — ③敏達 / ④用明 — ⑤崇峻 / 蝦夷 — (女) / 厩戸王

改めようとしました。憲法十七条(604)は、「和を以て貴しとなし」に始まり、仏教や儒教など中国の思想を用いた政治方針のもと、大王(天皇)に仕える官人としての心得を豪族に示しました。こうして、豪族を官人として組織化することが始まり、のちの律令制度における官僚制の形成につながっていきました。

(2) 遣唐使の派遣は、東アジアの世界の中で何を目的としたのか？

5世紀後半における倭王武の遣使から100年以上が経過し、中国への遣使が再開されて遣隋使が派遣されました。1回目の遣使(600)ののち、冠位十二階と憲法十七条で政治制度

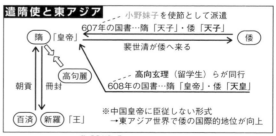

遣隋使と東アジア

小野妹子を使節として派遣
607年の国書…隋「天子」・倭「天子」
隋「皇帝」　裴世清が倭へ来る　倭
高向玄理(留学生)らが同行
608年の国書…隋「皇帝」・倭「天皇」
高句麗
朝貢　冊封
百済　新羅　「王」
※中国皇帝に臣従しない形式
→東アジア世界で倭の国際的地位が向上

を整備したうえで2回目の遣使が行われ、小野妹子が派遣されました(607)。そのとき隋に提出された国書には「日出づる処(=倭国)の天子、書を日没する処(=隋)の天子に致す」と書かれたことは有名かもしれませんね。倭の大王も隋の皇帝も「天子」とすることで、対等な姿勢を示し、倭の国際的地位を高めようとしたのです。しかし、隋の皇帝煬帝は、この国書を無礼としました。「『天子』を名乗れるのは中国皇帝である自分だけだ！」ということでしょう。とはいえ、当時の隋は高句麗との対立が続いていたので、倭と敵対するのは避けたかった。翌年、隋は裴世清を使節として倭へ派遣しました。

3回目の遣使では(608)、「東の天皇」が「西の皇帝」に申し上げる、と国

書に書かれたとされます。対等な姿勢は取り下げたものの、皇帝でも王でもない独自の「天皇」という号を用いて、皇帝に臣従しない姿勢は維持しました。

2 大化改新と白村江の戦い（7世紀前期・中期）

7世紀、中国の制度を導入し、中央集権体制が整備されました。大化改新ではその方針が示され、白村江の戦いでの敗北は体制整備に影響を与えました。

① 7世紀前半の国内外の動向　〜大化改新の歴史的背景は、何か？

東アジアでは、隋が滅亡して唐が成立しました（618）。唐が律令制度を整備して中央集権体制を確立していくと、高句麗・百済・新羅でも集権化が進みました。唐が高句麗遠征を開始すると、情勢は一気に緊迫化しました。

倭では、推古の死後に〔舒明天皇〕が即位すると、先進的な制度を導入するため、**犬上御田鍬**を使節とする第1回遣唐使が派遣されました（630）。そして、608年の遣隋使に同行していた留学生の**高向玄理**や学問僧の**旻・南淵請安**が、唐から次々と帰国して、大陸情勢や新しい知識を伝えました。

一方、蘇我馬子の死後は**蘇我蝦夷・入鹿**の父子が勢力をふるい、大陸情勢が緊迫化するなかで、蘇我氏は自らへの権力集中を図りました。蘇我入鹿は、厩戸王の子で大王の地位を継ぐ資格を持つ、**山背大兄王**の一族を滅ぼしました。

② 大化改新（7世紀中期）

(1)　大化改新は、どのような事件を契機として開始されたのか？

蘇我氏の勢力拡大に対抗する、大王家（天皇家）の側からのクーデターが発生しました。それが、乙巳の変（645）です。当時、亡き舒明の皇后が即位して〔皇極天皇〕となっていました。その子である**中大兄皇子**が、豪族の**中臣鎌足**らと協力して**蘇我入鹿**を殺害し、追い詰められた**蘇我蝦夷**は自害しました。こうして、蘇我氏の本家が滅亡したのです。

(2)　大化改新にあたり、大王の位のあり方はどのように変化したか？

改新政府では、**中大兄皇子**は権力を集中させたものの、大王（天皇）としては即位せず、**皇太子**の立場で政権を主導しました。乙巳の変に関与した**中臣鎌足**は**内臣**、遣唐使の留学生・学問僧だった**高向玄理・旻**は**国博士**となりました。そして、大臣・大連という蘇我氏・物部氏に世襲された政治的地位に代わり、世襲ではない左大臣・右大臣の官職が登場し、官僚制の整備が進みました。

大王（天皇）の位にも変化がありました。乙巳の変の直後、皇極は生きてい

る間に位をゆずる**生前譲位**を初めて実行し、弟の〔孝徳天皇〕が即位しました。それまで大王（天皇）の位は終身制で、豪族の合議で後継者を決定していましたが、このときは大王家（天皇家）の意思で後継者を決定したのです。乙巳の変を機に、大王（天皇）の位のあり方が大王家（天皇家）主導で変更されたと考えられます。

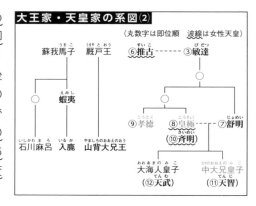

大王家・天皇家の系図(2)

（丸数字は即位順　波線は女性天皇）

蘇我馬子　厩戸王　⑥**推古**-----③敏達

蝦夷

石川麻呂　入鹿　山背大兄王

⑨孝徳　⑧皇極　⑦舒明
　　　　⑩（斉明）

大海人皇子　中大兄皇子
（⑫天武）　（⑪天智）

(3) 改新の詔では、どのような方針が掲げられたのか？

初の元号である「**大化**」が定められ、飛鳥から難波宮へ遷都したのち、**改新の詔**（646）が発されました。『日本書紀』によれば、①**公地公民制**の実施（豪族の私有地・私有民である田荘・部曲などをやめて、国家の直接支配とする）、②中央集権的な地方制度の整備（「郡司」の制度など）、③**戸籍・計帳**の作成、**班田収授法**の施行（人びとを個別に支配して班田制を実施する）、④新しい税制の導入（豪族による徴税を改め、国家が統一的に課税する）、以上4項目が示されました。中央集権体制を整備する政策方針が掲げられたのです。これらは、すぐには実現せず、少しずつ実施されていくことになります。

また、東北への支配拡大も進められ、進出拠点として日本海側に**淳足柵**、その北に**磐舟柵**が設置されました。古代国家は、東北地方の人びとを異民族とみなして「蝦夷」と呼び、政権に従属させようとしたのです。

氏姓制から律令制へ

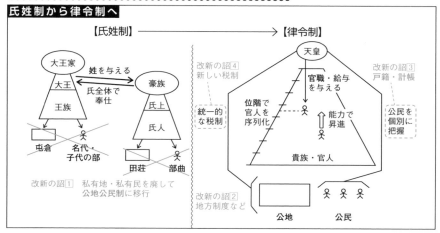

【氏姓制】　　　　　→　【律令制】

大王家
大王
王族
姓を与える
氏全体で奉仕
豪族
氏上
氏人

屯倉　名代・子代の部
田荘　部曲

改新の詔①　私有地・私有民を廃して公地公民制に移行

天皇
改新の詔④ 新しい税制
改新の詔③ 戸籍・計帳
官職・給与を与える
位階で官人を序列化
能力で昇進
統一的な税制
公民を個別に把握
貴族・官人

改新の詔② 地方制度など

公地　公民

トピック 「郡」と「評」

改新の詔の②の項目（P24）については、「郡」という地方行政組織は、改新の詔が発されたときには置かれなかったことがわかっています。藤原宮の跡から発掘された**木簡**のうち、7世紀に作られたものには「評」と書かれており、8世紀初めに大宝令が完成する前に置かれた地方行政組織は、「郡」でなく「評」だと判明したからです。

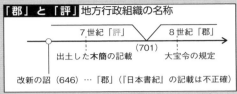

「郡」と「評」 地方行政組織の名称

木簡は、墨で文字が書かれた木片で、官庁相互の事務連絡や、税を納めるときの荷札として使われました（官人の漢字練習にも使用）。『日本書紀』は、のちの時代に編纂された史書であり、そこに書かれている改新の詔については、過去の出来事を不正確に記したのだと推定されます。

③ 白村江の戦い（663）

(1) 白村江の戦い前後、東アジア情勢はどのように展開したか？

唐が新羅と結び**百済**を滅ぼすと（660）、倭は友好国の百済を再興して朝鮮半島への影響力回復を図りました。倭軍は朝鮮半島へ遠征しますが、白村江の戦い（663）で、唐・新羅の連合軍に迎え撃たれ大敗しました。その後、唐・新羅は**高句麗**も滅ぼしました（668）。

実は、白村江の戦い後も遣唐使を派遣しています。当時の倭は**中大兄皇子**（のち〔**天智天皇**〕）が主導し、唐との関係改善のために外交交渉を重ねました。

7世紀後半の東アジアと倭・日本（模式図）

①
660 百済の滅亡
唐　新羅　倭
663 白村江の戦い
→百済再興に失敗

②
676 新羅の朝鮮半島統一
唐　新羅　日本
天武天皇・持統天皇は遣使せず
新羅使の来日

のち、**新羅**は朝鮮半島を統一し（676）、唐と対立すると、日本へ接近しました。そのとき日本は〔**天武天皇**〕・〔**持統天皇**〕の時代で、**新羅使**が来日して日本と新羅の関係が安定し、知識・技術・情報が伝わりました。これが、律令体制の整備に寄与しました。一方、天武・持統は遣唐使を派遣しませんでした。日本は、唐の現実よりも知識を参考にして、律令制度を整備したのです。

（2）　白村江の戦い後、国防強化と内政充実はどのように進んだのか？

　倭は、亡命してきた百済人を政権に組み入れて技術を導入し、九州北部に巨大な濠と堤で**水城**を築き、西日本各地に**朝鮮式山城**を建設していきました。

　そして、対外的危機感のもとで国内政治の充実を図り、中大兄皇子は飛鳥から**近江大津宮**に遷都し、〔**天智天皇**〕として即位しました（668）。天智は、中国的な法典として**近江令**を制定したとされます。また、初の全国的戸籍として**庚午年籍**が作成され（670）、公民制の基礎が形作られました。

3　壬申の乱と律令体制の整備

　古代最大の内乱である**壬申の乱**（672）に勝利して即位した〔**天武天皇**〕は、絶大な権力・権威を持ち、天皇中心の中央集権体制整備を一気に進めました。

①　壬申の乱（672）

（1）　壬申の乱が起きた背景と、乱の影響は、どのようなものであったか？

　天智の死後、**壬申の乱**（672）が発生しました。天智の弟で、当時吉野にいた**大海人皇子**と、天智の子で、天智の地位を受け継ぎ近江大津宮にいた**大友皇子**との皇位継承争いでした。大海人皇子は東国の豪族を味方につけ、大友皇子の近江朝廷軍を破りました。

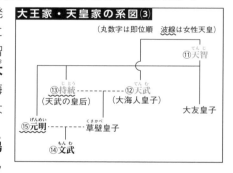

大王家・天皇家の系図(3)

（丸数字は即位順　波線は女性天皇）

⑪天智
⑬持統（天武の皇后）----⑫天武（大海人皇子）
大友皇子
⑮元明----草壁皇子
⑭文武

　大海人皇子は、近江大津宮から**飛鳥浄御原宮**に遷都し、〔**天武天皇**〕として即位しました。大友皇子（近江朝廷）の側についた中央の有力豪族が没落し、天武に権力が集中するだけでなく、その存在が豪族とは隔絶された、超越した地位を持つものとして意識され、神格化されました。「大君は神にしませば」で始まる歌が、柿本人麻呂をはじめとする歌人に詠まれていますね。

　天武の時代は、「**日本**」という国号や「**天皇**」という称号が成立した時代だとされます（外交の面では推古の時代に「天皇」が考え出された可能性もある）。倭から日本へ、大王から天皇へ、という大きな変化が起きたのです。

（2）　天武天皇は、中央集権体制の整備をどのように進めたのか？

　天武は**部曲の廃止**を断行し、豪族の私有民がようやく廃止されて公民制が実現しました。そして、律令や国史（国家がまとめる歴史書）の編纂事業を開始

し、これはのちの『古事記』『日本書紀』につながります。さらに、**八色の姓**を定め、天皇系氏族に1番目の姓（真人）、それ以外の豪族に2番目以下の姓（朝臣など）を与えて、豪族を天皇中心の身分秩序に再編成しました。

この時期には、**富本銭**が鋳造されました。これは、8世紀に律令国家が鋳造した和同開珎よりも古い銭貨として注目されます。また、天皇家祖先神の天照大神をまつる**伊勢神宮**（三重県）が、国家的祭祀の対象とされました。

② 律令体制の整備

(1) 持統天皇は天武の事業を継承し、どのような政策を実施したのか？

天武の死後、その皇后が〔持統天皇〕として即位し、天武天皇が進めた律令国家建設の事業を継承しました。天武が編纂を命じていた**飛鳥浄御原令**は、持統のもとで施行されました。これに基づく全国的戸籍の**庚寅年籍**が作成され（690）、6年ごとの戸籍作成が整備されました。

さらに、持統は藤原京への遷都（694）を実施しました。中国の都城制が採用され、「宮」には天皇の居所に加え、諸官庁や、中国式の瓦ぶき・礎石建ちの**大極殿・朝堂院**

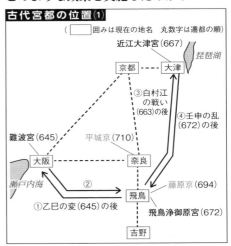

古代宮都の位置(1)

（□囲みは現在の地名　丸数字は遷都の順）

近江大津宮(667)　琵琶湖
京都 --- 大津
③白村江の戦い(663)の後
④壬申の乱(672)の後
難波宮(645)
平城京(710)
大阪　奈良
瀬戸内海　②　藤原京(694)
①乙巳の変(645)の後　飛鳥
飛鳥浄御原宮(672)
吉野

（儀礼の場・政務の場）が設置されました。さらに、周囲には、**条坊制**により東西南北に走る道路で区画された「京」が建設されました。官僚制の整備が進み、中央豪族は位階や官職・給与を与えられて天皇に仕える官人となったため、彼らを「京」に居住させて「宮」に出仕させました。藤原京は、天皇中心の中央集権体制を支える構造を持ち、律令国家の完成に大きく貢献したのです。

藤原京の構造

条　京
宮
坊

(2) 律令国家は、どのような形で完成したのか？

8世紀初頭〔文武天皇〕のもとで**大宝律令**が制定され（701）、中国の制度を導入した日本独自の律令体制が完成しました。

702年、約30年ぶりに遣唐使が派遣されました。そこで、新しい「日本」国号と「天皇」称号を国書に用いて、これらの国際的認知を図りました。

世紀	天皇	権力者	政治・外交	社会・経済
7世紀	推古★ 舒明 皇極★ 孝徳 斉明★ (中大兄) 天智 天武 持統★	（太字は藤原氏）	(1)	(3)
8世紀	文武 元明★ 元正★ 聖武 孝謙★ 淳仁 称徳★ 光仁	不比等 長屋王 4兄弟 橘諸兄 仲麻呂 道鏡 百川		
9世紀	桓武 平城 嵯峨 清和 光孝 宇多 醍醐	冬嗣 良房 基経 時平	(2)	

★は女性天皇

2 律令国家の構造

① 東アジア外交
遣唐使の開始
(630)
→唐と外交交渉

※天武・持統は
　唐に遣使せず

遣唐使の再開
→先進文物摂取

※新羅との交流
※渤海との交流

② 都城・地方支配
● 平城京建設
● 地方支配
　（蝦夷・隼人）
● 銭貨鋳造
　（和同開珎）

菅原道真の建議
→遣唐使の停止
(894 宇多)

1 律令制度

① 官僚制
② 公地公民制

3 奈良時代の政治

① 藤原不比等
平城京へ遷都 (710)
② 長屋王
長屋王の変
③ 藤原4兄弟
光明子を〔聖武〕の皇后に
④ 橘諸兄
藤原広嗣の乱→遷都
国分寺を建立
大仏造立の詔(743)
⑤ 藤原仲麻呂
橘奈良麻呂の変
恵美押勝の乱
⑥ 道鏡
〔称徳〕の信任
⑦ 藤原百川
〔光仁〕を立てる

4 奈良時代の土地制度

① 民衆支配の動揺
浮浪・逃亡

② 開墾奨励策

三世一身法
(723)

墾田永年私財法
(743)

③ 初期荘園
貴族の墾田私有

第 4 章 の テ ー マ

奈良時代を中心に、主に **8世紀** の政治・外交・社会を見ていきます。

(1) 官僚制・公地公民制や都城制・全国支配・対東アジア外交など、古代
　　国家の統治システムは、**律令制度** により成り立っていました。

(2) 奈良時代の政治史は、**藤原氏** を中心に展開しました。相次ぐ政争の背
　　景には、藤原氏と天皇家との複雑な関係がありました。

(3) 古代国家が定めた土地制度は、社会の動きを背景に、現実に沿う形で
　　変化していきました。

1 律令制度

刑部親王（天武の子）・**藤原不比等**（中臣鎌足の子）が中心となって**大宝律令**が完成し（701）、さらに**藤原不比等**が中心となり**養老律令**が完成しました（718）。

律令法は、<u>全国を統治する総合的な法体系</u>で、基本法として定められた**律**（刑法）・**令**（行政法）と、そのたびに追加される**格**（律令の補足や修正）・**式**（律令を施行するときの細則）とで成り立っています。日本の律は唐の律を受け継ぎ、日本の令は唐に倣いつつ日本の実情で改めた部分もありました。

① 官僚制

(1) 中央官制の構造と官職の体系はどのようなものだったか？

中央官庁は、**二官・八省・一台・五衛府**が置かれました。太政官の公卿会議が最高機関となり、公卿の合議によって国政が運営されました。

どの官庁でも、官職は**長官・次官・判官・主典**の４ランクです（**四等官制**）。貴族・官人には家柄よりも能力重視で**位階**が与えられ、**官位相当制**に基づき位階に応じた**官職**に任命されました。そして、<u>貴族には下級官人よりも圧倒的に多い給与が与えられました</u>。また、貴族の子や孫には成人時に一定の位階が与えられました（**蔭位の制**）。

律令国家の中央官制

公卿の合議

神祇官（祭祀）

太政官（政務）
- 左大臣
- 太政大臣
- 右大臣
- 大納言
- 少納言
- 左弁官
- 右弁官

中務省（勅書作成など天皇公務）
式部省（文官の人事や大学の管理）
治部省（国家的仏事や外国使接待）
民部省（租税・戸籍などの民政）
兵部省（軍事や武官の人事）
刑部省（裁判や刑罰執行）
大蔵省（国庫の管理や貨幣）
宮内省（天皇や皇室の庶務）

弾正台（役人の監察・風俗取締り）

五衛府［衛門府、左・右衛士府、左・右兵衛府］（都の警備）

(2) 中央集権的な地方支配制度は、どのような構造を持っていたのか？

律令国家の地方制度と畿内

地方は、**摂津国・山城国**（当初は山背）**・河内国・和泉国・大和国**で構成される**畿内**と、**北陸道・東山道・東海道・山陰道・山陽道・南海道・西海道**の**七道**とに分けられます。七道には中央と地方とを結ぶ直線的な**官道**が築かれて全国が畿内に直結し、政府の命令や地域の情報が頻繁に伝達されました。また、外交・軍事の要地である筑紫に、西海道の統括も担う**大宰府**が置かれました。

交通制度も整備されました。官道には約16kmごとに**駅家**が設置されて馬が備えられ（**駅制**）、役人が公用で移動するときに馬の利用ができました。

(3) 地方支配を担う国司と郡司は、どのような違いがあったのか？

地方には**国・郡・里**（のち**郷**）が置かれました。**国府**（国衙）で国の政務を統括した**国司**は、中央政府から貴族が派遣され、任期（6年、のち4年）がありました。これに対し、**郡家**（郡衙）で郡の民衆支配の実務を担った**郡司**は、もと国造の地方豪族が任命され、その地位は終身制で、一族内で世襲されました。郡司はヤマト政権のあり方を引きついでおり、律令国家の中央集権的支配は、豪族が持つ伝統的な地域支配力に依存したのです。

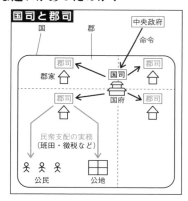

国司と郡司

② 公地公民制

⑴ 公地公民制は、どのような理念・制度のもとで実行されたのか？

　律令制に基づく民衆支配は、公民を個別に把握して実施されました。**戸籍**は班田制や徴兵に用いる基本台帳として**6年ごと**に作成され、**計帳**は調・庸を徴収するための台帳で**毎年**作成されました。**班田収授**は、**6年ごとに6歳以上の男性・女性**に一定面積の**口分田**を班給する制度です。また、**条里制**によって碁盤の目のように土地を区画し、位置を表示して土地を把握しました。

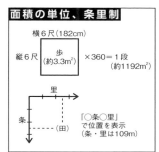

面積の単位、条里制

横6尺（182cm）
縦6尺（約3.3m²）　歩（約3.3m²）　×360＝1段（約1192m²）

里
条　「○条○里」で位置を表示（条・里は109m）
（田）

⑵ 公民は、どのような原則のもとで税や兵役を負担したのか？

　人が課税単位となる**人頭税**が中心で、おもに成人男性に課されました（女性には課されず）。**庸**は都での労役の代わりに布を納め、**調**は絹・糸・塩・海産物など郷土の産物を納めるものです。中央税の調・庸は、**運脚**を負担した公民が都まで運びました。また、**雑徭**は国司のもとで労役を行うものでした。

　一方、土地税は**租**のみで、口分田に課され（男女ともに負担）、稲を納めました。この稲は、春に稲を貸して秋に利息を付けて返させる**出挙**にも用いられました。地方税の租・出挙は、国府に納められて地方財源となりました。

　また、律令国家は戸籍に基づいて成人男性から**兵士**を徴発し、各国の**軍団**に配属して軍事力を編成しました。なかには、**衛士**となって都を警備したり、東国の兵士が**防人**となって九州の沿岸を警備することもありました。

2　律令国家の構造

① 東アジア外交

⑴ 遣唐使の派遣は、どのような目的があったのだろうか？

　唐への**遣唐使**は、〔**舒明天皇**〕の630年に**犬上御田鍬**を派遣して始まり、〔**宇多天皇**〕の894年に菅原道真の建言により停止されました。

　7世紀は、唐が朝鮮半島への圧力を強めて緊張が高まるなか、大陸情勢を把握して外交交渉を行うことが遣使の目的でした。〔**天武天皇・持統天皇**〕による中断ののち、8世紀初めに再開されてからは、唐を中心とする東アジア情勢が安定するなか、唐との関係を維持して制度や文化を摂取することが目的とな

りました。ただし、朝貢するが冊封は受けず、唐からの自立性も示しました。

　7世紀の航路は朝鮮半島を経由する北路でしたが、8・9世紀になると東シナ海を横断する南路に変わりました。航海は危険なものとなり、留学生の阿倍仲麻呂のように帰国に失敗して唐で死去した者もいました。

(2)　新羅とは、どのような交流が行われたのか？

　8世紀、唐との関係が安定した新羅は日本との対等関係を望んだものの、唐から冊封を受けない日本は新羅への優位性を主張し、関係はしばしば緊張しました。しかし、使節が頻繁に往来し、文物交流は盛んでした。

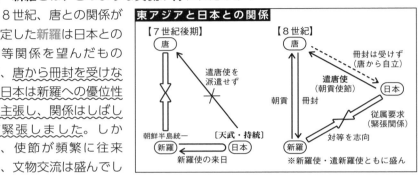

東アジアと日本との関係

(3)　渤海とは、どのような交流が行われたのか？

　渤海は、高句麗滅亡後、中国東北部に建国されました。唐や新羅と対抗するため日本に接近し、8世紀前期に渤海使が来日し、遣渤海使も派遣されました。

遣唐使・渤海使の行路

② 都城・地方支配

(1) 藤原京から遷都した平城京は、どのような構造を持っていたのか？

〔元明天皇〕（文武の母）は持
統・文武・元明と3代続いた藤原
京から平城京に遷都（710）しま
した。唐の都の長安に倣い、平城
宮は北の端に位置し、南北に貫く
朱雀大路があり、左京・右京・外
京に分けられました。平城宮にい
る天皇は南を向いて「左・右」を
決めるので、私たちから見る左・
右と逆になります。

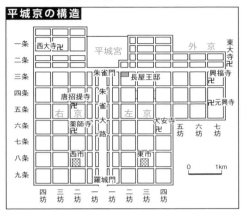

平城京の構造

(2) 東北や南九州への支配は、どのように拡大されていったのか？

律令国家は各地に城柵を築いて政庁や役所・倉庫を置き、東北の蝦夷を服属
させました。7世紀中期に渟足柵・磐舟柵を築いたのに続き、8世紀初めに出
羽国を設置し、日本海側への支配を拡大しました。さらに多賀城（724）を築
いて太平洋側にも拠点を設け、陸奥国府と鎮守府（軍事担当の役所）を設置し
ました。

一方、南九州の隼人も服属させ、8世紀初めに大隅国を設置しました。

(3) 律令国家の貨幣制度は、どのような意図で、どのように展開したか？

律令国家は、中国の制度を模倣して国家的な貨幣鋳造事業を始めました。
〔天武天皇〕による富本銭に続き、〔元明天皇〕は和同開珎（708）を発行しま
した。しかし、貨幣は京や畿内では流通したものの、畿内の外では普及しませ
んでした（稲や布を取引に使用）。のち〔村上天皇〕が乾元大宝（958）を発
行するまで、12種類の貨幣が作られ続けました（本朝（皇朝）十二銭）。

3 奈良時代の政治（8世紀）

トピック ＜奈良時代の皇位継承＞

　奈良時代の政治史では、藤原氏が台頭する過程を見ていくのが一般的です。しかし、天皇のあり方に注目すると、また違った側面が見えてきます。

　下の系図にある、天皇即位の順番を①から⑩まで順に追っていくと、直系での皇位継承から外れる場合があったことがわかります。8世紀の天皇には豪族連合の盟主である大王のあり方が残り、畿内豪族のあり方を残す貴族との緊張関係があるため、成人に達してからの即位が必要でした。「親から子へ、子から孫へ」の皇位継承ができないケースも出てきます。

　こうしたなか、8世紀には〔⑤元明〕・〔⑥元正〕・〔⑧孝謙〕（再び即位して〔⑩称徳〕）という女性天皇が誕生しました（6世紀末〜7世紀には〔推古〕・〔皇極〕（再び即位して〔斉明〕）・〔③持統〕という女性天皇が存在）。現在は、皇室典範の規定により女性は天皇になれませんが、当時は女性天皇の存在感が高かった時代でした。「後継者がいないときの中継ぎとして女性天皇を即位させた」という説が有名ですが、最近は単純な「女帝＝中継ぎ」というものではない、主体的に権力を行使した女性天皇のあり方が明らかになってきています。

奈良時代の天皇家と藤原氏の系図

（丸数字は天皇即位順、波線は女性天皇　(1)(2)…は権力掌握順、赤字は政変）

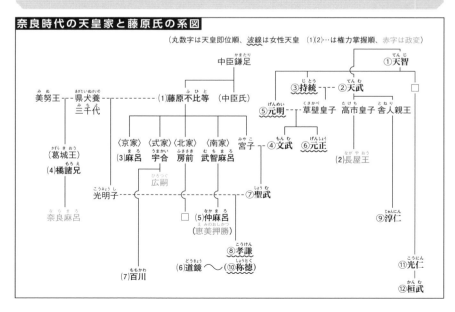

① 藤原不比等 〜不比等は、どのような戦略で藤原氏の礎を築いたのか？

中臣鎌足の子である**藤原不比等**は、律令制度整備の中心となりました。また、娘の**宮子**を〔**文武天皇**〕に嫁がせ、**光明子**をのちの聖武に嫁がせるなど、天皇家に接近しました。**平城京遷都**（710）から、奈良時代が始まります。

② 長屋王 〜長屋王の変の発生には、どのような事情があったのか？

不比等の死後、天武の孫にあたる**左大臣**の**長屋王**が台頭しました。一方、母が藤原氏の〔**聖武天皇**〕が即位しますが、聖武と光明子との間の皇太子が幼少で死去し、藤原氏の天皇外戚としての地位が危うくなったうえ、長屋王は親王の待遇を受けました。不比等の子の**武智麻呂・房前・宇合・麻呂**は危機感を抱き、長屋王に謀反の罪を着せ自害に追い込みました（**長屋王の変** 729）。

③ 藤原4兄弟 〜4兄弟は、どのように天皇家との結合を強めたのか？

藤原4兄弟は、**南家**（武智麻呂）、**北家**（房前）、**式家**（宇合）、**京家**（麻呂）の祖です。長屋王の変の直後、妹の光明子を聖武の皇后（それまで皇族に限られていた）に立てて**光明皇后**とし、天皇家との結びつきを強めました。

④ 橘諸兄 〜広嗣の乱は、聖武の政治にどのような影響を与えたのか？

疫病の流行で藤原4兄弟が死去すると、皇族出身の**橘諸兄**が政権を握りました。唐から帰国した留学生・学問僧の**吉備真備・玄昉**が重用されますが、これに不満を持った**藤原広嗣**が九州で挙兵しました（**藤原広嗣の乱** 740）。

聖武は遷都を繰り返し、仏教の**鎮護国家思想**のもと、国ごとに**国分寺・国分尼寺**を造らせ、**大仏造立の詔**（743）を発しました。

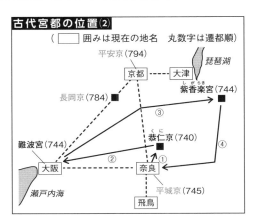

古代宮都の位置②

（ □ 囲みは現在の地名 丸数字は遷都順）

平安京（794）
京都 — 大津 琵琶湖
長岡京（784）
紫香楽宮（744）
③
難波宮（744）
恭仁京（740）
④
②
大阪
①
奈良
瀬戸内海
平城京（745）
飛鳥

⑤ 藤原仲麻呂 〜仲麻呂の専権は、天皇家とどう関連していたのか？

聖武が娘の〔**孝謙天皇**〕に譲位すると、**藤原仲麻呂**がおばの**光明皇太后**の信任を得て台頭しました。この頃、**東大寺**で大仏の**開眼供養**が行われました。

仲麻呂は祖父の不比等が制定した**養老律令**を施行し、**橘奈良麻呂の変**（757）

を抑えました。そして、孝謙が退位すると、父が天皇ではない〔淳仁天皇〕を即位させ、仲麻呂は淳仁から**恵美押勝**の名を与えられ権力をふるいました。

　しかし、光明皇太后の死後、**孝謙上皇**や、その寵愛をうけた僧**道鏡**が台頭しました。天皇権力が孝謙と淳仁とに分裂するなか、淳仁派の恵美押勝は軍事力で孝謙を抑えようとしましたが、敗死しました（恵美押勝の乱　764）。

⑥ 道鏡　～称徳天皇は、どのような政治権力を指向したのか？

　孝謙上皇は重祚（再び即位）して〔称徳天皇〕となり、その信頼のもとで道鏡が**太政大臣禅師**や**法王**の地位を得て権力をふるい、仏教で政権安定を図りました。一方、独身で子がいない称徳は、神のお告げを利用し、天皇家の人物ではない道鏡を天皇にしようとしましたが（**宇佐八幡神託事件**　769）、挫折しました。結局、称徳が死去すると、道鏡も失脚しました。

⑦ 藤原百川　～天武系から天智系への移行は何をもたらしたのか？

　藤原百川らは、高齢の〔光仁天皇〕を立て、仏教政治で混乱した律令政治の立て直しを図りました。光仁は天智の孫にあたり、天皇の系統は天武系から天智系に移りました。次の〔桓武天皇〕は、父の光仁から始まる新皇統にふさわしい新都の造営を決意し、これが**長岡京・平安京**遷都につながります。

4 奈良時代の土地制度（8世紀）

① 民衆支配の動揺　～公地公民制は、どういった状況下で動揺したのか？

　律令国家は**公地公民制**に基づき**戸籍・計帳**を用いて土地や人びとを支配しましたが、兵士として徴発される兵役や、地方で労役にあたる雑徭や、調庸を中央政府まで納める運脚は、人間の身体を一定時間拘束するので余裕が無くなり、公民にとって過重な負担となりました。当時の民衆の苦しい状況は、『**万葉集**』に収められた山上憶良の貧窮問答歌に示されています。

　こうしたなか、戸籍に登録された本籍地から離れ（浮浪・逃亡）、あるいは私的に出家し（**私度僧**）、あるいは貴族の従者となるなど（**資人**）、公民が負担を逃れようとする動きが増え、政府の税収不足が生じました。また、浮浪・逃亡で放棄された田地が荒廃し、班田収授の実施が困難となりました。

② 開墾奨励策　～新しい土地政策は、何をめざしたものであったか？

　そこで、律令国家は土地政策を転換し、耕地を拡大する開墾を奨励しました。

その際、人びとの意欲を出させるため、<u>開墾して新しく作られた**墾田**の私有を認めました</u>。作った田地が自分のものになれば、ヤル気が出るというわけです。そして、<u>政府が墾田を把握して課税対象とし、土地からの税収を増やそうとしました</u>。租が課される田地を**輸租田**と呼びます（口分田も墾田も輸租田）。

　まず、**長屋王**政権で**百万町歩開墾計画**（722）が立てられ、続けて<u>**三世一身法**</u>（723）が定められました。<u>灌漑施設を作って開墾したら3代にわたって墾田の私有を認め、従来の灌漑施設を利用したら本人のみ墾田の私有を認めました</u>（のち政府が墾田を収公して公田とする）。

　さらに、**橘諸兄**政権で、<u>**墾田永年私財法**</u>（743）が定められました。三世一身法では墾田私有の期限がきたら政府が収公しましたが、<u>今後は墾田を開墾者の私有地と認め、三世・一身という私有期限を無くし、永久に収公しない</u>としたのです。

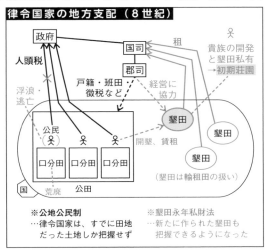

律令国家の地方支配（8世紀）

- 政府
- 国司 ── 租
- 郡司
- 人頭税
- 戸籍・班田 徴税など
- 浮浪 逃亡
- 公民
- 口分田 口分田 口分田
- 国 荒廃 公田
- 経営に協力
- 墾田（墾田は輸租田の扱い）
- 開墾、賃租
- 貴族の開発と墾田私有 →初期荘園

※**公地公民制**
…律令国家は、すでに田地だった土地しか把握せず

※**墾田永年私財法**
…新たに作られた墾田も把握できるようになった

　実は、<u>日本の律令国家は、すでに作られていた既墾田だけを公地として把握し、そこに口分田を設定して公民に班給しており、それ以外の土地（新しい墾田や、山・森林・草原・荒れ地など）は把握できていませんでした</u>。しかし、**墾田永年私財法**では、<u>新しく作られた墾田の私有を認めつつ登録させたので、政府が把握する田地は増加しました</u>。墾田永年私財法は、土地私有を認めて公地制の原則を崩したものの、<u>政府の土地支配を強化する</u>積極策だったのです。

③ **初期荘園** 〜どのような私有地が、新しく誕生したのか？

　墾田永年私財法に基づき貴族や寺院が大規模な開発を行い、開墾私有地である**初期荘園**が作られていきました。経営は**貴族・寺院**が直接行い、現地の国司・郡司が経営に協力しました。初期荘園は墾田であり、<u>租を納める**輸租田**の扱いなので、その拡大は税収の増加につながるからです</u>。また、開墾の労働力として、周辺の班田農民や浮浪人が用いられました。耕作は、1年単位で農民らに田地を貸す**賃租**の方式がとられました。

　しかし、<u>9世紀になり、伝統的な地域支配力を持つ郡司が弱体化するなど律令制が動揺していくと、維持が困難となった初期荘園は衰退していきました</u>。

平安時代の貴族政治（平安時代前期・中期）

世紀	天皇	藤原	政治・外交		東アジア	
8世紀	桓武		**1 桓武天皇・嵯峨天皇の時代**			
			①桓武天皇の改革 遷都（長岡京・平安京） 蝦夷征討（征夷大将軍） 地方政治の改革（勘解由使）			
	平城		**②嵯峨天皇の改革** 平城太上天皇の変（810） 令外官の設置（蔵人頭・検非違使） 法制の整備（弘仁格式）	(1)		
9世紀	嵯峨	冬嗣				
	淳和		**2 藤原氏の台頭**			
	仁明	良房	**①藤原良房** 承和の変（842）（伴健岑・橘逸勢） 太政大臣に 〔清和天皇〕の摂政に 応天門の変（866）（伴善男）		唐	新羅
	文徳					
	清和					
	陽成	基経	**②藤原基経** 〔光孝天皇〕の関白に 〔宇多天皇〕の関白に→阿衡の紛議（888） 遣唐使の停止（894）（菅原道真の建議）			
	光孝					
	宇多					
10世紀	醍醐	時平	**3 醍醐天皇・村上天皇の時代**			
			①醍醐天皇の親政（延喜の治） 右大臣菅原道真を左遷（901） 律令制復興（日本三代実録・延喜格式）	(2)	五代十国	
	朱雀	忠平	**※朱雀天皇の時代** 藤原忠平が摂政に（のち関白に） **②村上天皇の親政（天暦の治）** 律令制復興（乾元大宝）			高麗
	村上					
			4 摂関政治			
			①摂関の常置と藤原氏の内紛 安和の変（969）（左大臣源高明） 兼通と兼家の争い　道長と伊周の争い	(3)	宋	
11世紀	後一条	道長・頼通	**②摂関政治の全盛** 藤原道長、摂政に 藤原頼通、摂政に（のち関白に）			

第 5 章 の テ ー マ

平安時代前期・中期（ 8世紀末〜11世紀中期 ）の政治と対外関係を見ていきます。

(1) 平安時代初期は、**桓武天皇・嵯峨天皇**が律令制の再編を主導しました。そして、平安時代前期、藤原氏は**摂政・関白**の地位を得ました。

(2) 平安時代中期の前半は、醍醐・村上の**天皇親政**が展開しました。律令制復興が図られつつ、新規の事業もあり、時代の転換点となりました。

(3) 平安時代中期の後半は、藤原氏による**摂関政治**の全盛期でした。朝廷政治の構造に注目しましょう。東アジア（宋・高麗）も見渡します。

1 桓武天皇・嵯峨天皇の時代（8世紀末〜9世紀前期）

① 桓武天皇の改革　〜天皇権力の強化を図った施策とは、何か？

〔光仁天皇〕の子の〔桓武天皇〕は、中国皇帝が行う儀式を実施するなどして権威を高め、**遷都**と**蝦夷征討**の事業を推進して天皇権力を強化しました。

平城京から**長岡京**（784）へ遷都したものの、遷都事業の中心だった**藤原種継**が暗殺されると、主謀者とされた**早良親王**（桓武の弟、皇太子）は流罪となり、自死しました。そして、桓武の身辺に起きた不幸が早良親王の**怨霊**の祟りのせいだとされたこともあって、**平安京**（794）へ遷都しました。ここから平安時代が始まります。

また、8世紀末以降続いた蝦夷の反乱に対し、**坂上田村麻呂**を**征夷大将軍**に任じて平定させ（**胆沢城**などを建設）、律令国家の領域を北へ広げました。

② 嵯峨天皇の改革　〜律令体制の再編は、どう進められたのか？

〔嵯峨天皇〕は、中国の制度・文化を積極的に採用する**唐風化政策**を進め（勅撰漢詩集の編纂など）、天皇支配を支える機構や法制の整備を進めました。**平城上皇**は側近の**藤原仲成・薬子**とともに、重祚と平城京遷都を画策して嵯

峨と対立しました（平城太上天皇の変［薬子の変　810]）。天皇権力の分裂による抗争は、軍事力を用いた嵯峨が勝利し、藤原**式家**が没落しました。

このとき嵯峨が設置した蔵人頭は、天皇の命令を太政官に伝達する役割を果たす官職で、これに藤原冬嗣が任命されて以降、藤原**北家**が台頭しました。こうした**令外官**（令に規定がない新しい官職）

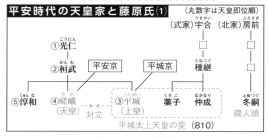

平安時代の天皇家と藤原氏(1) （丸数字は天皇即位順）

平城太上天皇の変（810）

は、実情に合わせて官僚機構の効率化を図るものとして重要視され、さらに平安京内の警察や裁判を担当する**検非違使**も設置されました。

また、これまで発された**格**（律令の修正）や**式**（細則）を分類して**弘仁格式**が編纂されました（**三代格式**の始まり）。

2 藤原氏の台頭（9世紀中期・後期）

藤原氏は、天皇の**外戚**の地位を得て権力を握りました。背景として、当時の貴族社会で母方の縁が重視されたことが挙げられます。自分の娘を天皇に嫁がせ、生まれた男子を即位させれば、外祖父の立場で天皇の判断に影響を与えられるのです。

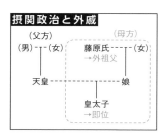

摂関政治と外戚

（父方）　　　　　　（母方）

（男）━（女）　藤原氏━（女）
　　　　　　　→外祖父

天皇━━━━━━━娘

皇太子
→即位

① 藤原良房　〜良房は、どのようにして摂政の地位を獲得したのか？

朝廷で存在感のあった嵯峨上皇が亡くなった直後、**承和の変**（842）が発生しました。謀反を計画したとして、恒貞親王が皇太子の地位を奪われ、恒貞と関係の深い**伴健岑・橘逸勢**が流罪となったのです。この

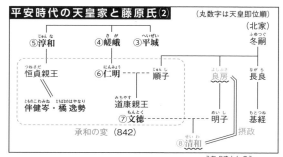

平安時代の天皇家と藤原氏(2) （丸数字は天皇即位順）

承和の変（842）

とき、藤原良房は〔仁明天皇〕と関係を深め、藤原氏を母に持つ道康親王を皇太子とし（のち〔文徳天皇〕に）、さらに**太政大臣**に就任しました。

そして、文徳の子の〔清和天皇〕が幼いまま即位すると、外祖父の藤原良房

は臣下で初めての摂政となり、孫の清和の権限を代行しました。

　のちの応天門の変（866）では、平安京の応天門放火事件の犯人として大納言の伴善男らが流罪となるとともに、良房は正式に摂政に任命されました。応天門の変の経緯は、院政期文化に属する『伴大納言絵巻』に描かれています。

② 藤原基経　〜基経は、どのようにして関白の地位を獲得したのか？

　藤原基経は、幼少の〔陽成天皇〕のおじとして摂政となっていましたが、基経と陽成の関係が悪化しました。基経は、問題のある素行を繰り返した陽成を譲位させ、年長で人格者の〔光孝天皇〕を立て、初の関白となって光孝を補佐しました。

　光孝の子の〔宇多天皇〕が即位すると、基経は阿衡の紛議（888）を通じて関白の政治的地位を確立しました。基経は、宇多から与えられた「阿衡」が、実権を伴わない地位だとして抗議したのです。

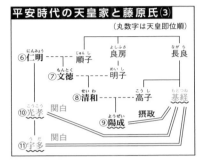

平安時代の天皇家と藤原氏③
（丸数字は天皇即位順）

　基経の死去後、藤原氏を外戚としない宇多は摂政・関白を置かず、学者で文人貴族の菅原道真を登用しました（道真の建議により遣唐使停止［894］）。

3 醍醐天皇・村上天皇の時代 （10世紀前期・中期）

① 醍醐天皇の親政（延喜の治）　〜醍醐による律令制復興事業とは？

　宇多が譲位して上皇となり、即位した〔醍醐天皇〕は摂政・関白を置きませんでした（延喜の治）。この時期、左大臣の藤原時平は、右大臣の菅原道真に謀反の疑いあり、と醍醐へ訴え、道真は大宰府へ左遷されました（901）。

　ちなみに、菅原道真が亡くなると、のちに怨霊として恐れられ、それを鎮めるため、京都に北野神社がつくられて、「天神」としてまつられました。

　10世紀前期には、藤原時平が醍醐と協力し、時平が亡くなると、弟の藤原忠平が醍醐と協力して、律令制の復興が進められました。しかし、延喜格式（三代格式の最後）・『日本三代実録』（『日本書紀』以来の六国史の最後）の編纂や班田命令（902　班田収授の最後）は、律令国家事業の終焉を意味するものでした。一方、最初の勅撰和歌集である『古今和歌集』が編纂されました。

② 村上天皇の親政（天暦の治）〜村上による律令制復興事業とは？

〔朱雀天皇〕（おじの**藤原忠平**が**摂政・関白**）ののち、〔村上天皇〕が即位し、藤原忠平が亡くなると、村上は摂政・関白を置きませんでした（**天暦の治**）。律令制の復興策としては、**和同開珎**以来の**本朝（皇朝）十二銭**の最後にあたる、**乾元大宝**（958）が鋳造されました。

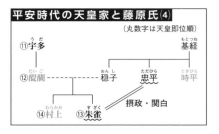

平安時代の天皇家と藤原氏④
（丸数字は天皇即位順）

⑪宇多　　　　　　　　　　基経

⑫醍醐————穏子　忠平　時平

　　　　　　　　　摂政・関白

⑭村上　⑬朱雀

4 摂関政治（10世紀後期〜11世紀中期）

トピック 〈摂関政治期の国政運営〉

「摂関政治」には、摂政・関白となった藤原氏が天皇をしのぐ権勢を誇ったというイメージがあると思われます。しかし、この時期の国政運営は、藤原氏と天皇・貴族との協力下で遂行され、太政官機構も維持されていました。政務は、太政官の**公卿**会議での審議内容を天皇もしくは

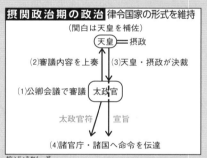

摂関政治期の政治　律令国家の形式を維持
（関白は天皇を補佐）

天皇＝摂政

(2)審議内容を上奏　(3)天皇・摂政が決裁

(1)公卿会議で審議　太政官

太政官符　宣旨

(4)諸官庁・諸国へ命令を伝達

摂政が決裁し、天皇の**宣旨**や太政官の**太政官符**で命令を伝達しました。特に、財政などの重要事項では陣定という会議が開かれ、各公卿の意見が尊重されました。

　一方、「摂関政治」には、新しい改革などは行われず、形式化した**年中行事**ばかりというイメージもあるでしょう。当時の朝廷では、先例どおりに行事を滞りなく実施することが重視されたので（行事の手順を間違えた貴族は、「あいつは無能だ」とレッテル貼りされました）、貴族たちは**日記**を付けて、朝廷での出来事を記録しました。**藤原道長**も『**御堂関白記**』という日記を記しています。年中行事は毎年同じ時期に繰り返されるものなので、日付とともに記録していく日記は、備忘録として必須だったのです。

① 摂関の常置と藤原氏の内紛　～摂関政治は、どのように確立したか？

　関白藤原実頼のとき、**安和の変**（969）が起きました。清和源氏の**源満仲**の密告により、醍醐の皇子で左大臣の**源高明**が謀反の疑いで**大宰府へ左遷**されたのです。これで藤原氏による政治的事件（政敵排除）は終了し、以後は摂政・関白が常に置かれました。

　今度は、摂政・関白になれる「**氏長者**」（藤原氏一族の長）の地位をめぐり、藤原氏内部で争いが激化しました。**藤原兼通**（兄）と**藤原兼家**（弟）の対立や、**藤原道長**（おじ）と**藤原伊周**（おい）の対立が典型です。国風文化では、〔**一条天皇**〕を中心に、伊周の妹の皇后**定子**に仕えた**清少納言**が『**枕草子**』を著し、道長の娘の中宮**彰子**に仕えた**紫式部**が『**源氏物語**』を著しました。

② 摂関政治の全盛　～藤原道長の権力掌握策は、どのようなものか？

　10世紀末以降、**藤原道長**（兼家の子）は関白に準ずる地位（**内覧**）を得て台頭しました。そして、11世紀にかけて4人の娘を次々と入内させ（〔一条天皇〕と**彰子**、〔**後一条天皇**〕と**威子**など）、外孫にあたる〔**後一条天皇**〕〔**後朱雀天皇**〕〔**後冷泉天皇**〕）が次々と即位しました。

　11世紀の前・中期、**摂関政治**全盛期となりました。**藤原道長**は〔**後一条天皇**〕の**摂政**となり（1016）、さらに太政大臣となりました（関白にはならず）。**藤原実資**の日記『**小右記**』には、道長が自らの繁栄を「此の世をば我が世とぞ思ふ望月

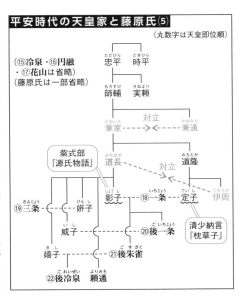

平安時代の天皇家と藤原氏⑤

（丸数字は天皇即位順）

⑮冷泉・⑯円融・⑰花山は省略
（藤原氏は一部省略）

忠平 — 時平
師輔 — 実頼
兼家 →対立← 兼通
道長 →対立← 道隆
紫式部『源氏物語』
⑲三条 … 妍子
威子
嬉子
⑲三条 … 彰子 — ⑱一条 … 定子 — 伊周
咸子
⑳後一条
㉑後朱雀
㉒後冷泉 — 頼通
清少納言『枕草子』

（＝満月）のかけたることも無しと思へば」という歌に詠んだことが記されています。続けて**藤原頼通**（道長の子）が後一条の摂政となると、頼通は約50年間にわたって後一条・後朱雀・後冷泉の**摂政・関白**をつとめました。

　10〜11世紀の東アジア情勢に目を向けましょう。日本は、**唐の滅亡**（907）ののちに統一した**宋**と正式国交を開きませんでしたが、民間商船が来航し、輸入された「**唐物**」（陶磁器や書籍など）は貴族社会で珍重されました。また、**新羅**の滅亡（935）ののちに統一した**高麗**からも民間商船が来航しました。

第6章 平安時代の地方社会（平安時代前期・中期）

世紀	天皇	藤原	政治・外交	社会・経済	兵乱
9世紀	桓武		平安京遷都(794) 蝦夷征討	**1 地方支配制度の転換**	(1)
	平城				
	嵯峨	冬嗣	薬子の変(810) 蔵人頭 弘仁格式	①**地方支配の動揺(9世紀)** 班田の励行（桓武） 浮浪・逃亡、偽籍 →戸籍での支配が困難に 直営田での財源確保 （公営田・官田）	
	淳和				
	仁明	良房	承和の変(842)		
	文徳				(3)
	清和		良房が摂政に 応天門の変(866)		
	陽成				
	光孝	基経	基経が関白に 阿衡の紛議(888) 遣唐使停止(894)		
	宇多				
10世紀	醍醐	時平	延喜の治 道真の左遷(901) 日本三代実録 延喜格式	②**醍醐天皇の律令復興策** 延喜の荘園整理令(902) 班田を命令（最後）	**3 武士の台頭** ①**武士の成長** 貴族の地方土着と武装
	朱雀	忠平	忠平が摂・関に	③**地方支配の変質(10世紀)** 人頭税から土地税へ →田堵が名を請け負う 受領に一国統治を委任 →強力に徴税、収入得る 成功・重任　遙任 尾張国郡司百姓等解	天慶の乱(939～941) （平将門・藤原純友） 滝口の武者 押領使・追捕使
	村上		天暦の治 乾元大宝 安和の変(969) 藤原氏の内紛		
11世紀	後一条	道長・頼通	摂関政治の全盛 道長が摂政に 頼通が摂・関に (2)	**2 荘園公領制の成立** ①**寄進地系荘園** 開発領主の成長と寄進 不輸・不入権を獲得	②**清和源氏の勢力拡大** 平忠常の乱(1028～31) →源頼信が鎮圧 前九年合戦(1051～62) →源頼義・義家が鎮圧
				②**後三条天皇の土地政策** 延久の荘園整理令(1069) 荘園・公領の領域が確定	
	後三条				後三年合戦(1083～87) →源義家が鎮圧
	白河				

第 6 章 の テ ー マ

　平安時代の社会・経済（ 9世紀〜11世紀 ）について、第5章で扱った政治との関連を意識しながら見ていきます。

(1)　9世紀ごろ、戸籍・計帳に基づく支配が動揺し、10世紀ごろ、**税制や国司制度の変更**が行われ、律令国家の地方支配が変質しました。

(2)　開発領主による耕地開発が進行し、**寄進地系荘園**や**公領**が形成されて、中世の土地制度である**荘園公領制**が成立しました。

(3)　武芸に優れた中下級貴族が各地で勢力を拡大し、さらに地方の開発領主が武装して、武家（軍事貴族）を中心とする**武士団**が形成されました。

1 地方支配制度の転換（9世紀〜10世紀）

① 地方支配の動揺　〜9世紀の地方社会はどのような状況だったのか？

　平安前期の**9世紀**、公民が過重負担を避けるための**浮浪・逃亡**に加え、男性を調・庸・雑徭などの負担が無い女性として登録する偽籍も増加しました。当時の戸籍には、男性より女性が極端に多く記載されるものも見られます。このように、人びとのあり方や居住の実態を反映しない戸籍が作られてしまうほど、当時の地方支配は動揺し、班田収授や徴税も困難となっていたのです。

　こうしたなか、公地の一部を口分田として班給せずに政府が直接経営し、土地から得られる収入で財源不足を補う**直営方式**の田地が登場しました。西海道諸国に設けられて大宰府が経営する公営田や、畿内に設けられて中央政府が経営する官田では、**有力農民**に耕作を請け負わせる方式がとられました。

② 醍醐天皇の律令復興策　〜土地制度上、10世紀初頭が持つ意味とは？

　9世紀以降、**初期荘園**は衰退しましたが、一部の皇族・上級貴族が私的に田地を集積しました（登録なし、納税せず）。こうした違法な田地私有などを禁止したのが、〔醍醐天皇〕の延喜の荘園整理令（902）です。**延喜の治**における律令制復興の一環として、土地制度の原則を維持しようとしたのです。

　同時に、政府は班田を命令しました。しかし、これが結果的に最後の班田（902）となり、戸籍・計帳による個別人身支配で班田収授や徴税を行うことは、もはや不可能となっていました。

③ 地方支配の変質　〜10世紀、地方支配制度は何が大きく変わったのか？

平安時代中期の**10世紀**、徴税方式が**人頭税**中心から田地を課税対象とする<u>土地税</u>中心に変化しました。これまで口分田などが設定されてきた公田に、**名**という課税単位が設定され、有力農民の<u>田堵</u>に名の耕作を請け負わせました（**負名**）。負名は、租庸調や雑徭に代わる**官物**（米・布を名の面積を基準に課す）や**臨時雑役**（労役）を納めました。

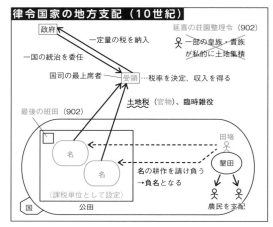

律令国家の地方支配（10世紀）

延喜の荘園整理令（902）

政府

一定量の税を納入

一部の皇族・貴族が私的に土地集積

一国の統治を委任

国司の最上席者　受領　…税率を決定、収入を得る

最後の班田（902）

土地税（官物）、臨時雑役

田堵

名

名

名の耕作を請け負う
→負名となる

墾田

（課税単位として設定）

国　　公田

農民を支配

また、国司の四等官（守・介・掾・目）のうち、<u>最上席者（基本的には守）である</u><u>受領</u>に権限を集中させて一国統治を委任する体制に変化しました。

② 荘園公領制の成立 (11世紀)

① 寄進地系荘園

(1) 寄進地系荘園は、開発領主のどのような行為によって成立したのか？

田堵のなかには、経営拡大で大名田堵に成長する者もおり、**11世紀**にはさらに土地開発を進めて<u>開発領主</u>に成長する者も現れました。

11世紀、受領は開発領主に対し、臨時雑役を徴収しない代わりに一定領域の開発を許可し、開発地から官物を徴収しました。田地の開発を促進して、税収を確保しようとしたのです。ところが、受領が開発領主に対して徴税の圧力を強めると、官物の納入を避けたい開発領主との間に対立が生じました。

そこで**開発領主**は、権威を借りるため、開発した所領を上級貴族・皇族や有力寺社に**寄進**しました（P47上図（Ｂ））。寄進を受けた中央権力者は<u>荘園領主</u>となり（最初に寄進を受けたのが**領家**、重ねて寄進を受けたのが**本家**）、寄進した開発領主は**荘官**（**預所・公文・下司**などの呼称）となって現地を経営し、荘園領主に**年貢・公事**を納めました。これが<u>寄進地系荘園</u>のしくみです。

荘園領主は中央権力者としての権威で政府に働きかけ、官物納入を免除される<u>不輸</u>や、田地調査員の立ち入りを拒否する<u>不入</u>といった特権を得ました。

⑵ 公領は、受領のどのような行為によって成立したのか？

開発領主の所領のうち、寄進されなかった部分については、**受領**が**郡・郷・保**という地方組織を設定し、開発領主を**郡司・郷司・保司**に任命し、郡・郷・保の年貢・公事（もと官物）の納入を請け負わせました（図の（A））。

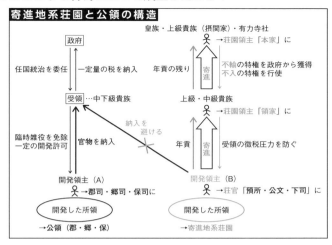

こうして、受領の支配下にあって政府へ税を納めるが、実質的には開発領主の私的な領地として認められた、**公領**（**国衙領**）が成立しました。

② 後三条天皇の土地政策 ～荘園公領制は、どのように成立したのか？

藤原頼通による摂関政治ののち、平安後期の**11世紀後期**、摂関家を外戚としない〔後三条天皇〕が即位して、親政を進めました。当時、不輸・不入の特権を得る荘園が増え、受領

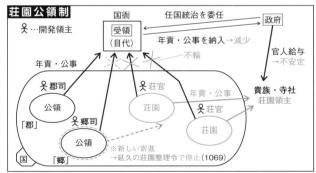

の徴税が困難となって政府の税収が減少しました。そこで、後三条は**延久の荘園整理令**（1069）を発し、基準に合わない荘園を停止し、公領に戻させました。また、記録荘園券契所での書類審査で荘園整理を徹底しました。

延久の荘園整理令により、基準に合う荘園は政府に公認されたので、荘園と公領の区別が明確になり、11世紀後期に**荘園公領制**が成立し、12世紀にかけて確立しました。荘園公領制は、**中世の土地制度**として社会や経済のあり方を規定するだけでなく、武家政権の政治制度などにも影響を与えました。

③ 武士の台頭（10世紀〜11世紀）

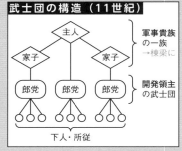

トピック 武士の出現と台頭

「**武士の始まりは貴族**」というと、意外に思うかもしれません。武士の誕生を、地方の有力農民が勢力拡張のため武装して武士団を結成した点にではなく、中下級貴族が地方に根拠地を持って武装し、武芸で朝廷に仕える「家」を形成した点に見いだす考え方です。

武士団の構造（11世紀）

主人 — 軍事貴族の一族 →棟梁に

家子　家子

郎党　郎党　郎党 — 開発領主の武士団

下人・所従

10世紀、地方の治安が悪化すると、武芸に優れた中下級貴族が国司となり、あるいは反乱鎮圧のため地方に派遣され、そののち都に戻らず現地に**土着**して地方に勢力を拡大させるなかで、桓武平氏や清和源氏などが武士として成長していきました。

11世紀、自らの所領を維持・拡大するために**開発領主**が武装し、各地に**武士団**が形成されました。そして、天皇の血筋を持つ源氏や平氏は棟梁として武士の頂点に立ち、武芸を専門とする**武家（軍事貴族）**が成立すると、大武士団が形成されていったのです。

① 武士の成長　〜武士が持つ軍事力は、どのように用いられたのか？

8世紀末、〔**桓武天皇**〕の時代に**軍団と兵士が廃止**されたのち、10世紀前後には、武士が持つ私的な軍事力が、政府の命令で動員され、あるいは朝廷や上級貴族に用いられるようになりました。中央では、天皇の御所を警備する**滝口の武者**や（9世紀末に設置）、上級貴族の身辺を警護する**侍**となり、地方では、反乱を鎮圧するための**押領使・追捕使**に任命されました。

平安中期の**10世紀**、東国と西国で天慶の乱（939〜941〔**朱雀天皇**〕の時代）が発生しました。関東に土着した桓武平氏で**下総**を根拠地とした平将門は、一族内の争いに勝利したのち、常陸・下野・上野の国府を襲撃し、東国の大半を支配して「**新皇**」と自称しました。しかし、いとこの**平貞盛**と下野押領使の**藤原秀郷**に鎮圧されました。**伊予**で国司をつとめた後、現地に土着した藤原純友は、当時交通が盛んな瀬戸内海で横行していた海賊を率いて、伊予国府や**大宰府**を攻めました。しかし、源経基と追捕使の小野好古に鎮圧されました。源経基は〔**清和天皇**〕の孫にあたり、清和源氏の祖となりました。

② 清和源氏の勢力拡大　〜源氏は、東北での反乱にどう対応したのか？

　武家（軍事貴族）となった**清和源氏**は畿内に土着し、安和の変を契機に藤原氏に接近して勢力を拡大しました。**11世紀**、**源頼信**は、房総半島に拡大した**平忠常の乱**（1028〜31）を鎮圧し、源氏の東国進出の足がかりを作りました。**源頼義**は、**陸奥**の豪族**安倍氏**の反乱である**前九年合戦**（1051〜62）を、子の義家とともに鎮圧しました。**源義家**は、安倍氏に代わり台頭した**出羽**の豪族**清原氏**の内紛である**後三年合戦**（1083〜87）を、**藤原清衡**を助けて鎮圧しました。

　その後、東北では藤原清衡に始まる**奥州藤原氏**が、陸奥の**平泉**を中心に支配を拡大しました。一方、清和源氏が前九年合戦・後三年合戦に際して**東国武士団**と主従関係を結んで武家の**棟梁**となったことは、のちに源頼朝が挙兵し鎌倉幕府が成立していく過程に、大きな影響を与えることになります。

源氏と平氏の成長

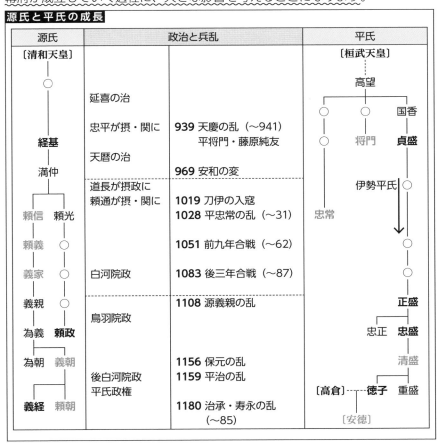

世紀	文化	時期と特徴
7 世 紀	**1 飛鳥文化** ○**仏教** 　氏族仏教（氏寺）　呪術の一種として受容 ○**仏教美術・その他** 　法隆寺　金銅像・木像	7世紀前半 〔**推古**〕（飛鳥の朝廷） 豪族・渡来人が担い手
7 世 紀	**2 白鳳文化** ○**仏教** 　国家仏教（官寺）　護国経典を重視 ○**仏教美術・その他** 　薬師寺　金銅像	7世紀後半 〔**天武・持統**〕（藤原京） 国家（天皇）が中心
8 世 紀	**3 天平文化** ○**仏教** 　鎮護国家　南都六宗（仏教理論を研究） ○**美術（仏教・その他）** 　東大寺　塑像・乾漆像 ○**学問・歴史・文学** 　大学・国学　国史　地誌　和歌	8世紀（奈良時代） 〔**聖武**〕（平城京） 唐の文化の影響
9 世 紀	**4 弘仁・貞観文化** ○**仏教** 　密教（加持祈禱　現世利益を願う） ○**美術（仏教・その他）** 　室生寺　一木造・翻波式　曼荼羅　三筆（唐様） ○**学問・文学** 　大学別曹　勅撰漢詩集	9世紀（平安前期） 〔**嵯峨・清和**〕（平安京） 唐の文化の消化→唐風化
10 世 紀 11 世 紀	**5 国風文化** ○**仏教** 　浄土教（阿弥陀仏　来世での極楽往生を願う） ○**美術（仏教・その他）** 　平等院（阿弥陀堂）　寄木造　来迎図　三跡（和様） ○**文学・生活** 　仮名文字　勅撰和歌集　物語・随筆・日記　寝殿造	10〜11世紀（平安中期） 摂関政治の時期 中国文化の改変→国風化 (1) (2)

7世紀～11世紀に展開した、古代文化の概略を見ていきます。

(1)(2)　日本列島に出現した「倭」では国家形成が進み、大陸から知識や制度を導入し、古代国家「日本」が成立しました。その過程で、中国文化を朝鮮半島経由も含めて摂取しながら**飛鳥文化・白鳳文化**が形成されました。そして、律令国家の東アジア諸国との交流が**天平文化**を生み、**弘仁・貞観文化**では唐風化が進行し、のちには大陸文化の消化・吸収をふまえた国風化により**国風文化**が成立しました。

1 飛鳥文化（7世紀前半）

飛鳥文化は、〔**推古天皇**〕の時代を中心とする文化です。当時の仏教は豪族が祖先の冥福を祈る**氏族仏教**で、蘇我馬子の**飛鳥寺**などの**氏寺**は古墳に代わる権威の象徴となりました。寺院には、**礎石**の上に柱を立てて**瓦**を屋根に葺く、**渡来人**がもたらした大陸技法が用いられました。

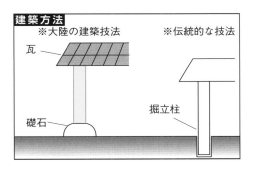

建築方法
※大陸の建築技法　　　　　　※伝統的な技法
瓦
礎石
掘立柱

厩戸王創建の**法隆寺金堂・五重塔**は現存最古の木造建築とされ、渡来系の**鞍作鳥**が製作した**法隆寺金堂釈迦三尊像**などが安置されました。**広隆寺半跏思惟像**は、韓国にある7世紀頃の半跏思惟像と似ており、飛鳥文化が朝鮮半島と深く関係したことを物語ります。工芸では、仏教説話が描かれた**法隆寺玉虫厨子**や、厩戸王の死後の世界を刺繍した**中宮寺天寿国繍帳**が有名ですね。

2 白鳳文化（7世紀後半）

白鳳文化は、〔**天武天皇**〕・〔**持統天皇**〕の時代を中心とする文化です。中央集権国家建設が進むなか、仏教は天皇の保護・統制下で**国家仏教**の要素を強め、天武は**官寺**として**薬師寺**の建立を開始し、また**護国経典**が重視されました。

薬師寺東塔は白鳳様式を伝える三重塔で、人間味あふれる造形の**金銅像**としては**興福寺仏頭**が著名です。また、**法隆寺金堂壁画**にインドや敦煌の壁画様式が見られ、1972年発見の**高松塚古墳壁画**には唐や高句麗の影響が見られます。

3 天平文化 (8世紀)

天平文化は、**奈良時代**の平城京を舞台とした文化で、遣唐使派遣で直接摂取した唐の文化や、**正倉院宝物**に象徴されるシルクロードを経由したユーラシア諸地域の文化を含みます。律令国家が完成すると、鎮護国家思想により仏教には国家安泰を祈る役割が期待されました。平城京や周辺には**興福寺**（藤原氏の氏寺）・**東大寺**などの大寺院が建てられ、〔**聖武天皇**〕の命で**国分寺・国分尼寺**建立や**盧舎那仏**造立が進められ、仏教理論を研究する**南都六宗**の諸学派が形成されました。僧侶では、社会事業や民間布教を行った**行基**や、生活規律の**戒律**を伝え**唐招提寺**を創建した唐僧の**鑑真**が注目されます。また、**塑像**（粘土）と**乾漆像**（漆）の技法が唐から伝わり、写実的な彫刻が作られました。塑像の**東大寺戒壇堂四天王像**や、乾漆像の**興福寺阿修羅像**が著名です。断面が三角形の木材を積み上げた**校倉造**の**東大寺正倉院宝庫**も、知られていますね。

律令国家の完成は国家意識を高めました。教育では、律令官人の養成を目的に、儒教を学ぶ**明経道**が重視され、中央に**大学**、地方に**国学**が置かれて貴族や郡司の子弟を教育しました。また、天皇支配の正統性を示す目的で、『**古事記**』に続き、中国に倣った漢文・編年体の正史として『**日本書紀**』が編纂され（『日本三代実録』までが**六国史**）、地誌の『**風土記**』も編纂されました。

漢詩文は貴族・官人に中国的な教養が求められたことから盛んに作られ、『**懐風藻**』が編纂されました。**和歌**は天皇から民衆に至るまで広くよまれ、『**万葉集**』には漢字の音訓を用いて日本語を表す**万葉仮名**が使われています。

4 弘仁・貞観文化 (9世紀)

弘仁・貞観文化は、**平安時代前期**の平安京を舞台とした文化です。〔**嵯峨天皇**〕の**唐風化政策**もあって、貴族が唐の文化に習熟し、唐の文化の消化と吸収が進行しました。仏教では、**最澄**と**空海**が遣唐使に同行して入唐し、**天台宗**と**真言宗**を開いたことが、日本仏教史上の画期となりました。天台宗は、法華経を中心に密教・禅・念仏などの諸要素を含み（のち最澄の弟子の**円仁**と**円珍**が密教の要素を強めた）、最澄が開いた**比叡山延暦寺**は仏教を学び修行する中心となり、のちに鎌倉新仏教の開祖の多くもここで学んでいます。真言宗は密教の本流となり、空海の**高野山金剛峰寺**はその中心となりました。**密教**とは、**加持祈禱**（仏の呪力を得る祈り）により**現世利益**を願う教えで、国家安泰や一族繁栄を願う朝廷・貴族に受け入れられました。また、仏教が日本の山岳信仰と結びついて**修験道**が生まれました。

密教の影響を受けた美術としては、山中修行を重視した山岳寺院の**室生寺金堂・五重塔**や、神秘的な雰囲気の**観心寺如意輪観音像**、密教の世界を図式化した**曼荼羅**などがあります。当時の彫刻には、一つの木から彫り出す**一木造**の技法が用いられ、室生寺弥勒堂釈迦如来坐像の衣文には**翻波式**の技法が見られます。また、日本古来の神は外来の仏と同じだとする**神仏習合**の影響で、**薬師寺僧形八幡神像**など仏像をまねた神像彫刻も作られました。

文化の唐風化が、様々な分野で進みました。書道では、**唐様**の力強い書体が流行し、**嵯峨天皇・空海・橘 逸勢**が**三筆**と称されました。大学での教育は、漢詩文や中国の史書を学ぶ**紀伝道**が重視され、貴族は一族子弟の寄宿舎である**大学別曹**（藤原氏の**勧学院**など）を設けました。漢詩文作成が貴族の教養とされ、〔嵯峨天皇〕の命による『**凌雲集**』などの**勅撰漢詩集**が作られました。

5 国風文化（10～11世紀）

国風文化は、**平安時代中期**の**摂関政治**を背景とする文化です。**遣唐使停止**後も商船が来航して**唐物**が輸入されるなど中国文化の影響が続くなか、これまで流入した中国文化を土台とする**国風化**が進みました。仏教では、仏の教えが行われなくなる世の到来を説く**末法思想**の流行を背景に、京都市中で念仏を説いた**空也**や、『**往生要集**』で念仏を理論化した**源信**の活躍もあって、**阿弥陀仏**にすがり**来世での極楽往生**（死後に極楽浄土へ生まれ変わる）を願う**浄土教**が流行しました。神仏習合では、神は仏の化身だとする**本地垂迹説**が登場しました。怨霊の祟りを鎮める**御霊会**が催され始めたのも、このころです。

浄土教の影響を受けた美術としては、**阿弥陀堂**の**平等院鳳凰堂**（**藤原頼通**が建立）や、**平等院鳳凰堂阿弥陀如来像**（**定朝**の作）や、極楽浄土から阿弥陀仏が迎えに来る**来迎図**などがあります。定朝は、何人かの仏師がパーツごとに分業で製作する**寄木造**の技法を完成し、大量の仏像需要に応えました。

文化の国風化が、様々な分野で進みました。絵画では、日本の風景を描く**大和絵**が描かれ、書道では、**和様**の優美な書体が流行して小野道風らが**三跡**と称されました。文学では、万葉仮名から**仮名文字**（**平がな・片かな**）が発明され、宮廷女性を中心に**仮名文学**が発達しました。〔醍醐天皇〕の命による『**古今和歌集**』（**紀貫之**らが編集）などの**勅撰和歌集**が作られ、かぐや姫伝説の『**竹取物語**』や、壮大な王権の物語である『**源氏物語**』（**紫式部**）、宮廷体験を記した随筆の『**枕草子**』（**清少納言**）、国司赴任先から都までの紀行を記した『**土佐日記**』（**紀貫之**）などが書かれました。生活では、貴族は寝殿造の邸宅に住み、**束帯**（男性正装）や**女房装束**（十二単、女性正装）を装いました。

世紀	天皇	権力者	政治・外交・社会	兵乱	文化
11世紀	後三条		第8章 1院政		第12章 1院政期文化
	白河				
	堀河	白河上皇			
12世紀		鳥羽上皇		第8章 2保元・平治の乱と平氏政権	
		後白河上皇			
	安徳	平清盛			

世紀	将軍	執権	政治（兵乱）	外交・社会・経済			文化
12世紀	①源頼朝		第8章 3鎌倉幕府の成立	第9章 2武士の社会と生活	第11章 1中世の外交	第11章 2経済の発展	第12章 2鎌倉文化
	②源頼家	(1)時政	第9章 1執権政治				
	③源実朝	(2)義時					
13世紀	④藤原頼経	(3)泰時					
	⑤藤原頼嗣	(5)時頼					
	⑥宗尊親王						
		(8)時宗	第9章 3蒙古襲来と得宗専制政治				
		(9)貞時					

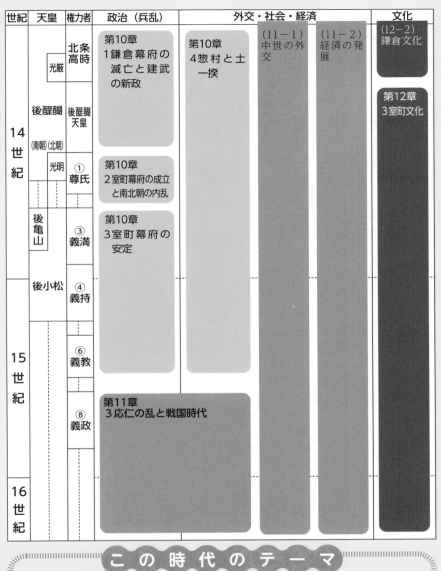

世紀	天皇	権力者	政治（兵乱）	外交・社会・経済			文化
14世紀	北条高時 光厳	北条高時	第10章 1鎌倉幕府の滅亡と建武の新政	第10章 4惣村と土一揆	(11-1) 中世の外交	(11-2) 経済の発展	(12-2) 鎌倉文化
	後醍醐 (南朝) (北朝)	後醍醐天皇					第12章 3室町文化
	① 光明	① 尊氏	第10章 2室町幕府の成立と南北朝の内乱				
	後亀山	③ 義満	第10章 3室町幕府の安定				
15世紀	後小松	④ 義持					
		⑥ 義教					
		⑧ 義政	第11章 3応仁の乱と戦国時代				
16世紀							

Ⅱ 中世

この時代のテーマ

第8章 武家政権の成立：院政～平氏政権～鎌倉幕府成立の過程と、封建制度の特徴を見ます。

第9章 鎌倉幕府の展開：執権政治～得宗専制政治の過程と、武士社会のしくみを理解します。

第10章 室町幕府の支配：鎌倉末期から室町中期への展開と、農村社会の形成を追います。

第11章 中世社会の展開：中世の外交・経済、応仁の乱と国一揆、戦国時代を扱います。

第12章 中世文化：仏教文化が社会に広がり、公家文化・武家文化・庶民文化が花開きました。

武家政権の成立（平安時代後期～鎌倉時代初期）

世紀	天皇	権力者	政治・外交・社会	兵乱	東アジア
11世紀	白河		**1 院政** ①**院政の展開** 　白河上皇の院政開始（1086） 　院政（白河・鳥羽・後白河） ②**院政の構造と社会** 　院宣・院庁下文　院近臣 　僧兵の強訴→武士の進出	……（1） （2）	宋
11世紀	堀河	白河上皇			宋
12世紀	鳥羽	鳥羽上皇		**2 保元・平治の乱と平氏政権** ①**伊勢平氏の台頭** 　正盛・忠盛・清盛 　院に接近	高麗
12世紀	崇徳	鳥羽上皇			高麗
12世紀	近衛	鳥羽上皇			高麗
12世紀	後白河	鳥羽上皇		②**保元・平治の乱** 　保元の乱（1156） 　平治の乱（1159） 　→平清盛が勝利	高麗
12世紀	後白河	後白河上皇	③**平氏政権** 　平清盛、太政大臣に 　日宋貿易を推進（大輪田泊） 　後白河法皇を幽閉 　〔安徳天皇〕即位（1180）		南宋
12世紀	安徳	平清盛	**3 鎌倉幕府の成立** ①**治承・寿永の乱と機構整備** 　侍所・公文所（政所）・問注所 　東国支配権を獲得 　守護・地頭を任命（1185） 　→軍事・警察権 　頼朝、征夷大将軍に（1192）	頼朝挙兵（1180） 平氏都落ち 壇の浦の戦い →平氏滅亡（1185） 奥州藤原氏滅亡	南宋
12世紀	後鳥羽	源頼朝	②**封建制度** 　将軍・御家人間の主従関係 　公武二元的な支配 （3）		南宋

第 8 章 の テ ー マ

古代から中世に移り変わっていく、平安時代後期から鎌倉時代初期（**11世紀末～12世紀**）の政治を見ていきます。

(1) 11世紀末、**院政**が始まりました。当時の社会状況にも注目します。

(2) 保元の乱・平治の乱を経て平清盛が台頭すると、12世紀後期には、初の武家政権である**平氏政権**が誕生しました。

(3) 12世紀末、源頼朝を中心に、安定した武家政権である**鎌倉幕府**が誕生しました。鎌倉幕府の制度や構造にも注目します。

1 院政 （11世紀末～12世紀中期）

① 院政の展開 ～院政は、どのような政治形態なのか？

院政は、天皇を退位した**上皇**が政治を主導する形態で、**天皇家の家長**であることと、**天皇の父や祖父**という立場で後見することが条件です。実は、子や孫に譲位することで、自分の子孫に皇位を継承させることが、院政の目的でした。

その始まりは**白河院政**です。後三条の次の〔白河天皇〕は、子の〔堀河天皇〕に譲位して**上皇**（**院**）となり、院政を開始しました（1086）。院政は11世紀末から12世紀まで、**鳥羽院政**、**後白河院政**（平氏政権と同時期）と続きました。

② 院政の構造と社会

(1) 上皇は、どのような仕組みで政治を動かしたのか？

院政では、律令制の国政運営は維持されたものの、上皇が独自の権力を持って政治を動かし、**院**（上皇の邸宅、のち上皇自身を指す）に設けられた**院庁**からの**院庁下文**や上皇の発する**院宣**が効力を持ちました。

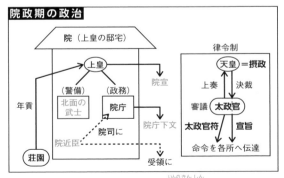

院政期の政治

院（上皇の邸宅）

上皇

（警備）北面の武士　（政務）院庁

年貢　荘園　院近臣　院司に

院宣　院庁下文　受領に

律令制

天皇＝摂政

上奏　決裁

審議　太政官　宣旨

太政官符

命令を各所へ伝達

后妃・乳母の一族など、上皇と親密な関係にある中下級貴族は、上皇の側近である**院近臣**となり、院庁の職員である**院司**となったり、諸国の受領に任じられたりしました。また、**白河上皇**が院御所に**北面の武士**を置くなど、軍事力も保持しました。

上皇は仏教を篤く信仰し、出家し**法皇**となって仏教界の頂点に君臨し、**[白河天皇]**の**法勝寺**など天皇家が持つ６つの寺院（**六勝寺**）が建立されました。一方、仏教保護のもとで荘園の寄進を受けた大寺院が**僧兵**を組織し、朝廷に**強訴**して荘園の権利などをめぐる主張を通そうとしました。特に**興福寺（南都）**・**延暦寺（北嶺）**の僧兵は強力で、白河上皇は「賀茂川の水・双六の賽の目・山法師（延暦寺の僧兵）が自分の心に従わない」と指摘しています。朝廷は神仏の権威を畏れ敬ったため、僧兵に手が出せず、強訴の鎮圧に武士を用いました。これが、**源氏・平氏**の中央政界進出につながりました。

また、**知行国**の制度（上級貴族をある国の**知行国主**に任命し、その国の公領からの収益を取らせる）が登場し、上皇も知行国を保持しました。

(2) 奥州藤原氏が繁栄した基盤には、何があったのか？

この時期に東北で繁栄したのは、**後三年合戦**のあと陸奥**平泉**を拠点に奥羽地方を支配した**奥州藤原氏**（**清衡・基衡・秀衡・泰衡**の４代）で、産出する金や馬などで経済力と軍事力を持ち、京都の文化を移入しました（藤原清衡の**中尊寺金色堂**など）。また、北方地域との交易で産物や文化を取り入れるなど、「日本」という枠組みを超えた交流が行われていたことも注目されます。

2 保元・平治の乱と平氏政権 （12世紀後期）

① 伊勢平氏の台頭　〜平氏はどのように勢力を伸長させたのか？

10世紀中期の**平将門の乱**ののち、**桓武平氏**のなかで関東から伊勢国に移った一族がいました（伊勢平氏）。そこから、白河上皇に接近して北面の武士となった**平正盛**、正盛の子で鳥羽上皇の院近臣となった**平忠盛**が台頭しました。忠盛の子の**平清盛**は、保元の乱・平治の乱に勝利して勢力を拡大しました。

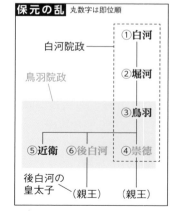

保元の乱　丸数字は即位順

白河院政 ——— ①白河

②堀河

鳥羽院政

③鳥羽

⑤近衛　⑥後白河　④崇徳

後白河の皇太子 （親王）　（親王）

② 保元・平治の乱

(1) 保元の乱の原因は、なにか？

保元の乱（1156）は、天皇家・摂関家の内紛を武士が解決した戦いでした。鳥羽法皇が亡くなると（1156）、**崇徳上皇**（兄）と**[後白河天皇]**（弟）と

の対立が浮上し、摂関家の左大臣**藤原頼長**（弟）と関白**藤原忠通**（兄）との対立が連動して、源氏・平氏の兵が集められました。そして、後白河・忠通と**源義朝・平清盛**が勝利し、崇徳・頼長と**源為義**（義朝の父）らが敗北しました。

(2) 平治の乱は、何が原因となって勃発したのか？

平治の乱（1159）は、院近臣同士の争いを背景とする戦いでした。**藤原通憲**（**信西**）は**後白河上皇**の院近臣として（後白河の乳母の夫）、**平清盛**と結び政治を主導していました。これに対し、新しく台頭した院近臣の**藤原信頼**が反発し、**源義朝**を誘って挙兵し信西を自害に追い込みましたが、平清盛が藤原信頼と源義朝を滅ぼしました（義朝の子の**源頼朝**は**伊豆**へ流罪）。

③ 平氏政権 ～貴族的性格・武家的性格とは、何を指しているのか？

平清盛は後白河院政を支え、武士として初の**太政大臣**となり（1167）、一門も高位高官を得ました。また、平氏は多くの荘園や知行国を保持しました。軍事貴族という低い身分でこの地位を獲得できた背景には、都を中心とする保元・平治の乱を通して軍事力を朝廷に誇示したことも大きかったのでしょう。

一方、源氏が衰えるなかで、平清盛は**武家の棟梁**の地位を固め、**西国武士団**を家人として組織しました（のち鎌倉幕府の家人は「御家人」と呼ばれる）。

また、平清盛は南宋との**日宋貿易**を盛んに行うため、摂津の**大輪田泊**（現在の神戸市）を修築し、瀬戸内海航路を整備して、商船来航の便を図りました。大量の**宋銭**の輸入は、中世における貨幣経済の発達につながりました。

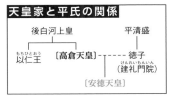

天皇家と平氏の関係

```
            後白河上皇                 平清盛
             │                        │
  以仁王   [高倉天皇] ┄┄┄┄   徳子
                                 （建礼門院）
                  [安徳天皇]
```

しかし、平清盛と後白河法皇との対立が深まりました。清盛は**院政を停止**し、〔**安徳天皇**〕を即位させましたが（1180）、平氏への不満も拡大しました。

3 鎌倉幕府の成立（12世紀末）

鎌倉幕府成立の時期

II

中世

し、全国の軍事・警察権を朝廷に認可されたことを武家政権成立と見る考え方が主流となり、「いいハコ」という覚え方が生まれたのでしょう。

　一方、鎌倉幕府は朝廷から独立して「武士の武士による武士のための」政治を行う唯一の武家政権として成立した、という側面もありました。平氏政権は朝廷と一体であったのに対し、京都から地理的に離れた鎌倉を拠点とする頼朝政権は、朝廷から自立して東国支配を固めました。また、平氏（西国）・奥州藤原氏（奥羽地方）・頼朝（東国）という三つ巴の状況のなかで、頼朝は武家政権どうしの対決に勝利して幕府を開きました。頼朝が挙兵後に南関東を掌握し、御家人を統率する**侍所**を設置した1180年や、**奥州藤原氏滅亡**の1189年も重要であり、「鎌倉時代は西暦何年に始まったか？」に対する唯一の解答は無い、と言ってもよいと思います。

① 治承・寿永の乱と機構整備

(1)　頼朝の挙兵から平氏の滅亡まで、どのように展開したのか？

　安徳即位の直後、**源平争乱**（**治承・寿永の乱**）が始まりました。

　平氏政権は、**以仁王**（後白河の子）と**源頼政**の挙兵を鎮圧し、**福原京**（摂津）へ遷都しました（半年後に平安京へ戻る）。このとき、以仁王が平氏追討を掲げた**令旨**（皇子の命令）を全国に発し、それに応じた源頼朝が**伊豆**で挙兵しました（1180）。そして、源氏ゆかりの地である相模の**鎌倉**を拠点とし、**東国武士団**との主従関係を築き、御家人を統制する**侍所**（別当は**和田義盛**）を設置しました（1180）。

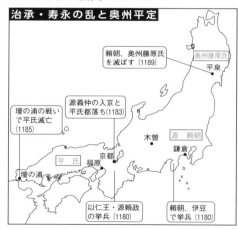

治承・寿永の乱と奥州平定

頼朝、奥州藤原氏を滅ぼす（1189）　平泉

源義仲の入京と平氏都落ち（1183）

壇の浦の戦いで平氏滅亡（1185）

木曽

源頼朝

鎌倉

平氏

京都　福原

壇の浦

以仁王・源頼政の挙兵（1180）

頼朝、伊豆で挙兵（1180）

奥州藤原氏

　平清盛が急死し、さらに信濃の**木曽**で挙兵していた**源義仲**（頼朝のいとこ）が平氏に勝って北陸道から京都に入ると、平氏は安徳を連れて都を離れました。このとき頼朝は京都の後白河法皇と交渉し、源義仲を倒す見返りに（頼朝は弟の義経を派遣）、朝廷から**東海道・東山道支配権**を認められました（1183）。

　頼朝は一般政務を担う**公文所**（のち政所、別当は**大江広元**）と裁判事務を担う**問注所**（執事は**三善康信**）を設置し（1184）、その一方で源義経は長門の**壇の浦の戦い**で**平氏を滅ぼしました**（1185）。

(2) 鎌倉幕府は、どのように成立していったのか？

　頼朝と義経の兄弟が対立すると、頼朝は義経追討を名目に、守護・地頭の任命権を朝廷から獲得しました（1185）。追われた義経は奥州藤原氏のもとに逃げ込みますが、3代秀衡の死後、4代泰衡に滅ぼされました。その直後、義経を匿ったことを口実に、頼朝は自ら御家人を率いて**奥州藤原氏を滅ぼし**（1189）、後白河法皇が亡くなると頼朝は**征夷大将軍**に任命されました（1192）。

② 封建制度

(1) 鎌倉幕府の主従関係は、どのようなしくみだったのか？

　武家政権は、支配階層の武士内部で、**土地の給与**を通じ、主人と従者との間に**御恩**と**奉公**の**主従関係**が結ばれるという**封建制度**で成り立っていました。

　御家人は、**将軍**（幕府）と主従関係を結んだ武士のことです（非御家人も存在した）。当時の武士は**開発領主**の系譜を引いており、幕府は先祖以来の所領の支配権を保障する**本領安堵**や、

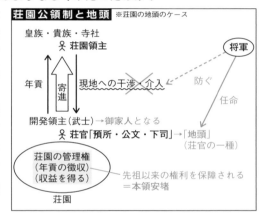

荘園公領制と地頭　※荘園の地頭のケース

皇族・貴族・寺社
荘園領主

将軍

年貢　寄進　現地への干渉×介入　防ぐ

任命

開発領主（武士）→御家人となる
荘官「預所・公文・下司」→「地頭」
（荘官の一種）

荘園の管理権
（年貢の徴収）
（収益を得る）

先祖以来の権利を保障される
＝本領安堵

荘園

功績によって新しい所領の支配権を与える**新恩給与**による御恩を与えました。その際、**荘官**の一種である**地頭**に任命し、荘官としての権利を保障しました。そして、御家人は将軍に対する奉公として、平時に警護を行う**京都大番役・鎌倉番役**や、戦時に戦場に参加する**軍役**をつとめました。

　国ごとに置かれた**守護**は、**大犯三カ条**（**大番催促・謀叛人逮捕・殺害人逮捕**）を任務としており、大番催促は御家人を京都大番役に向かわせるものでした。

(2) 鎌倉時代における幕府と朝廷との関係は、どのようなものだったのか？

　一方、鎌倉時代は朝廷の力も維持され、京都の朝廷による支配と、鎌倉の幕府による支配とが並んで存在する、**公武二元的な支配**の状況でした。地方支配では、幕府は国ごとに**守護**を任命して軍事・警察権を担当させ、朝廷は国ごとに**国司**を任命して行政・徴税権を担当させました。**東国**は幕府の影響力が強く及び、**畿内・西国**は朝廷や荘園領主の力が強く及びました。幕府の経済基盤も、将軍の知行国である**関東御分国**や、将軍が荘園領主となった**関東御領**など（「関東」は鎌倉幕府という意味）、朝廷が作りあげた荘園公領制を用いました。

世紀	将軍	執権	政治（兵乱）	社会・経済	東アジア	
12世紀	①源頼朝					
	②源頼家		**1 執権政治**			
		(1)**時政**	**①北条氏の台頭（時政・義時）** 　比企能員が滅ぶ→将軍実朝 　時政、政所別当に			
	③源実朝		和田義盛が滅ぶ 　義時、侍所別当を兼ねる 　実朝暗殺→源氏将軍が断絶	……(1)		
13世紀		(2)**義時**	**②承久の乱**（1221） 　後鳥羽上皇の倒幕 　→幕府勝利、3上皇を配流 　六波羅探題 　没収地に地頭（新補地頭）	(2)	南宋	高麗
	④藤原頼経	(3)**泰時**	**③合議制の確立（泰時）** 　連署・評定衆 　摂家将軍（藤原頼経） 　御成敗式目（1232）	**2 武士の社会と生活** **①開発領主の生活** 　所領経営（地頭） 　武芸（騎射三物） **②惣領制** 　血縁的結合 　分割相続 **③地頭の荘園侵略** 　地頭請 　下地中分		
	⑤藤原頼嗣	(5)**時頼**	**④執権政治の強化（時頼）** 　宝治合戦（三浦泰村が滅ぶ） 　引付衆 　皇族将軍（宗尊親王）			
	⑥宗尊親王					
		(8)**時宗**	**3 蒙古襲来と得宗専制政治** **①蒙古襲来（時宗）** 　文永の役（1274） 　弘安の役（1281）			
		(9)**貞時**	**②得宗専制体制（貞時）** 　霜月騒動（安達泰盛が滅ぶ） 　御家人の窮乏化 　→永仁の徳政令	※単独相続へ移行 ※地縁的結合 ※悪党の出現	元	
				(3)		

第9章のテーマ

鎌倉時代の前期・中期・後期（**13世紀**）の政治と社会を見ていきます。
(1)　北条氏を中心とする**執権政治**が確立しました。その過程のなかで発生した**承久の乱**は、幕府と朝廷との関係を大きく変化させました。
(2)　鎌倉時代の武士は、所領（荘園・公領）に居住して土地や農民を支配しました。血縁的結合を軸とする**惣領制**のあり方にも注目しましょう。
(3)　**蒙古襲来**は、鎌倉幕府の支配拡大と北条氏への権力集中をもたらし、北条氏の家督が幕政を主導する、**得宗専制政治**が展開しました。

1 執権政治 （13世紀前期・中期）

① 北条氏の台頭 （時政・義時）

(1)　源頼朝の死後、北条時政はどのように初代執権となったのか？

将軍親裁だった頼朝の死後（1199）、子の源頼家が地位を継いだものの、まだ若年で有力御家人は従わず、有力御家人13人の合議で政治が

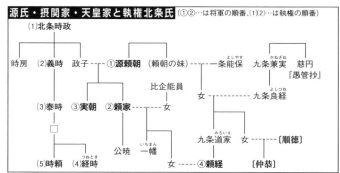

行われました。鎌倉幕府は**東国武士団**の連合体として成立したので、御家人は自分たちに都合の良い将軍を戴きつつ幕府を支える、という構造があったのです。
　こうしたなか、頼朝の妻だった**北条政子**（頼家の母）を擁する北条氏が台頭し、**北条時政**（政子の父）は**比企能員**（頼家の妻の父）を滅ぼしました（1203）。このとき、時政は頼家を幽閉して（のち暗殺）弟の**源実朝**を3代将軍とし、さらに**政所別当**となり幕政を主導し、その地位は**執権**と称されました。

(2)　北条義時は、どのようにして執権の地位を確立したのか？

　時政の子の**北条義時**も政所別当となり、姉の政子とともに実朝を支えました。そして、**和田義盛**を滅ぼすと（1213）、義時は**侍所別当**も兼ね、**執権の地位を確立**しました。北条氏は、有力御家人同士の争いに勝利していったのです。

ところが、実朝はおいの公暁に鶴岡八幡宮で暗殺され（1219）、源氏将軍が断絶しました。そこで、幕府は摂関家から幼少の**藤原（九条）頼経**を後継者に迎えました（承久の乱後に４代将軍に就任（1226　摂家将軍））。血筋の良さから幕府の権威付けに利用されたものの、実権のない名目的な将軍でした。

② 承久の乱（1221）

(1)　承久の乱の背景となる、当時の朝廷・幕府の関係とは？

　鎌倉時代初期、後鳥羽上皇が院政を展開し、朝廷の勢力回復を図っていました。伝統文化の復興につとめて勅撰の『**新古今和歌集**』編纂を命じ、**西面の武士**を設置して朝廷の軍事力を強化しました。しかし、将軍実朝への影響力を通じて鎌倉幕府を動かす企ては、実朝が暗殺されたことによって挫折し、後鳥羽上皇は幕府との対立を深めたのです。

　そして、畿内・西国の武士を中心に朝廷軍が組織され、後鳥羽上皇は**北条義時**追討の命令を発しました。承久の乱（1221）の始まりです。これに対し、北条政子の呼びかけで東国御家人が結束し、幕府軍が上京して圧勝しました。

(2)　承久の乱の勝利は、幕府に何をもたらし、時代状況をどう変えたのか？

　幕府は後鳥羽・土御門・順徳の３上皇を配流し、〔仲恭天皇〕を廃して後鳥羽の直系ではない〔後堀河天皇〕を即位させるなど、幕府は皇位継承に介入しました。そして、京都に六波羅探題を設置して西国での行政・司法などを担当させ、朝廷への干渉を強めました。

　さらに、敗北した上皇側の所領を没収し、幕府側で戦功を挙げた

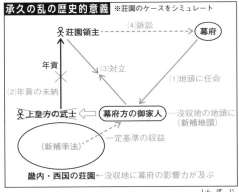

御家人をその地の地頭（**新補率法**という収入基準が適用された場合は**新補地頭**）に任命しました。没収地への地頭任命で【図の(1)】、幕府支配は西国の荘園・公領にも及び、**公武二元的な支配**は、幕府が優位になりました。

　しかし、この新しい地頭は所領支配を強め、荘園領主への年貢を滞納する傾向が生じました【図の(2)】。そして、荘園領主と地頭との争いで【図の(3)】、幕府への訴訟が増えたことは【図の(4)】、**御成敗式目**制定の背景となりました。

③ 合議制の確立（泰時）

(1) 北条泰時は、幕府の合議制をどのように整備していったのか？

　義時に続く執権北条泰時は、執権政治を確立しました。執権を補佐する連署を設置し、おじの北条時房を任命しました。さらに、有力御家人から評定衆を選び、合議制に基づく政治・裁判の運営を制度化しました。

　さらに、御成敗式目（1232）を制定しました。道理（武家社会の慣習や道徳）や頼朝以来の先例（幕府の判例や政治慣例）を根拠としたボトムアップ型の法で、中国から導入したトップダウン型の律令とは特徴が異なっていました。

　注目されるのは、「**20年間**土地を支配した者の権利を変更しない」という規定です。現在の民法にも「20年間」という所有権の時効取得の規定があります。

(2) 御成敗式目には、どのような朝幕関係のあり方が見られるのか？

　御成敗式目は、幕府の勢力範囲でのみ適用され、**公家法**（律令など朝廷が定めた法）や**本所法**（荘園領主が荘園で用いる法）と並んで存在していました。北条泰時は、弟の六波羅探題重時にあてた書状で「御成敗式目は御家人のための法で、朝廷の命令や律令の規定を変えるものではない」と主張しています。

　御成敗式目は、その後の武家法に影響を与えました。室町幕府は御成敗式目をそのまま用い、戦国大名の分国法の一部に御成敗式目の影響が見られます。

④ 執権政治の強化（時頼）

(1) 摂家将軍ののちの皇族将軍は、どのような存在であったのか？

　執権北条時頼は、将軍の地位を一層形式的なものにしました。反北条氏勢力と結んだ前将軍の藤原頼経を京都へ送り返し、頼嗣の将軍職を廃して後嵯峨上皇の子の宗尊親王を将軍に迎えました（皇族将軍）。

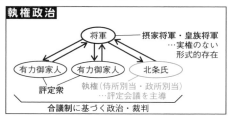

(2) 北条時頼は、執権政治をどのように強化したのか？

　時頼は宝治合戦で有力御家人の三浦泰村一族を滅ぼし、幕府内での北条氏の地位は揺るぎのないものになりました。

　さらに、公正で迅速な裁判をめざし、引付を設置して引付衆を任命しました。引付は、原告の訴状と被告の答弁書を３回往復させる「三問三答」や、口頭弁論に基づく判決原案の作成など、所領訴訟の実務を担当しました。

2 武士の社会と生活

① 開発領主の生活　～武士は、どのように所領経営を行っていたのか？

　鎌倉時代の武士は<u>開発領主</u>の系譜をひき、耕地開発や農民指導を行ったので、所領内の農村に軍事拠点の**館**を作って居住し、農業経営を行いました。武士は、**荘官**や**郡司・郷司**（鎌倉幕府と結んだ場合は**地頭**）として、所領である**荘園**や**公領**の管理と徴税を行い、荘園領主や国司へ**年貢・公事**を納めました。また、年貢納入が不要な**直営地**を設け、隷属農民の**下人**を使役しました。

　荘園や公領では、有力農民の**名主**が**名**（名田）を経営し、**年貢・公事・夫役**（米・特産物・労役）を開発領主に納めました。一般農民の**作人**は、名主から名の一部を借りて耕作を請け負いました。

　武士は、馬に乗り弓矢を用いる騎射三物（**流鏑馬・犬追物・笠懸**）の訓練を行いました。流鏑馬は、現在も一部の神社で神事として行われています。

鎌倉時代の武士の所領支配

② 惣領制　～武士は、どのような社会的結合を築いていたのか？

　武士団は、<u>血縁的結合</u>をもとに**惣領**（一族の長）と**庶子**（一族の者）が団結しました（**惣領制**）。惣領は、庶子を率いて幕府と主従関係を結びました。惣領は一族全体の番役・軍役を将軍に対して負い、これを庶子たちに分担させました。そして、惣領は一族全体の所領の支配権を将軍から保障され、所領は庶子たちも含めて**分割相続**されました。また、<u>将軍が御家人の惣領と主従関係を結べば、庶子たちも含めた御家人が幕府の軍事力となります</u>。幕府は、惣領制に支えられていたのです。

　鎌倉時代の女性の地位は比較的高く、<u>女性も相続権を持ち、女性が御家人や地頭になることもありました</u>。

惣領制

③ 地頭の荘園侵略 〜武士の土地支配は、どのように強化されたのか？

　承久の乱後、幕府支配の拡大を背景に、地頭は年貢未納や農民への不当支配で荘園領主と対立することが増え、その解決にあたって<u>和与（当事者どうしでの和解）</u>が拡大し、幕府もこれを公認していきました。その一つが<u>地頭請</u>（地頭が一定の年貢の納入を請け負う代わり、荘園領主から荘園の管理を一任される）で、もう一つが<u>下地中分</u>（荘園の土地や荘民などを折半し、荘園領主と地頭がそれぞれを支配して互いに干渉しない）です。こうして、<u>地頭は荘園領主の力の及ばない所領を確保し、土地や農民への支配を強めていきました。</u>

③ 蒙古襲来と得宗専制政治（13世紀後期）

トピック　蒙古襲来と世界史

　蒙古襲来（元寇）は、世界の動向とどう関連していたのでしょうか。13世紀初め、**チンギス＝ハン**がモンゴル民族を統一し、ユーラシア大陸の東西にまたがる巨大な帝国を築きました。東アジアでは、中国北部を支配し（中国南部は南宋）、30年以上抵抗を続けた朝鮮半島の高麗を服属させました。孫の**フビライ＝ハン**は、帝国の東アジアの国号を元と定めました（1271）。

　フビライは高麗を通じて日本に服属を要求しましたが、執権北条時宗はこれを拒絶しました。一方、高麗では**三別抄**という軍の抵抗が発生し（1270〜73）、元はこれを鎮圧したのち、高麗を利用して日本遠征をようやく開始することができました。高麗による抵抗の継続が、元の日本遠征を足踏みさせ、遠征軍の疲弊をもたらしたという側面もあったのです。

① 蒙古襲来（時宗）

⑴　文永の役は、どのような戦いだったのか？

　元・高麗軍は対馬・壱岐を攻め、博多湾に上陸して、**文永の役**（1274）が始まりました。『蒙古襲来絵巻』には、元軍の**集団戦法**と「てつはう」（火薬爆弾）に対し、日本軍の**一騎打ち戦法**が苦戦した様子が描かれています。

　文永の役後、幕府は石垣の防塁である**石築地**を博多湾岸などに築かせ、九州御家人に九州北部を警備させる**異国警固番役**を強化しました。

(2) 弘安の役は、どのような戦いだったのか？

そののち、元が南宋を滅ぼして中国全土を支配下に入れると（1279）、東路軍（元・高麗軍）と江南軍（旧南宋軍）が攻めてきて、弘安の役（1281）が始まりました。元軍は石築地に阻まれて博多湾岸に上陸できないまま、暴風雨によって損害を受け、これに御家人が総攻撃を加えて撃退しました。

また、この暴風雨を神風と見なす考えが広がったことで、神国思想も生まれました。

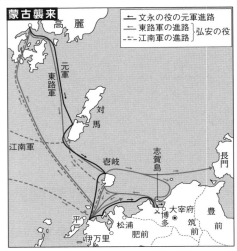

(3) 蒙古襲来後の幕府の対応は、どのようなものであったのか？

元は3度目の日本遠征を計画しており（中国やベトナムでの抵抗もあって実行できず）、幕府は異国警固番役を継続するなど警戒を緩めず、のち鎮西探題（1293）を博多に置いて九州支配を強化しました。

② 得宗専制体制（貞時）

(1) 得宗専制体制は、幕政をどのように変化させたのか？

蒙古襲来を機に、幕府は御家人に加えて非御家人も動員するなど支配領域を広げ、北条氏一門が幕府要職や全国の守護職の多くを占めました。

こうしたなかで、北条氏の家督である得宗に権力が集中し、得宗家臣の御内人の勢力が拡大して御家人との対立を深めました。執権北条貞時のときの霜月騒動（1285）で、有力御家人の安達泰盛が内管領（御内人の代表）の平頼綱に滅ぼされると（のち平頼綱は北条貞時に滅ぼされる）、幕政を得宗と御内人が専断する得宗専制政治が確立していきました。

幕政の重要事項は、得宗の私邸における寄合（得宗・北条氏一門・内管領が参加）で決定され、執権と評定衆による合議は形骸化していきました。

⑵　御家人の社会に生じた変化に、幕府はどのように対応したのか？

　当時、武家社会は動揺していました。所領の**分割相続**により、先祖伝来の本領を惣領（そうりょう）が経営し、遠隔地にある新恩の所領を庶子（しょし）が経営したことで、**庶子が一族から独立**して本家と分家が分離する傾向が強まり、**所領は一族内で細分化**されました。加えて、発達した**貨幣経済**に巻き込まれて出費が増大し、蒙古襲来後の幕府からの**恩賞も不十分**だったことで（防衛戦争なので敵からの没収地が無かった）、御家人は窮乏化し、**所領の質入れや売却**が増えました。

　御家人が所領を失って弱体化すれば、幕府の軍事力も弱まってしまいます。そこで、幕府は永仁の徳政令（えいにんのとくせいれい）（1297）を発し、所領の質入れ・売却を禁じるとともに、これまで質入れ・売却された所領はもとの持ち主の御家人が無償で取り戻せるようにしました。しかし、その効果は一時的で、御家人の没落が進み、幕府への不満も高まっていきました。

⑶　武家社会の基盤であった惣領制は、どのように変化していったのか？

　武家社会では、各々の家で嫡子（ちゃくし）（次期惣領）のみに全所領が継承される**単独相続**が増え、土地を得られない庶子は惣領に従属しました。これにより惣領の地位をめぐる一族内部の対立が激化すると、**血縁的結合**が崩れ、武士団は地縁的結合（ちえんてきけつごう）で構成されるものに変化していきました。

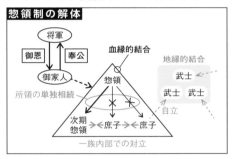

惣領制の解体

「遠くの親戚よりも、近くの他人」という感覚でしょうか。こうして、鎌倉後期から室町初期にかけて、**惣領制が動揺・解体**していきました。

⑷　鎌倉後期以降に活躍した悪党とは、どのような存在であったのか？

　鎌倉時代後期以降、新興武士の悪党（あくとう）が登場しました。畿内を中心に商業活動などで富を蓄積し、武力を用いて荘園領主に反抗しました。そして、鎌倉幕府による取り締まりにもかかわらず、悪党の活動は各地に広がっていきました。

室町幕府の支配（鎌倉時代末期～室町時代中期）

世紀	時代	天皇	将軍	政治・社会	東アジア
14世紀	鎌倉時代	後醍醐	光厳	**1 鎌倉幕府の滅亡と建武の新政** **①鎌倉幕府の滅亡** 　天皇家の内紛 　（持明院統・大覚寺統） 　〔後醍醐天皇〕の討幕 　御家人の離反→北条高時滅ぶ **②建武の新政（1333～36）** 　〔後醍醐天皇〕の親政 　記録所・雑訴決断所　綸旨 　中先代の乱→新政の崩壊	元　高麗
	建武の新政				
	南北朝期	（南朝）（北朝） 光明	①尊氏	**2 室町幕府の成立と南北朝の内乱** **①室町幕府の成立** 　建武式目（1336） 　二頭政治（尊氏・直義） **②南北朝動乱** 　南朝・北朝の分裂 　観応の擾乱→幕府の内紛 **③守護支配の拡大** 　半済令（1352）　守護請 　→荘園・公領を侵略	(1)
15世紀	室町時代	後亀山 後小松	③義満 ④義持 ⑥義教 ⑦義勝	**3 室町幕府の安定** **①足利義満の支配** 　花の御所 　守護の勢力削減 　（明徳の乱・応永の乱） 　南北朝合体（1392） 　義満、太政大臣に **②室町幕府の機構** 　管領・侍所　鎌倉府 　土倉役　段銭 **③足利義教の支配** 　永享の乱（足利持氏） 　嘉吉の変（1441）　　(2)　　(3)	**4 惣村と土一揆** **①惣村の形成** 　（鎌倉後期～） 　宮座が中心 　寄合で自治 　惣掟　地下請 　強訴・逃散 **②土一揆の展開** 　徳政を要求 　正長の土一揆 　（1428） 　→柳生徳政碑文 　嘉吉の土一揆 　（1441）　　明　朝鮮

第 10 章 の テ ー マ

鎌倉時代末期から室町時代中期（**14世紀～15世紀中期**）を見ていきます。

(1)　14世紀前期は鎌倉幕府の滅亡、14世紀中期は**建武の新政**、さらに**室町幕府**の成立・**南北朝動乱**、と目まぐるしく変遷していきました。

(2)　14世紀後期、3代将軍**足利義満**のもとで室町幕府の支配が確立し、南北朝動乱が終わりました。15世紀中期、幕府支配は動揺しました。

(3)　農民の成長と自立を背景に、**惣村**の形成が畿内近国から拡大していきました。15世紀前期・中期、惣村の結合を基盤に**土一揆**が発生しました。

1 鎌倉幕府の滅亡と建武の新政（14世紀前期）

① 鎌倉幕府の滅亡　～幕府滅亡に、朝廷の動向がどのように関連したのか？

蒙古襲来の頃から、朝廷では天皇家が**持明院統**と**大覚寺統**とに分かれ、皇位継承や天皇家の荘園の相続を巡って争いました。すでに承久の乱以来、幕府は皇位継承に介入していたので、持明院統も大覚寺統も有利な決定を求めて幕府に働きかけた結果、両統が交代で皇位につく**両統迭立**の方式がとられました。

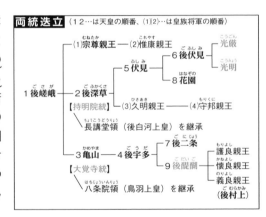

両統迭立 （1 2…は天皇の順番、(1)(2)…は皇族将軍の順番）

14世紀前期、朝廷では**大覚寺統**から〔後醍醐天皇〕が即位すると、大覚寺統のみの皇位継承をめざし、両統迭立を支持する幕府の打倒を図りましたが、失敗しました（**正中の変・元弘の変**）。幕府は**持明院統**の〔光厳天皇〕を立て、後醍醐を配流しました。

しかし、反幕府勢力に加え、**得宗**の北条高時と御内人による幕政の独占に不満を持った御家人が離反しました。**悪党**に近い新興武士の楠木正成らが反幕府ののろしを上げ、さらに有力御家人で源氏一門の足利高氏（尊氏）が反乱鎮圧の途上で自ら反乱を起こして六波羅探題を攻め落とし、新田義貞も鎌倉を攻撃して北条高時を倒しました。こうして、鎌倉幕府は滅亡しました（1333）。

② 建武の新政（1333〜36）〜天皇親政は、なぜ短期間で崩壊したのか？

　〔後醍醐天皇〕は京都に戻ると、10世紀の延喜・天暦の治を理想とした**天皇親政**を始めました（**建武の新政**）。記録所が重要政務を担う一方、引付を継承した**雑訴決断所**が所領裁判を担うなど、旧幕府系の機構も採用されました。

　建武の新政では、天皇による専制的な政治が断行されました。土地の権利の確認も天皇が発する綸旨で行われ、武家社会の慣習が無視されて所領紛争が多発しました。建武の新政を批判した**二条河原落書**には、「此比都ニハヤル物夜討強盗謀綸旨」という混乱ぶりが示されています。

　こうしたなか、源氏一門として武士の期待を集め、幕府復活へと向かったのが、足利尊氏でした。尊氏は、北条時行（高時の子）による**中先代の乱**を鎮圧すると、後醍醐に反旗を翻し、楠木正成を破って京都を制圧しました（1336）。

2 室町幕府の成立と南北朝の内乱（14世紀中期）

① 室町幕府の成立　〜足利尊氏はどのように武家政権を再興したのか？

　14世紀中期、室町幕府が成立しました。足利尊氏は、**持明院統（北朝）**の〔光明天皇〕を立て、建武式目（1336）で幕府開設と施政方針を示し、北朝を守るべく**京都**に開幕しました。一方、〔後醍醐天皇〕は三種の神器を持って大和の吉野に逃れ、**大覚寺統（南朝）**の正統性を主張しました。南北朝時代の始まりです。

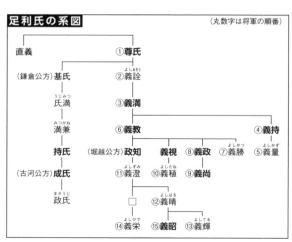

足利氏の系図　（丸数字は将軍の順番）

```
直義                          ①尊氏
（鎌倉公方）基氏              ②義詮
　　　　　　氏満              ③義満
　　　　　　満兼              ⑥義教                        ④義持
　　　　　　持氏    （堀越公方）政知    義視    ⑧義政    ⑦義勝    ⑤義量
（古河公方）成氏              ⑪義澄    ⑩義稙    ⑨義尚
　　　　　　政氏                      □    ⑫義晴
　　　　　　　              ⑭義栄    ⑮義昭    ⑬義輝
```

② 南北朝動乱　〜南朝と北朝との争いは、なぜ長期化したのか？

　南朝勢力は、**北畠親房**らが抵抗を続け、九州には後醍醐の子の**懐良親王**（**征西将軍**）が支配を及ぼしましたが、劣勢でした。

　しかし、優勢な北朝（室町幕府）で観応の擾乱（1350〜52）が発生しまし

た。新興武士に支持された**高師直**（尊氏の執事）と、武家政権の伝統を重視する**足利直義**（尊氏の弟）との対立が、尊氏派と直義派の抗争に発展しました。尊氏派・直義派・南朝の三勢力による三つ巴の争いが続き、**惣領制が解体する**なかで、武士も一族が分裂して尊氏派・直義派・南朝に分かれて争いました。

③ **守護支配の拡大** ～守護は、どのようにして守護大名に成長したのか？

トピック ＜「大名」の登場＞

「大名」とは、本来は名の所有者を指し（第6章「大名田堵」）、次第に大きな所領を持ち多数の家臣を従えた有力武士を指すようになりました。

鎌倉期の守護は**御家人**を指揮して軍事・警察権を行使しましたが、室町期の守護は地方武士の**国人**を家臣とし、荘園・公領への侵略で土地支配を拡大しました。守護大名と呼ばれるのは、そのためです。

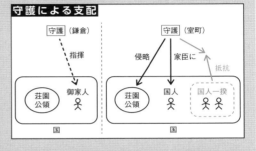

守護による支配

守護（鎌倉）	守護（室町）
指揮	侵略　家臣に　抵抗
荘園公領　御家人	荘園公領　国人　国人一揆
国	国

観応の擾乱が一段落した1352年に幕府が発した**半済令**は、守護大名への成長に寄与しました。一国内の荘園・公領の**年貢の半分**を徴収して兵粮米とする権限を得た守護は、土地を分割して荘園・公領を侵略し、得た土地を**国人**に分与して主従関係を結び、家臣としました。また、荘園領主と契約して荘園の経営を請け負いました（**守護請**）。

しかし、**国人一揆**を結んで地域を支配する国人たちもいました。これは、武家社会のなかに**地縁的結合**が拡大したことを示しています。

半済令と守護の支配拡大

＊室町期の守護の権限拡大
　鎌倉期以来の**大犯三力条**
　刈田狼藉の検断…所領紛争で勝手に稲を刈る行為を取締る
　使節遵行…幕府の裁判判決を強制執行する

国司 ──年貢──→ 朝廷
年貢の半分
年貢
守護 ← 半済令
兵粮米
公領　国人　国人
公領　荘園 ──年貢──→ 荘園領主
荘園
年貢の半分
国
土地の分割→国人に給与して家臣に

3 室町幕府の安定 （14世紀後期〜15世紀中期）

① 足利義満の支配　〜義満は、朝廷や守護大名にどう対処したのか？

　14世紀後期、３代将軍**足利義満**が幕府の支配を確立しました。義満は、京都**室町**に**花の御所**を造営して政治の中心としました（これにより足利政権は**室町幕府**と呼ばれた）。そして、南朝へ介入して〔**後亀山天皇**〕を帰京させると、天皇は北朝の〔**後小松天皇**〕のみとなりました（**南北朝合体**　1392）。さらに、将軍職を子の**義持**に譲って**太政大臣**となり、出家後も京都**北山**の山荘（**金閣**を造営）で政務をとるなど、公武の最高権力者として君臨しました。

　一方、義満は南北朝動乱のなかで強大化した守護大名を武力で討伐し、勢力を削減しました。山陰・山陽地方で勢力を誇った**山名氏清**を**明徳の乱**で滅ぼし、長門・周防などを支配した**大内義弘**を**応永の乱**で滅ぼしました。

② 室町幕府の機構　〜鎌倉幕府の機構との違いは、どこにあるのか？

　中央では、**管領**が将軍を補佐し、足利氏一門の**細川・斯波・畠山**の３氏（**三管領**）から交代で任命されました。**侍所**は京都の警備・裁判を担当し、長官の**所司**は**京極・山名・赤松・一色**の４氏（**四職**）から任命されました。室町幕府は将軍を頂点とする守護大名の連合政権で、守護大名は京都に在住して将軍を支えたので、任国は守護大名の代理人である**守護代**が統治しました。

　関東などを支配した**鎌倉府**は幕府と同じ機構を持ち、長官の**鎌倉公方**は**足利基氏**（尊氏の子）の子孫が世襲し、補佐役の**関東管領**は**上杉氏**が世襲しました。

　幕府財政は、高利貸に課す**土倉役・酒屋役**や**関所**で徴収する**関銭・津料**など、京都や畿内で発達した経済に依存していました。荘園・公領の田畑に課す**段銭**や家屋に課す**棟別銭**は、一国単位で臨時に課され、守護が徴収しました。土倉役や段銭の徴収は、朝廷の課税を幕府が代行したのが始まりです。室町幕府は、朝廷が保持していた権限を吸収し、公武統一政権となったのです。

③ 足利義教の支配　〜強権的姿勢は、どのような結果を生んだのか？

　15世紀前期、４代将軍**足利義持**は守護大名との勢力均衡を保っていました。

　しかし、15世紀中期ごろ、６代将軍**足利義教**（義持の弟）は将軍権力の強化をめざし、守護を抑圧しました。独立性の強い鎌倉府との対決が表面化した**永享の乱**では、義教は関東管領**上杉憲実**と結び、幕府に反抗的な姿勢の鎌倉公方**足利持氏**を滅ぼしました。こうした義教の姿勢への反発から、播磨の守護**赤松満祐**が義教を暗殺すると（**嘉吉の変**　1441）、将軍の権威は揺らぎました。

4 惣村と土一揆

① 惣村の形成 ～農民による自治のしくみは、どのような特徴があるのか？

　鎌倉後期以降に畿内から広がった、荘園・公領の内部に出現した村が、**惣村（惣）**です。農民の成長と自立化を背景に、**名主**（有力農民）に加えて**作人**（一般農民）も構成員となり、祭礼組織の**宮座**が結合の中核でした。名主のなかには**地侍**となる者もおり、惣村は武力を保持しました。

　惣村の**自治**は、**寄合**での決定に従い、**おとな・沙汰人**の指導で行われました。特に、自給燃料や肥料を獲得する共有地である**入会地**の共同利用や**用水**の共同管理は重要な議題でした。そして、村民が守るルールを村民自らが**惣掟**として定め、違反者に対しては惣村が警察・裁判権を行使する**地下検断（自検断）**を行いました。

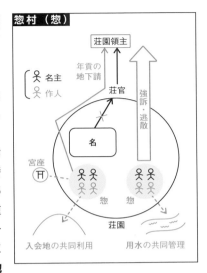

惣村（惣）

　また、**地下請**の契約を領主と結びました。荘園公領制では名主が名（課税単位田地）を管理し納税しましたが、地下請は惣村が納税主体となりました。

　惣村の農民は**一揆**を結び、抵抗を強めました。一揆は「心を一つにする」という意味で、起請文（神に誓う文書）を作り、それを焼いた灰を神水に混ぜて皆で回し飲みする儀式を行ったりしました（一味神水）。団結した村民は、年貢減免や不法な荘官・代官の罷免を要求し、全員で荘園領主のもとへ押しかける**強訴**や、全員で耕作を放棄する**逃散**などの実力行使を行いました。

② 土一揆の展開 ～土一揆発生の背景となる社会情勢とは？

　15世紀中期ごろ、債務破棄などの**徳政**を要求した「土民（一般庶民）」による**土一揆**が発生しました。畿内近国における高利貸（**土倉・酒屋**）資本の浸透や、荘園・公領の枠を超えた惣村の結合も背景に、蜂起は大規模化しました。

　正長の土一揆（1428）では、一揆勢が京都の土倉・酒屋を襲撃して実力で債務を破棄しました。土一揆が周辺に拡大したことが**大和国柳生の徳政碑文**に記されています。**嘉吉の変**直後の**嘉吉の土一揆**（1441）では、一揆勢が「代始め（将軍の代替わり）」の徳政を要求し、幕府は**徳政令**を初めて発しました。

世紀	時代	将軍	政治・社会	外交		東アジア
13世紀	鎌倉時代		(1)	**1 中世の外交** ①**日中間の貿易** ※日宋貿易		宋
14世紀	建武 南北朝期	①**尊氏**		※日元貿易 建長寺船 天龍寺船 《前期倭寇》	②**日朝貿易** 応永の外寇 （15世紀） 宗氏が管理 倭館で取引 三浦の乱 （16世紀）	高麗 元
		③**義満**				
15世紀	室町時代	④**義持**	(3)	※日明貿易 義満の遣使 →貿易開始 朝貢形式	③**琉球の貿易** 按司の支配 琉球王国 （15世紀） 中継貿易	明 朝鮮
		⑥**義教**	**3 応仁の乱と戦国時代** ①**応仁の乱と下剋上** 応仁の乱（1467〜77） 山城の国一揆 加賀の一向一揆 ②**戦国時代** 実力で分国を支配 指出検地・貫高制 城下町を建設			
		⑧**義政**		守護に実権 （細川・大内） 寧波の乱 大内氏滅亡 →貿易断絶 《後期倭寇》	④**蝦夷地との交流** 和人の進出 アイヌと交易 コシャマイン （15世紀）	
	戦国期	⑨**義尚**				
16世紀						

(2)

2 経済の発展

	鎌倉時代の経済	室町時代の経済
①**農業・手工業**	二毛作（畿内・西国）牛馬耕 刈敷・草木灰 原料作物（楮・荏胡麻・藍） 鍛冶・鋳物師・紺屋	二毛作（東国へ拡大）三毛作 刈敷・草木灰・下肥 商品作物（綿花も加わる） 特産品（絹織物・陶器・紙） 座の拡大　大山崎の油座
②**商業・貨幣経済**	三斎市（定期市）　見世棚 問丸（年貢輸送） 宋銭　年貢の銭納 為替の使用（遠隔地取引） 借上（高利貸）	六斎市　見世棚の増加 問屋（卸売）　馬借・車借（運送） 明銭・私鋳銭　銭納の拡大 撰銭の横行→撰銭令 土倉・酒屋（高利貸）

第 11 章 の テ ー マ

中世（鎌倉・室町期）における外交・経済のテーマ史に加え、室町時代
後期（**15世紀後期〜16世紀中期**）の応仁の乱と戦国時代を見ていきます。
(1) 宋・元との間で私貿易が行われ、明との間に朝貢形式の**勘合貿易**が展
　 開しました。朝鮮・琉球・蝦夷地も含め、中世の対外関係を概観します。
(2) 農業・手工業や商業・貨幣経済が、鎌倉時代から室町時代にかけて発
　 達していきました。中世の経済発展を概観します。
(3) **応仁の乱**は、日本史上の大きなターニングポイントとなりました。そ
　 の後、実力により領国支配を行う**戦国大名**が、各地に出現しました。

① 中世の外交

① 日中間の貿易　〜宋・元との貿易と明との貿易とでは、何が異なるのか？

　日本と宋（南宋）との間に正式国交はなく、商船が往来して私貿易が行われ
ました（**日宋貿易**）。商船に便乗して禅僧が往来し、文化も日本に伝えました。
　13世紀後期以降、南宋を滅ぼした元と私貿易が行われました（**日元貿易**）。
14世紀の南北朝動乱ごろ、対馬や壱岐を拠点に倭寇（**前期倭寇**）の海賊活動
が活発化し、中国北部や朝鮮半島の沿岸で人や食料などを略奪しました。
　14世紀後期に元を滅ぼした明は、伝統的な冊封体制の回復で中国中心の国
際秩序を築き、海禁政策で私貿易を禁止しました。室町幕府の支配が確立した
15世紀初め、足利義満は明へ遣使して正式国交を開き、皇帝の臣下となって
「**国王**」の称号を与えられ、明との貿易が可能な立場となりました。

　日明貿易は、皇帝へ貢納品を献上し、返礼品を
受け取る**朝貢形式**で、遣明船は明から交付された
勘合を持参しました（勘合貿易）。輸入された明
銭は貨幣経済を発達させ、生糸は室町期から江戸
前期の日本にとって重要な中国産品となりました。
　15世紀後半、応仁の乱前後の幕府衰退期には、
貿易の実権は幕府から有力守護に移り、**堺商人**と

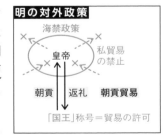

結んだ細川氏と、**博多商人**と結んだ大内氏が、遣明船を派遣しました。
　16世紀後半、勘合貿易が廃絶すると、再び倭寇（**後期倭寇**）が活動しました。
これには中国人による密貿易も含まれ、東シナ海周辺で交易を行いました。

② 日朝貿易　～朝鮮との貿易は、明との貿易と何が異なるのか？

　朝鮮半島では、14世紀末に高麗が滅亡して朝鮮が建国されました。そして、倭寇禁圧の要求に幕府が応じて国交が開かれ、15世紀には守護大名や商人も参加して日朝貿易が始まりました。朝鮮は、対馬の宗氏に貿易の管理を行わせ、三浦（朝鮮沿岸の3港）に交易の場として倭館（日本人居留地）を設けました。輸入品の木綿は衣料のあり方に影響を与え、のち日本国内で綿花栽培が始まりました。しかし、16世紀末の豊臣秀吉による朝鮮出兵で国交は断絶しました。

③ 琉球の貿易　～中世の沖縄は、どのような状況だったのか？

　沖縄では、有力者の按司が各地にグスク（城）を築くと、14世紀に北山・中山・南山の3勢力にまとまり（三山時代）、15世紀前半には中山王の尚巴志が統一して琉球王国が成立しました。琉球は、明の海禁政策のもとで積極的に朝貢貿易を行い、得た物品を日本・朝鮮・東南アジアの間で取引する中継貿易を進め、都の首里の外港那覇は繁栄しました。

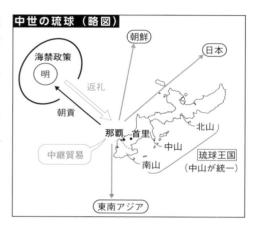

中世の琉球（略図）

④ 蝦夷地との交流　～中世の北海道は、どのような状況だったのか？

　北海道では、13世紀にアイヌの文化（狩猟・漁労や北方交易）が生まれ、津軽の安藤氏が十三湊を拠点にアイヌと交易を行いました。蝦夷ヶ島の南部に和人が進出し、館を築いて交易し（道南十二館）、産物は畿内にもたらされました。15世紀中期、コシャマインの蜂起を抑えた蠣崎氏が蝦夷ヶ島を支配し、蠣崎氏は江戸初期に大名の松前氏となります。

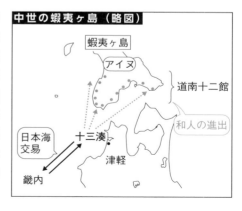

中世の蝦夷ヶ島（略図）

2 経済の発展

トピック

中世の京都と荘園公領制

　京都は、平安京遷都で成立した政治都市ですが、中世においては経済都市の要素も強め、京都やその周辺の**畿内**近国は経済の先進地域となりました。

　京都に居住した天皇家や摂関家、京都内外に存在した大寺社は**荘園領主**でもあったので、**荘園年貢**が納入され、**朝廷**には**公領年貢**が納入されました。そして、年貢が取引されると商業活動が盛んになり、貨幣経済も発展しました。

　周辺の水陸交通路では年貢や商品が大量に運ばれ、京都は物流の中心でした。

京都周辺の交通路

越前　敦賀　美濃
丹後　小浜　若狭　近江　琵琶湖
丹波　　　　　坂本
摂津　京都・大津
　　　淀
　　大山崎　山城　伊賀
兵庫　和泉河内　奈良　伊勢
堺　　　　　大和
―――― 水路　　----- 陸路

① 農業・手工業

(1)　中世の農業は、どのように発展したのか？

　土地生産性を向上させる集約化が進行しました。**麦**を裏作とする**二毛作**が用排水路の整備が進んだ**畿内・西日本**で拡大し、室町時代になると二毛作の東国への普及に加えて畿内では**三毛作**（米・そば・麦）も始まりました。**自給肥料**が登場し、**刈敷**（草を田畑に敷き込み腐らせる）・**草木灰**（草木を焼く）に加え、室町時代になると**下肥**（人糞尿）も使用されました。また、**牛馬耕**（鉄製の犂を牛・馬に引かせる）で作業の効率化が図られました。

　楮（和紙）・**荏胡麻**（灯油）・**藍**（染料）など、加工して用いる原料作物も栽培されました。鎌倉後期以降、貨幣経済の発達で**代銭納**（年貢の銭納）が拡大すると、原料作物は定期市で売買されて**商品作物**となっていきました。戦国期に三河で栽培が始まった**綿花**は注目されます。衣料には従来**絹**と**麻**が用いられていましたが、室町時代には朝鮮から木綿が輸入され、のち江戸時代に畿内を中心に綿花が栽培されて、**綿**は近世における庶民衣料の原料となりました。

(2)　中世の手工業は、どのように発展したのか？

　鍛冶（金属を熱して鍛える）・**鋳物師**（金属を溶かして鋳型入れ）、**紺屋**（藍

染め）など、高度な技術を持つ専門の手工業者が登場しました。また、室町時代には、商品作物の加工で各地に特産品が生まれました。絹織物は**京都西陣**、陶器は尾張（**瀬戸焼**）、刀は備前、紙は美濃（美濃紙）などが有名です。

手工業者・商人の同業団体である座は平安後期に登場し、室町時代に発展しました。座衆は**本所**に座役を納め、天皇や神仏の権威を背景に、一定地域での製造・販売の独占や、**関銭**の免除（関所を自由通行）などの特権を得て活動しました。**大山崎の油座**は、**石清水八幡宮**を本所とし、荏胡麻購入と灯油販売を独占しました。

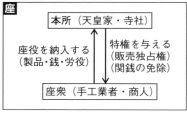

座

本所（天皇家・寺社）

座役を納入する
（製品・銭・労役）

特権を与える
（販売独占権）
（関銭の免除）

座衆（手工業者・商人）

② 商業・貨幣経済

(1) 中世の商業流通は、どのように発展したのか？

商業は荘園公領制の構造の中で発展しました。鎌倉時代、年貢納入後の余剰などが、荘園の中心地や交通の要所で開かれた市（『一遍上人絵伝』に描かれた備前国福岡市など）で取引され、**定期市**として月3回開かれる

中世の行商人

連雀商人　　桂女　　大原女

三斎市が登場しました。室町時代、**代銭納**の普及や商品生産の活発化を背景に、貨幣入手の場である市の回数が増え、応仁の乱後には月6回開かれる**六斎市**が一般化しました。また、京都などの都市では常設小売店の**見世棚**が増えました。

年貢の輸送が増えると、運送業者の**問丸**が各地の港で年貢などを中継しました。室町時代には、問丸から発達した流通業者の**問屋**が商品の卸売を行い、陸上では**馬借**（馬の背に載せる）・**車借**（牛馬が車を引く）が坂本・大津から京都へ物資を運び、水上では廻船が瀬戸内海・琵琶湖・日本海を往来しました。

行商人は室町時代に増加し、**連雀商人**（木箱を背負う）に加え、京都の**桂女**（鮎を売る）・**大原女**（炭・薪を売る）など女性の活躍も見られました。

(2) 中世の貨幣経済は、どのように発展したのか？

中世では朝廷も幕府も貨幣を鋳造しなかったため、中国銭が用いられました。鎌倉時代は、日宋貿易で輸入された**宋銭**が用いられ、南宋を滅ぼした元が紙幣

流通策を進めると、中国で不要となった銭が大量に流入しました。室町時代は、宋銭に加え、勘合貿易で輸入された**永楽通宝**などの**明銭**も用いられました。また、遠隔地間取引では、**割符**（手形）で送金する**為替**の使用も拡大しました。

金融業（高利貸業者）では、鎌倉時代に**借上**が登場し、室町時代に**土倉**（質物を預かり金融）・**酒屋**（造り酒屋が売上金を金融）が登場しました。室町幕府はこれらを保護して**土倉役・酒屋役**を徴収しました。また、土倉・酒屋は**徳政一揆**の襲撃対象ともなりました。

中世末期には、経済が発展するなかで貨幣が不足し、粗悪な**私鋳銭**も流通しました。すると、商人が良銭を選んで受け取り、悪銭の受け取りを拒否する**撰銭**が行われ、流通が妨げられました。これに対し、15世紀末以降、幕府や大名は撰銭を規制

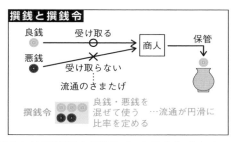

撰銭と撰銭令

良銭　　　受け取る　　　　商人　　保管

悪銭　　　受け取らない

流通のさまたげ

撰銭令　　良銭・悪銭を混ぜて使う比率を定める　…流通が円滑に

する**撰銭令**を発し、悪銭もある程度使用させて流通を円滑にしようとしました。

3 応仁の乱と戦国時代 （15世紀後期～16世紀中期）

15世紀後期の**応仁の乱**（1467～77）は、中世から近世へ移行する日本史の大きな転換点となりました。その後の約100年間、**戦国時代**が展開しました。

① 応仁の乱と下剋上

(1) 応仁の乱は何が原因で、どのような経過をたどったのか？

当時の武家社会では**単独相続**が一般的となり、庶子よりも家督（惣領）の地位が圧倒的に強く、その地位をめぐる対立が生じました。幕府では、管領家の**畠山氏**（政長と義就）・**斯波氏**で家督争いが生じ、将軍家でも8代将軍**足利義政**の後継を

応仁の乱と将軍家 （丸数字は将軍の順）

⑥義教

義視　⑧**義政**──日野富子

⑨義尚

めぐり、弟の**義視**と、子の**義尚**を推す**日野富子**とが対立し、勢力を競った**細川勝元**と**山名持豊**（**宗全**）がこれらの家督争いに介入しました。

畠山氏の内紛から乱が勃発し（1467）、守護大名が**細川方**（**東軍**）と**山名方**（**西軍**）とに分かれて参戦し、**京都**が戦場となりました。のち、山名持豊・細川勝元が病死し、将軍も義政から義尚へ交代しましたが、戦闘は続き、決着しないまま和議が結ばれて戦闘は終わりました（1477）。何のための戦いだったのか、「いよいよむなしい（**1467**）」応仁の乱になってしまったのです。

その結果、京都は足軽（軽装の歩兵）の放火や略奪で荒廃しました。そして、在京していた守護大名が領国へ戻ると、彼らに支えられていた幕府は弱体化し、支配が及ぶのは山城国のみとなりました。また、大名のなかには京都を離れた公家や文化人を城下町に迎える者もあり、中央の文化が地方に伝播しました。一方、守護大名が京都で戦っている間に領国の実権が守護代や有力国人に移る場合があり、下剋上の風潮が広がるなかで戦国大名が登場しました。

(2) 国一揆・一向一揆とは、どのようなものか？

　応仁の乱後の15世紀末、国人と地域住民による国一揆が結ばれて自治支配を実現しました。守護大名の勢力を実力で排除し、下剋上の風潮を示すものです。
　山城の国一揆（1485～93）は、応仁の乱の終結後も畠山氏（政長と義就）の内紛が続き、山城国の南部で争いました。これに対し、山城国の国人と住民が一揆を結んで畠山氏の軍勢を排除し、南山城を8年間自治支配しました。
　加賀の一向一揆（1488～1580）も、国一揆と類似していました。本願寺の蓮如の布教で浄土真宗（一向宗）の勢力が拡大し、門徒（信者）が国人と一揆を結んで守護の富樫政親を滅ぼし、加賀国を約1世紀の間自治支配しました。

② 戦国時代

(1) 戦国時代における下剋上の状況は、どのようなものであったのか？

　関東では、15世紀半ば、下総の古河公方と伊豆の堀越公方が分立し、そこに北条早雲が進出して15世紀末に堀越公方を滅ぼし、孫の北条氏康は16世紀半ばに古河公方を滅ぼして関東を支配しました。

戦国大名の割拠
●伊達氏（陸奥）…伊達政宗
●北条氏（関東）…北条早雲（伊勢宗瑞）が伊豆進出、相模小田原 子の北条氏綱・孫の北条氏康の代に関東を支配
●今川氏（駿河・遠江）…今川義元
●織田氏（尾張）…織田信長
●斎藤氏（美濃）…斎藤道三
●武田氏（甲斐・信濃）…武田信玄
●上杉氏（越後）…越後守護代の長尾景虎、関東管領を継ぎ上杉謙信に
●一向一揆（加賀）…守護大名富樫政親を倒し（1488）、約100年間自治
●朝倉氏（越前）…朝倉孝景は城下町の一乗谷を建設
●毛利氏（中国）…安芸の国人の毛利元就が周防・長門を奪う
●長宗我部氏（四国）…長宗我部元親
●大友氏（豊後）…大友義鎮は天正遣欧使節をローマへ派遣
●島津氏（薩摩）…島津義久

　室町幕府は、応仁の乱（1467～77）ののちに管領細川氏が実権を握り、その家臣の三好長慶へ、さらにその家臣の松永久秀へと実権が移りました。
　中国地方では、16世紀なかばに守護大名大内氏が家臣の陶晴賢に倒され（日明貿易が廃絶）、のち安芸の国人の毛利元就が陶晴賢を倒しました。

ただし、**守護大名**が下剋上を受けずに戦国大名になる場合もあり（**武田氏**・**今川氏**など）、幕府から自立して領国を**実力で一円支配**（他の権力を介入させない）すれば、戦国大名です。

戦国大名の出自

（守護大名）…(1)みずから戦国大名となる（下剋上を受けない）
　守護大名～【武田・今川・大内・大友・島津】
　　××　××

（守護代）
（国人）→(2)下剋上で主君などを倒す→戦国大名に成長
（地侍）　守護代・有力家臣～【上杉・朝倉・織田】
　　　　　国人・その他～【北条・徳川・毛利】

(2) 戦国大名の領内政治や経済政策は、どのようなものだったのか？

戦国大名は、法による領内統治を行うため、**分国法**を定めました。特に、家臣どうしの争いの際に双方を処罰する**喧嘩両成敗法**は、

分国法
塵芥集（伊達氏　陸奥）…連座制、農民統制も含む
甲州法度之次第（武田氏　甲斐）…喧嘩両成敗法
今川仮名目録（今川氏　駿河）…私的な婚姻の禁止
朝倉孝景条々（朝倉氏　越前）…有力家臣の城下町集住

裁定権を大名が独占することで、従来の中世社会における「自力救済」（受けた損害を自分の力で回復する）の風潮を否定した点で、画期的でした。このほか、城下町集住や、私的な婚姻の禁止などを定めました。

また、**甲斐金山**（武田氏）・**石見大森銀山**（毛利氏）・**但馬生野銀山**など鉱山開発を進め、**関所を廃止**して交通を自由にしたり、当時各地に増えていた自由販売市場の**楽市**を保護したりもしました（楽市・楽座）。

(3) 各地に形成された都市には、どのようなものがあったのか？

戦国時代、地方都市が発達しました。戦国大名は**城下町**を建設し、有力家臣を集住させるだけでなく、商工業者も招致しました（朝倉氏の**一乗谷**、北条氏の**小田原**、大内氏の**山口**など）。加えて、寺社の門前で参詣者向けの商業活動を行った**門前町**（**坂本**～延暦寺、**長野**～善光寺）、浄土真宗の信者が寺院の周辺に集住した**寺内町**（越前の**吉崎**、摂津の**石山**）、水上交通の要地で流通や貿易の拠点となった**港町**（日本海沿岸の**敦賀**、琵琶湖沿岸の**大津**、瀬戸内の**草戸千軒**（江戸期に水没））が発達しました。

また、経済力を背景に、富裕な商人が町政の自治を行いました。貿易港の**堺**では36人の**会合衆**が協議し、**博多**では12人の**年行司**が協議しました。**京都**では、富裕な商工業者である**町衆**たちが、自治的組織の**町**を作り（道路の両側で一つの町）、町ごとに**月行事**を決めて町政を運営しました。応仁の乱後に**祇園祭を復興**する基盤となったのは、町衆による町の組織でした。

京都の町
町
町
道路

世紀	文化	時期と特徴
12世紀	**1 院政期文化** **○仏教** 　浄土教が地方へ　中尊寺(地方の阿弥陀堂) **○美術** 　絵巻物 **○文学・芸能** 　軍記物・歴史物語　今様	12世紀が中心(平安後期・末期) 院政期・平氏政権 貴族文化＋地方や庶民の要素
13世紀	**2 鎌倉文化** **○仏教** 　新仏教(念仏・禅・法華経)　旧仏教(律宗) **○文学・学問** 　和歌・随筆・軍記物・紀行文　歴史(愚管抄) **○美術 (仏教・その他)** 　建築(大仏様・禅宗様)　仏像彫刻(運慶)	13世紀が中心 (鎌倉時代) 公武二元的状況 (朝廷・幕府) 武家文化の成立 公家文化の伝統を保持 貿易を通じた大陸文化の伝来
14世紀	**3 室町文化** **○仏教** 　臨済宗 (五山・十刹の制) 　浄土真宗 (蓮如) →一向一揆 　日蓮宗 (日親) →法華一揆	**南北朝文化** 14世紀後半が中心 (室町初期) 室町幕府の成立・南北朝動乱 動乱期の社会変動を反映
15世紀	**○芸能・文芸** 　能 (観阿弥・世阿弥)　狂言 　小歌　風流 　侘茶 (村田珠光) 　連歌 (宗祇) 　御伽草子 **○学問・教育** 　歴史 (神皇正統記・太平記)　足利学校 **○美術**	**北山文化** (足利義満・金閣) 15世紀前半が中心 (室町前期) 室町幕府の支配確立 武家文化と公家文化の融合 **東山文化** (足利義政・銀閣) 15世紀後半が中心 (室町中期) 室町幕府の衰退 今日につながる日本的な文化
16世紀	建築 (金閣・銀閣　書院造)　庭園 (枯山水) 　水墨画 (雪舟)　狩野派 (2) (1)	**戦国期文化** 16世紀前半が中心 (室町後期) 文化の地方波及、庶民化の進行

第 12 章 の テ ー マ

12世紀～16世紀に展開した中世文化の概略を見ていきます。

(1)(2)　中世では、天皇（院）・貴族に加えて武士も権力を保持しました。**院政期文化**に続き、伝統的公家文化と新しい武家文化が並立し、仏教が社会に浸透するなかで、**鎌倉文化**が形成されました。さらに、公家文化と武家文化が融合し、貿易を通じて大陸文化が流入し、民衆の台頭で庶民文化の影響も及び、今日につながる日本的要素を含んだ**室町文化**が成立しました。

1 院政期文化 （12世紀）

　院政期文化は、**院政・平氏政権**の時期の文化です。武士や庶民への関心が高まり、貴族が地方文化を摂取しました。文学では、藤原氏の繁栄を描く**歴史物語**の『**大鏡**』に加え、前九年合戦を描いた『**陸奥話記**』などの**軍記物**が登場し、仏教**説話**の『**今昔物語集**』からは庶民生活もうかがえます。芸能では、庶民歌謡の**今様**を**後白河上皇**が習得して『**梁塵秘抄**』を編纂し、豊作祈願の**田楽**が都でも演じられました。

　一方、地方有力者が成長し、京都の文化が地方へ伝播しました。奥州藤原氏（**藤原清衡**）は平泉に**阿弥陀堂**の**中尊寺金色堂**を建立しましたが、これは寺院に属さない**聖**の布教活動で**浄土教**が地方へ波及したことも示しています。

　絵と詞書を交互に配置して時間進行を表す**絵巻物**の傑作が生まれました。応天門の変を描いた『**伴大納言絵巻**』には貴族や都の民衆の表情が見られ、僧の奇跡を描いた『**信貴山縁起絵巻**』には地方庶民の姿があります。『**源氏物語絵巻**』は貴族生活を描き、『**鳥獣戯画**』は人間社会を風刺しました。また、平清盛が**厳島神社**へ納めた豪華な**平家納経**には平氏の貴族性が示されます。

2 鎌倉文化 （13世紀～14世紀前期）

　鎌倉文化は、朝廷と幕府の**公武二元的支配**を背景に伝統的公家文化と素朴さ・力強さを持つ武家文化が展開し、**日宋貿易**を通じて大陸文化が伝来しました。

　鎌倉新仏教は、戦乱や飢饉など社会不安のなかで、国家や貴族だけでなく武士や庶民も救済する要求に応え、**易行**（平易な方法）・**選択**（一つだけ選びとる）・**専修**（ひたすら専念）という特徴を持ちました（次ページの一覧表）。鎌倉幕府は臨済宗を保護し、中国からの来日僧を招いて文化摂取を進めました

鎌倉新仏教	宗派・開祖／教義の内容	

平安末期〜鎌倉初期　　　　承久の乱の頃　　　　蒙古襲来の前後　　➡

念仏（浄土教の系統、「他力」[=阿弥陀仏]を頼って極楽往生）

浄土宗　法然	浄土真宗　親鸞	時宗　一遍
・**専修念仏**…ひたすら念仏「南無阿弥陀仏」を唱えて往生 ・旧仏教勢力により排斥される	・**悪人正機**…煩悩深い「悪人」こそ阿弥陀仏の救済の対象に ・法然に連坐して越後に流される	・善人・悪人や信心の有無と無関係の、万人往生を説く ・各地を遊行し、踊念仏で布教

坐禅（禅宗の系統、「自力」[=坐禅などの修行]で悟りに達する）　　**題目**（天台宗の法華経を重視）

臨済宗　栄西	曹洞宗　道元	日蓮宗　日蓮
・**公案**（師からの問題）を解決 ・幕府の保護（北条氏の帰依）	・**只管打坐**…ひたすら坐禅する ・権力と結ばず、越前に永平寺を建てて修行の道場とする	・**法華経の題目**「南無妙法蓮華経」を唱和 ・他宗攻撃、幕府から迫害

（**建長寺**開山の**蘭溪道隆**や**円覚寺**開山の**無学祖元**）。一方、**旧仏教**の革新は奈良が拠点の仏教（律宗など天平文化の**南都六宗**）から生まれ、**戒律**尊重に立ち帰りつつ、病人救済や道路建設など社会事業を推進しました。

　文学では、伝統的な和歌（**後鳥羽上皇**勅撰の『**新古今和歌集**』[**藤原定家**らの編集]）や、時代を観察する随筆（**鴨長明**『**方丈記**』・**兼好法師**『**徒然草**』）に加え、京都・鎌倉間を往来した記録の**紀行文**（**阿仏尼**『**十六夜日記**』）が生まれました。軍記物の『**平家物語**』は、盲目の**琵琶法師**たちによる**平曲**（語りと伴奏）で文字の読めない庶民にも語り広められました。**慈円**『**愚管抄**』は、**道理**（歴史のあるべき流れ）による解釈が見られる歴史哲学書です。

　武士も学問に関心を持ち、**北条実時**が**金沢文庫**（武蔵国）を開きました。貴族は伝統保持のため、年中行事の先例を研究しました（**有職故実**）。禅僧は**宋学**（**朱子学**）を大陸から伝え、朱子学はのち江戸幕府を支える学問となります。

　源平争乱で焼打ちされた興福寺・東大寺を復興する際（勧進上人の**重源**が東大寺を再建）、**東大寺南大門**には豪放な**大仏様**が導入され、奈良仏師の活躍で**東大寺南大門金剛力士像**（**運慶**・**快慶**）などの写実的な木像が製作されました。一方、**円覚寺舎利殿**などの禅宗寺院には精巧な**禅宗様**が用いられました。

3　室町文化（14世紀中期〜16世紀中期）

●**南北朝文化**：**南北朝動乱**期の社会変容を背景に歴史意識が高まり、南朝の正統性を主張した**北畠親房**『**神皇正統記**』や、南北朝動乱を描いた『**太平記**』などの歴史や軍記が書かれました。

●**北山文化**：**足利義満**の**金閣**（1・2層が寝殿造風、3層が禅宗様）に象徴される、公家文化と武家文化の融合による華麗さを備えた文化です。仏教では、**臨済宗**が室町幕府と関係を深め、足利尊氏が**夢窓疎石**（**天龍寺**開山）に帰依したのに続き、義満が**五山・十刹の制**で寺院を組織しました（**京都五山**は**天龍寺・相国寺**など、**鎌倉五山**は**建長寺・円覚寺**など）。五山僧は禅宗文化（水墨画・建築・庭園など）の輸入に貢献し、漢詩文創作などの**五山文学**（**絶海中津・義堂周信**ら）が発展しました。**能**は、**猿楽**（寺社に奉納する雑芸）に**田楽**が融合した歌舞と演劇の舞台芸能で、**観世座**の**観阿弥・世阿弥**父子が義満の保護を受けて猿楽能を大成しました（能とセットの風刺喜劇が**狂言**）。

●**東山文化**：**足利義政**の**銀閣**（1層が書院造、2層が禅宗様）に象徴される、禅の精神による簡素さを備えた「伝統的・和風」の文化です。茶道では、南北朝文化の時期に**闘茶**（産地を当てて賭け物を競う）・**茶寄合**といった娯楽が流行しましたが、この時期には**村田珠光**が大徳寺の禅僧一休宗純に学び、質素な**侘茶**を創始しました。建築では、和室の原型となった**書院造**（**慈照寺東求堂同仁斎**）や、砂や石で抽象的に表現する**枯山水**（**龍安寺庭園・大徳寺大仙院庭園**）が生まれました。墨の濃淡で表現する**水墨画**は禅僧が中国から画題や技法を伝えた絵画で、北山文化の時期は「ヒョウタンでナマズを捕れるか？」という公案を描いた**如拙**『**瓢鮎図**』のような禅画が中心でしたが、この時期、**雪舟**が明に渡り技法を学び、風景を描いて日本的な水墨画を大成しました。また、経済発展による民衆の台頭も背景に、和歌の上の句（5.7.5）と下の句（7.7）を複数名で連作する**連歌**など集団性・共同性を備えた文化が流行しました。**宗祇**は芸術的な**正風連歌**を確立し、連歌師として各地を巡って広めました。

●**戦国期文化**：**戦国時代**の京文化の地方伝播に加え、地方文化の要素や庶民的要素を強めた文化です。仏教では、**浄土真宗**（**一向宗**）の**蓮如**（本願寺派）が惣村を利用して**講**を組織し、平易な文章の**御文**で布教を拡大し、門徒は各地で団結して**一向一揆**を結成しました。**日蓮宗**（**法華宗**）は15世紀中期に**日親**が京都の町衆（富裕な商工業者）に信者を獲得し、この時期には京都の日蓮宗徒が**法華一揆**を結成して一向一揆に対抗しました。教育では、15世紀中期に関東管領**上杉憲実**が再興した**足利学校**（下野国）が、この時期に繁栄しました。水墨画のデッサンに大和絵の彩色を取り入れたのが**狩野派**で、**狩野正信・元信**父子が室町幕府の御用をつとめました。また、室町期を通じて、いわゆる「日本むかしばなし」である**御伽草子**（絵入りの短編物語）や、庶民歌謡の**小歌**（『閑吟集』）、盆踊りの源流である集団舞踊の**風流**が民衆に好まれました。

世紀	将軍	権力者	政治	外交・社会・経済			文化
16世紀後半	⑮義昭	織田信長	第13章 2織田信長・豊臣秀吉の統一			第13章 1ヨーロッパ世界との接触	第18章 1桃山文化
		豊臣秀吉	第13章 3豊臣政権の支配構造				
17世紀前半	①家康		第14章 1徳川将軍による支配	第14章 2村と百姓、町と町人	第14章 3江戸幕府が築いた対外関係		第18章 2江戸初期の文化
	②秀忠	大御所家康					
	③家光	大御所秀忠					
17世紀後半	④家綱		第15章 1文治政治への転換と元禄時代	第15章 3経済発展の全国的展開			第18章 3元禄文化
	⑤綱吉						

18世紀前半	⑥家宣 ⑦家継	新井白石	第15章 2正徳の治	第16章 2村や町の変容と百姓一揆	第18章 元禄文化
	⑧吉宗	徳川吉宗	第16章 1享保の改革		
18世紀後半	⑨家重		第16章 3田沼時代	第17章 1対外的危機の高まり	第18章 4江戸中・後期の文化
	⑩家治	田沼意次			
		松平定信	第16章 4寛政の改革		
19世紀前半	⑪家斉	徳川家斉	第17章 2文化・文政時代		
		大御所家斉			
	⑫家慶	水野忠邦	第17章 3天保の改革		

III

近世

この時代のテーマ

第13章 **織豊政権**：信長・秀吉の全国統一の過程と、近世社会の成立を扱います。
第14章 **江戸幕府の支配体制**：幕藩体制のしくみと、「鎖国」への道を追います。
第15章 **近世社会の展開**：文治政治と、全国的な経済発展の状況をながめます。
第16章 **江戸幕府の政治改革**：享保の改革から始まる幕政改革の内容を見ていきましょう。
第17章 **幕藩体制の動揺**：列強の接近に、幕府はどう対応したのでしょうか。
第18章 **近世文化**：経済発展を背景に、学問・思想・文芸などの分野で花開きました。

世紀	時代	政権	政治・社会	外交
16世紀前半	室町時代		(1)	**1 ヨーロッパ世界との接触** **①ヨーロッパ人のアジア進出** 　ポルトガル人漂着（1543） 　→鉄砲の伝来 　鉄砲の国産化、戦術の変化 　ザビエルが来航（1549） 　→キリスト教の伝来 　イエズス会の布教 　キリシタン大名 　天正遣欧使節（1582〜90） **②南蛮貿易** 　ポルトガル船・スペイン船 　日明間の中継貿易 　キリスト教布教と一体
16世紀後半	戦国期 （安土桃山時代）	織田信長	**2 織田信長・豊臣秀吉の統一** **①織田信長の統一過程** 　桶狭間の戦い（1560） 　石山合戦 　延暦寺焼打ち 　室町幕府滅亡 　長篠合戦（1575） 　楽市令（安土城の城下町） 　本能寺の変（1582） **②豊臣秀吉の統一過程** 　山崎の合戦（1582） 　大坂城を築く 　関白、太政大臣となる 　小田原攻め 　→天下統一を達成（1590）	(2) (3)
		豊臣秀吉	**3 豊臣政権の支配構造** **①豊臣政権の土地制度**　　　**③豊臣政権の外交政策** 　太閤検地（1582〜98）　　　　バテレン追放令（1587） 　貫高制から石高制へ　　　　　→禁教は不徹底 　一地一作人の原則　　　　　　文禄・慶長の役（1592〜98） 　→村請制・大名知行制の確立　→朝鮮出兵は失敗 **②豊臣政権の身分制度** 　刀狩令（1588） 　→兵農分離の進行 　人掃令 　→身分制度の完成	

　中世から近世に移り変わっていく、室町時代末期と安土・桃山時代（**16世紀**）の政治・外交・社会を見ていきます。

(1)　16世紀中ごろ、日本が初めてヨーロッパ人と接触し、鉄砲と**キリスト教**がもたらされ、ポルトガル・スペインとの**南蛮貿易**が行われました。

(2)　戦国時代の群雄割拠が終焉し、16世紀後半に**織田信長・豊臣秀吉**による「天下統一」が進み、強大な権力による全国統一が成し遂げられました。

(3)　豊臣秀吉の政策は、特に**太閤検地**に注目し、のちの江戸幕府の支配体制にどのようにつながっていくのかを見ていきます。

Ⅲ

近

世

1 ヨーロッパ世界との接触 (16世紀)

① ヨーロッパ人のアジア進出

トピック 〈大航海時代と宗教改革〉

　1492年にコロンブスが大西洋を渡って西インド諸島に到達したこと（いわゆる「アメリカ大陸の発見」）に象徴されるように、日本で戦国時代が始まった15世紀末、世界は**大航海時代**に入りました。その背景の一つに、肉食の普及で需要が増大した東南アジア産の**香辛料**を直接入手する意図があり、ポルトガルはインドのゴアや東南アジアのマラッカを確保したのちに明の**マカオ**を拠点とし、スペイン（イスパニア）はフィリピンの**マニラ**を拠点としました。両国のアジア進出は、特にスペインがアメリカで行ったような侵略と植民ではなく、商業基地を築いて交易ルートに参入する形をとりました。

　1517年にマルティン゠ルターが**宗教改革**を開始し、**プロテスタント**（新教）の教派が拡大していくと、ローマ教皇をはじめとする**カトリック**（旧教）の教会勢力が危機感を持ち、海外布教などに乗り出しました（**対抗宗教改革**）。こうしたなかで修道会の**イエズス会**が組織され、創設メンバーの一人である宣教師**フランシスコ゠ザビエル**がゴアを拠点にアジア布教を進めました。鉄砲とキリスト教が日本へ伝来したことの背景には、これらの世界史的な動向があったのです。

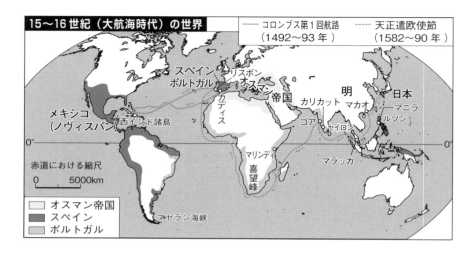

15～16世紀（大航海時代）の世界

—— コロンブス第1回航路（1492～93年）　----- 天正遣欧使節（1582～90年）

オスマン帝国／スペイン／ポルトガル

(1)　鉄砲の伝来は、戦国大名の戦略にどのような影響を与えたのか？

　ポルトガル人を乗せた中国船が種子島へ漂着したことで、**鉄砲が伝来**しました（1543）。のち和泉の**堺**、近江の国友、紀伊の根来などで鉄砲が生産されるようになり、鉄砲が普及して戦国大名の戦術に変化が生じました。足軽鉄砲隊による**集団戦**が重視されるようになり、大量の兵力を抱えるため、城のあり方も、防御のための山城から城下町を築く**平山城・平城**へ変化したのです。

(2)　キリスト教の伝来は、日本社会にどのような影響を与えたのか？

　イエズス会のフランシスコ＝ザビエルが鹿児島に上陸し、**キリスト教が伝来**しました（1549）。ガスパル＝ヴィレラやルイス＝フロイスなど宣教師が来日して布教が盛んになると、各地に**コレジオ**（宣教師養成学校）・**セミナリオ**（神学校）や南蛮寺（教会堂）が建設されました。そして、**アレッサンドロ＝ヴァリニャーニ**は天正遣欧使節のローマへの派遣を進言し、これを**キリシタン大名**の有馬晴信・大村純忠・大友義鎮（宗麟）が実現しました（1582～90）。ヴァリニャーニが日本へ戻る際に**活字印刷術**を伝え、ローマ字の**キリシタン版（天草版）**が刊行されたことも興味深いですね（『伊曽保（イソップ）物語』など）。

② 南蛮貿易　〜ポルトガル船との貿易は、何を日本へもたらしたのか？

　16世紀後半、ポルトガル船が**平戸**や長崎など九州各地の港に来航し、さらにスペイン船も来航するようになり、**南蛮貿易**が行われました（当時ポルトガル人・スペイン人は南蛮人と呼ばれた）。ポルトガル船中心に**日本産の銀**と**中**

国産の生糸を運ぶという、日明間の貿易に第三者であるポルトガル船が関わる中継貿易の形態でした。当時は勘合貿易が断絶していたので、日本が中国産生糸を確保するうえでポルトガル船の活動は重要だったのです。そして、カトリック（旧教）国のポルトガルとスペインは、カトリック布教を目的とする宣教師の活動に協力し、貿易船は布教を許可する大名のもとへ入港したので（松浦氏の平戸、大村氏の長崎、大友氏の府内など）、キリスト教布教と一体の貿易でした。

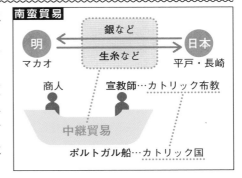

2 織田信長・豊臣秀吉の統一（16世紀後半）

① 織田信長の統一過程 〜信長による支配の特徴とは？

　15世紀後期から100年以上続いた戦国時代が終焉を迎えます。16世紀後半、尾張の大名織田信長は、桶狭間の戦い（1560）で今川義元を倒すと、家臣団の城下町集住を徹底して強力な軍事力を整備し、京都に進出して「天下」統一をめざしました（彼の言う「天下」は全国ではなく畿内を指すという説もある）。15代将軍足利義昭を追放して室町幕府を滅ぼすと（1573）、長篠合戦（1575）で武田勝頼を倒しました（このとき足軽鉄砲隊を駆使して武田氏の騎馬隊を撃破）。そして、安土城を築いて天守閣を整備し、畿内から西国に支配を広げましたが、本能寺の変（1582）で家臣明智光秀の裏切りにあい、敗死したことは有名ですね。

　信長は、伝統的権威に挑戦する革新性を持ち、特に当時の強大な権威の一つである仏教勢力を徹底的に押さえ込もうとしました。石山合戦（1570〜80）では、本願寺の顕如を中心とする一向一揆と対決し（1580年に加賀の一向一揆も解体）、また仏教界の頂点にあった比叡山延暦寺を焼き打ちします。一方、ルイス゠フロイスへ布教を許可し、キリスト教を保護しました。

　また、信長は、都市の経済を重視しました。関所を撤廃して流通を活性化させるとともに、畿内の富裕な港町である堺を直轄化して、会合衆による自治も解体したのです。さらに、安土城の城下町へ楽市令を発し、税負担を無くして自由な取引を認め、商人を呼び寄せて商業振興を図りました。

② 豊臣秀吉の統一過程　〜秀吉による支配の特徴は？

　尾張の地侍だった**豊臣秀吉**（羽柴秀吉）は、織田信長の家臣となり力を伸ばしました。そして、本能寺の変の直後に**山崎の合戦**（1582）で**明智光秀**を滅ぼし、**大坂城**を拠点に信長の後継者としての地位を確立していきます。かつて信長と同盟を結んでいた**徳川家康**と**小牧・長久手の戦い**で対決したときは苦戦しましたが、のち長宗我部氏・島津氏を屈服させて四国・九州を平定しました。さらに、**小田原攻め**で**北条氏**を滅ぼして関東を平定し、**伊達政宗**の降伏で奥州も平定して、**天下統一を達成**しました（1590）。

　秀吉は、朝廷の伝統的権威に依存して統一を進めました。**関白**に就任（1585）すると（翌年**太政大臣**に就任）、「関白秀吉が、天皇に代わり全国を平和にする」という名目で**惣無事令**を発して大名へ停戦を命じました。さらに、**聚楽第**（京都の秀吉別邸）に**後陽成天皇**を迎え、諸大名を招いて天皇と秀吉への忠誠を誓わせました。一方、秀吉独裁の傾向が強いため政治機構は整備されず、石田三成や浅野長政らの部下を**五奉行**として実務を行わせ、徳川家康や毛利輝元らの有力大名を**五大老**として政策を審議させました。

　秀吉は、**蔵入地**と呼ばれる約220万石の直轄地を持つだけでなく、大坂や京都などの重要都市を直轄化しました。また、佐渡金山や**石見大森銀山・但馬生野銀山**を直轄化し、金貨として**天正大判**を発行しました。

③ 豊臣政権の支配構造

① 豊臣政権の土地制度

　太閤検地（1582〜98）は、秀吉の統一事業開始と同時に始まり、秀吉が亡くなるまで続いた、全国的土地調査です。大名が秀吉に屈服するたび、秀吉はその領地に対する検地を命じ、検地に反対する者は武士でも農民でも「なでぎり（＝皆殺し）」という厳しい姿勢で臨みました。現在は土地の価値を不動産価格の高さで決めることが一般的ですが、近世では米生産量の多さで土地の価値を決めました。こうした**土地の米生産量**を**石高**と呼び、秀吉は太閤検地で**石高制**を確立し、江戸幕府はそれを継承して支配の仕組みを作っていきました。

（1）太閤検地は、どのような方法で実施されていったのか？

　戦国大名の**指出検地**（自己申告制による検地）では、土地から納められる年貢の額を把握しましたが（**貫高制**）、太閤検地では、土地から取れる米の量を

把握しました（**石高制**）。秀吉の方が、土地に近い部分を把握しているので、支配レベルが上がっていると言えますね。

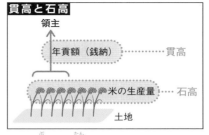

石高制の採用にあたり、面積や容積の単位を統一しました。縦6尺3寸・横6尺3寸の正方形の面積を1歩とし（6尺3寸は約191センチ）、律令制度では**360歩＝1段**だったものを、太閤検地では 300歩＝1段 としました。そして、100升＝10斗＝1石とし（1石は約180リットル）、全国統一的な**京枡**を定めました。

検地の実施にあたり、村々に派遣された役人が土地の面積を直接測量し、田畑の質を「上・中・下・下々」の4等級で判断しました（屋敷地は1等級）。そして、それぞれの等級ごとに定められた**石盛**（1段あたりの米生産高、例えば上田なら石盛は1石5斗、中田なら石盛は1石3斗）に面積を掛け、**石高**（土地全体の米生産高）を決定しました【石盛×面積＝石高】。さらに、一つの土地の耕作権は一人の百姓が持つという**一地一作人**の原則に基づいて土地ごとの耕作者を確定し、村ごとに作成される**検地帳**に登録していったのです。

(2)　太閤検地は、どのような歴史的意義をもたらしたのか？

まず、ミクロで見ていきましょう。**村高**（村全体の石高）を確定して検地帳を作成することで、村を単位に年貢などを課す**村請制**が実現しました。村高に年貢率を掛ければ、村が納める年貢高が決まるわけです（秀吉政権の年貢率は**二公一民**［3分の2］）。そして、一地一作人の原則により、領主は年貢負担者となった百姓を直接掌握できました。また、平安時代後期以来の荘園では、一つの土地に対して様々な人びと（所有者である荘園領主、現地を管理する荘官、課税単位である名の耕作・納税を行う名主など）が収益を得る権利を持っていましたが、一地一作人の原則はそういった権利を認めないことになるので、**荘園公領制**のしくみそのものが完全に解体されました。

次に、マクロで見ていきましょう。全国の土地の価値を石高で表示すると、秀吉が大名に与えた知行地の石高も判明します（これは御恩に該当）。そして、その石高の数字に見合う量の軍役を大名に負担させれば（これは奉公に該当）、秀吉と大名との間に知行地の石高（**知行高**）を基準とする主従関係が成立します。太閤検地は、こうした**大名知行制**の基礎を確立したのですね。

② 豊臣政権の身分制度

(1) 刀狩は、身分制度の形成にどのように寄与したのか？

　中世では、国人が結んだ国人一揆、土民が蜂起した土一揆、国人が地域住民と協力した国一揆、一向宗や法華宗の信者が団結した一向一揆や法華一揆など、様々な社会階層で多様な一揆が存在しました。秀吉は、全国を統一するうえで障害となる一揆を防止する目的で**刀狩令**（1588）を発し、秀吉が造る**方広寺**大

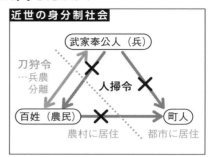

近世の身分制社会

武家奉公人（兵）

刀狩令
…兵農分離

人掃令

百姓（農民）　　　　　町人

農村に居住　　都市に居住

仏の原料とすることを口実に、農村で武器を没収しました。

　当時、地方有力武士の国人は大名の家臣となって城下町への集住が進んでいましたが、農民から成長した地侍は農村に住んで農民を支配しつつ、武器を持って合戦に参加したり、一揆を主導したりしていました。刀狩令は主に地侍をターゲットとし、秀吉・大名らの家臣となり城下町に住むか、農民として農村に留まり武器を手放すかの二者択一を迫るものでした。こうして、武士身分と農民（百姓）身分との**兵農分離**が徹底されたのですね。

(2) 人掃令は、身分制度の形成にどのように寄与したのか？

　天下統一の達成後、**人掃令**（**身分統制令**）（1591）が発され、武家奉公人が百姓や町人になることを禁じ、さらに百姓が町人になることも禁じました。翌年には人掃令が再び発され（1592）、朝鮮出兵の準備のため職業ごとに戸数・人数を調査していきました。こうして、職業に基づく身分が固定化されると、家ごとに家業が継承されていく、江戸時代につながる身分制度が完成したというわけです。

③ 豊臣政権の外交政策

(1) 秀吉は、キリスト教に対してどのように臨んだのか？

　キリシタン大名**大村純忠**が長崎をイエズス会へ寄進したことに示されるように、カトリック教会組織がキリシタン大名を通じて影響力を強めつつあり、全国統一事業にとって障害になることから、秀吉は宣教師や大名に対する規制を強化しました。島津氏を攻める九州平定のとき、**バテレン追放令**（1587）を博多で発令して宣教師の布教禁止と国外追放を命じましたが、貿易船の来航は認めており、豪商による東アジア諸国との貿易は奨励したので、追放令は徹底

しませんでした。また、大名のキリスト教入信を許可制にしましたが、一般人の信仰は禁じませんでした。

　のち、スペイン船のサン＝フェリペ号が土佐に漂着し、乗組員が「スペインは領土拡張に宣教師を用いている」といった失言をしたことを機に（**サン＝フェリペ号事件**）、スペイン系の宣教師や信者を処刑して（**26聖人殉教**）、スペイン船の来航を禁止しました。

(2)　秀吉は、東アジア世界にどのように向き合ったのか？

　秀吉は**海賊取締令**（1588）を発し、倭寇など海賊行為を禁止し、海外渡航を保護して貿易を奨励するなど、天下統一の過程で海上支配も強化しました。

　そして、天下統一と前後して、朝鮮をはじめゴアのポルトガル政庁やマニラのスペイン政庁や台湾（**高山国**）に、日本への服属と朝貢を要求します。最終的には、明を征服して天皇を北京に移す構想も持っていたようです。明の国力衰退に乗じたとはいえ、とてつもない構想ですが、中国に代わって、日本が東アジア国際秩序の中心になることをめざしたと考えられます。

　実は、秀吉は天下統一を進める途中で大陸侵攻を表明しており、明の征服のための先導を朝鮮に要求しました。しかし、それが聞き入れられないと、天下統一を達成したのち、全国の大名を動員し、肥前**名護屋**に拠点を築いて朝鮮出兵（朝鮮では**壬辰・丁酉倭乱**と呼ぶ）を開始しました。**文禄の役**（1592〜93）では、最初は日本が優勢でしたが、明の援軍や**李舜臣**が指揮する朝鮮水軍の活躍などにより、日本は劣勢となって和平交渉が開かれます。しかし、秀吉の主張と明の姿勢がかみあわずに交渉が決裂すると、秀吉は再び出兵を命じました。**慶長の役**（1597〜98）では、日本は厭戦気分が強くて苦戦し、秀吉が死去したのを機に朝鮮から撤退しました。

　朝鮮側に多大な被害を与え、明の衰退をもたらした朝鮮出兵のなかで、様々な影響がもたらされました。政治では、諸大名の対立により豊臣政権が弱体化し、**関ヶ原の合戦**が勃発しました。経済では、朝鮮人陶工を連行して技術が伝わったことで、**有田焼**などの陶磁器生産が盛んになりました。文化では、活字印刷が伝わり、後陽成天皇の命による出版事業が起こりました（慶長勅版）。

世紀	将軍	大御所	政治・社会		外交
16世紀後半			**1 徳川将軍による支配**		
			①徳川家康の統一事業		
			東海から関東へ移る	⑴	**3 江戸幕府が築いた対外関係**
	①家康		→城下町江戸を建設		
			関ヶ原の戦い（1600）		**①江戸初期の国際関係**
			家康、将軍に（1603）	⑶	リーフデ号漂着（1600）
			→江戸幕府を開く		→オランダと貿易
		家康	秀忠、将軍に		→イギリスと貿易
	②秀忠		→家康は大御所に		朱印船貿易
			方広寺鐘銘事件	⑵	糸割符制度（1604）
			大坂の役（1614〜15）		慶長遣欧使節
17世紀前半			→豊臣秀頼の滅亡		
					②禁教と「鎖国」体制
			②幕藩体制の確立	**③朝廷・寺社統制**	禁教令（1612・1613）
			一国一城令		高山右近を国外追放
			武家諸法度	禁中並公家諸法度	ヨーロッパ船寄港地限定
		秀忠	元和令（1615）	（1615）	
				紫衣事件	元和の大殉教
					イギリスの退去（1623）
					スペイン船禁止（1624）
			武家諸法度	寺請制度	
			寛永令（1635）	諸宗寺院法度	奉書船以外の禁止（1633）
			→参勤交代の	（17世紀後半）	日本人の渡航禁止（1635）
			制度化		島原の乱
					ポルトガル船禁止（1639）
			2 村と百姓、町と町人		オランダ商館出島へ
	③家光		**①身分制社会**		
			「士」「農」「工」「商」		**③「四つの口」**
			家の重視		長崎口〜オランダ・中国
			②農民統制・町人統制		対馬口〜朝鮮
			村方三役（名主・組頭・百姓代）		己酉約条（1609）
			本百姓の村政参加　村請制		通信使が来日
			田畑永代売買の禁止令（1643）		薩摩口〜琉球
			分地制限令（17世紀後半）		薩摩が琉球征服（1609）
					慶賀使・謝恩使が来日
			城下町　身分ごとに居住		松前口〜蝦夷地(アイヌ)
			町人の自治		

江戸時代初期（**17世紀前半**）の政治・外交を見ていきます。

(1) **関ヶ原の戦い**で勝利し江戸幕府を開いた徳川家康は、大坂の役で豊臣家を滅ぼし、将軍と大名との主従関係を軸とする**幕藩体制**が確立しました。

(2) 軍事力を独占した江戸幕府は、大名統制、朝廷統制、寺社統制、村・町の統制など、諸階層に対する統制システムを作り上げました。

(3) 江戸初期から約半世紀かけて築いた対外関係は「**鎖国**」と呼ばれます。しかし、「**四つの口**」を通じた特定の国・地域との交流は続きました。

Ⅲ

近

世

1 徳川将軍による支配（17世紀前半）

① 徳川家康の統一事業　～家康は、どのような過程で権力を掌握したのか？

　徳川家康は、三河の国人から出発して東海地方の大名に成長しましたが、北条氏滅亡後に秀吉の命で関東に移され（1590）、**江戸城**と城下町の建設を開始しました。これが、のちに江戸が全国政治の中心となる契機となりました。

　秀吉の死後、家康は**関ヶ原の戦い**（1600）で**石田三成**らに勝利し、**征夷大将軍**となって**江戸幕府**を開き（1603）、2年後には将軍職を子の**秀忠**に譲って**大御所**（＝前将軍）となり、徳川氏による将軍職世襲を世に示しました。また、全国支配の象徴として、諸大名に**国絵図**（一国単位の地図）を提出させました。

　しかし、父秀吉の権威を継承した**豊臣秀頼**が大坂城にいる間は、豊臣家に味方する大名も出てくるでしょう。そこで、方広寺の鐘の銘文（「国家安康」など）に「家康への呪いだ！」などとクレームをつけて追い詰め、**大坂夏の陣**（1615）で豊臣家を滅ぼし、戦国以来続いた大名同士の戦闘を終焉させました。

　こうして、全大名は将軍の家臣となり、将軍は大名の持つ軍事力を動員できるようになりました。これが、「武威」に基づく支配の基盤となったのです。

② 幕藩体制の確立

(1) 幕藩体制は、どのような過程で確立していったのか？

　幕藩体制は、強力な領主権を持つ将軍と大名が全国の土地と人びとを支配するしくみで、1615年が大きな画期となりました。大坂夏の陣の直後に発された**一国一城令**は、大名居城以外の戦闘用の城を破壊させ、大名の幕府に対する反抗を防止するとともに、家臣の大名に対する反抗も防止して、大名権力が確立しました。そして、**武家諸法度**の**元和令**が2代将軍秀忠の名で発されました

（家康が大御所）。家康のブレーン**金地院崇伝**が起草し、大名の婚姻や居城の修理を幕府の許可制としました。のち、3代将軍**家光**が武家諸法度の**寛永令**

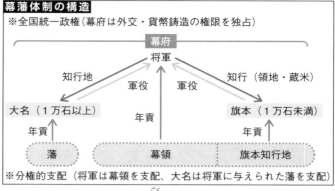

幕藩体制の構造
※全国統一政権（幕府は外交・貨幣鋳造の権限を独占）

幕府
将軍

知行地　軍役　　軍役　　知行（領地・蔵米）

大名（1万石以上）　　　　　　旗本（1万石未満）

年貢　　　　年貢　　　　　年貢

藩　　　　幕領　　　　旗本知行地

※分権的支配（将軍は幕領を支配、大名は将軍に与えられた藩を支配）

を発し（1635）、参勤交代の制度化や、500石以上の大船建造禁止を追加しました。

　こうした過程と並行して、幕府は武家諸法度違反などを理由に**改易**（領地を没収）・**減封**（領地の石高を削減）などの処分を大名に対して行うとともに、同じ石高の領地に移し替える**転封**（領地を移し替える）も実施しました。

(2) 大名と旗本の違いは？　幕府はどのように大名を統制したのか？

　将軍から**1万石以上**の知行地（**藩**）を与えられた武士が、大名です。**親藩**は徳川氏一門で、特に**御三家**（尾張・紀伊・水戸）は将軍候補を出し、**譜代**は関ヶ原の戦い以前からの徳川氏の家臣で、石高は少ないが要地へ配置され、**外様**は関ヶ原の戦い以後に従った大名で、石高は多いが遠隔地へ配置されました。

　将軍から**1万石未満**の知行（領地もしくは**俸禄米**）を与えられた武士が、江戸に常駐する将軍直属の**旗本・御家人**で（将軍と対面する「お目見え」を許されるのが旗本、許されないのが御家人）、幕府の軍事力の中心となりました。

　大名は、将軍から与えられた知行地の石高に見合う量の**軍役**を課され、これをつとめることが将軍への奉公となりました。例えば、家康が祀られる日光東照宮へ将軍が赴くとき（**日光社参**）、大名は家臣を率いて将軍の御供をします。とはいえ、これは臨時の軍事動員であり、平時の軍役を課して主従関係を維持することが必要でした。その一つが**参勤交代**（江戸での滞在と領地での居住を1年ごとに繰り返し、妻子は江戸に居住）であり、河川工事や江戸城修築などを負担する**手伝普請**も、石高を基準とする平時の軍役に該当しました。

(3) 江戸幕府職制の特徴は、どのような面に表れているか？

　政務統括の**老中**と補佐役の**若年寄**や、**三奉行**（**寺社奉行**は全国の寺社統制、**町奉行**は江戸の行政・司法、**勘定奉行**は財政と幕領の民政）が中心で、老中・

三奉行による**評定所**が最高議決機関でした。また、各役職に複数名が就き、1カ月交代で勤めました（**月番交代**）。

古くからの徳川家臣団による幕政の独占が意図され、譜代大名と旗本が要職を担い、外様大名は幕政から排除されました。

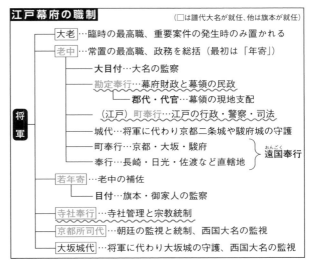

江戸幕府の職制

（□は譜代大名が就任、他は旗本が就任）

将軍
- 大老…臨時の最高職、重要案件の発生時のみ置かれる
- 老中…常置の最高職、政務を総括（最初は「年寄」）
  - 大目付…大名の監察
  - 勘定奉行…幕府財政と幕領の民政
    - 郡代・代官…幕領の現地支配
  - （江戸）町奉行…江戸の行政・警察・司法
  - 城代…将軍に代わり京都二条城や駿府城の守護
  - 町奉行…京都・大坂・駿府 ⎤ 遠国奉行
  - 奉行…長崎・日光・佐渡など直轄地 ⎦
- 若年寄…老中の補佐
  - 目付…旗本・御家人の監察
- 寺社奉行…寺社管理と宗教統制
- 京都所司代…朝廷の監視と統制、西国大名の監視
- 大坂城代…将軍に代わり大坂城の守護、西国大名の監視

III

近世

③ 朝廷・寺社統制

(1) 朝廷は、幕藩体制のなかでどのような存在として位置づけられたのか？

幕府は、**京都所司代**を置いて朝廷を監視し、公家から**武家伝奏**を選んで朝幕間の連絡を担わせました。さらに、大坂夏の陣の直後、武家諸法度の発布と同じタイミングで**禁中並公家諸法度**（1615）を

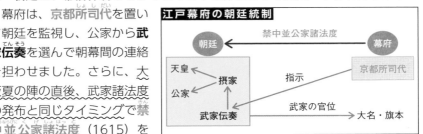

江戸幕府の朝廷統制

禁中並公家諸法度
朝廷 ← 幕府
天皇 ← 摂家 ← 武家伝奏
公家 ← 摂家
指示 → 京都所司代
武家の官位 → 大名・旗本

定め、天皇を学問に専念させるなど、朝廷の権力行使を防ごうとします。また、朝廷が与える武家の官位や、天皇が与える**紫衣**（紫色の僧衣）に関する規定があり、これらは大名・旗本や上級僧侶の序列化や権威付けに役立ちました。朝廷は伝統的権威を付与する機能を保持しており、幕府はそれを独占し、大名による利用を防ごうとしたのですね。

この紫衣勅許に関して、江戸初期に**紫衣事件**が発生します。**後水尾天皇**による勅許の乱発が法度違反だとして、幕府が勅許を無効とし、対立が生じました。結局、後水尾は幕府に無断で譲位し、明正天皇が即位しました。約850年ぶりの女性天皇です。こうして、法度が勅許に優先する原則が確立しました。

(2) 寺院は、幕府の宗教政策にどのように利用されたのか？

　江戸幕府は**寺社奉行**を通じて全国の寺院を管理し、宗派ごとに一般寺院を末寺として本山に所属させる**本山・末寺の制度**を整備しました。そして、**諸宗寺院法度**で全寺院・全宗派共通で寺院や僧侶を統制しました（1665、4代家綱）。また、**諸社禰宜神主法度**で神社や神主も統制しました。

　さらに、キリスト教禁教のため、日本居住者をいずれかの仏教宗派に属させて檀那寺の檀家とする**寺請制度**を設けました。そして、**宗門改め**を行って個人（家族）の宗派と檀那寺を宗門改帳に登録させました。これは村・町ごとに毎年作成され、住民の生死や転入・転出などがわかるので、実質的に戸籍の役割を果たしました。また、檀那寺に**寺請証文**を発行させて、個人の身元を保証させました。このように、幕府は寺院を民衆支配に利用したのです。

2 村と百姓、町と町人

① 身分制社会　〜近世の身分制度には、どのような特徴があったのか？

　近世の支配身分は「**士**」（武士）で、被支配身分は「**農**」（百姓）・「**工**」（職人）・「**商**」（家持の町人）であり、これらと区別された被差別民「かわた（長吏）・非人」がいました。

　最近は、「**士農工商**」という言葉は強調されなくなっています。天皇・公家・

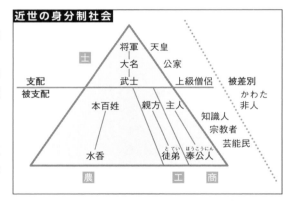

上級僧侶は支配身分で、知識人・宗教者・芸能民は被支配身分ですが、これらは「士農工商」の概念にあてはまりません。また、「商」は建前上は一番下に位置づけられますが、「農」「工」「商」に実際の上下関係はありませんでした。むしろ、各身分の内部に明確な格差が存在しており、「士」でも侍・徒士・足軽以下では立場が異なり、「農」でも本百姓と水呑とでは立場が異なります。

　身分は家ごとに世襲され、家に付属する職業も財産も世襲されました。したがって、家長の権限が強大で、長男への単独相続が一般的でした。しかし、家督を相続する男性が家にいない場合、婿を招く相続や女性の相続も見られました。

男尊女卑の風潮があり、例えば**三行半**という離縁状は男性から女性へ出されました。一方で、女性が駆け込めば離縁が成立する**縁切寺**もありました。

② 農民統制・町人統制

(1) 村民から見た村と、領主から見た村は、どのように関連しているのか？

近世の村は、**村方三役**（村政を統括する**名主**、名主を補佐する**組頭**、名主・組頭の不正を監視する**百姓代**）と呼ばれる**村役人**を中心に、村ごとに**村法**を定め、田畑・屋敷地を持つ**本百姓**（検地帳に記載され、年貢を負担）が参加して村政の自治が行われました。一方、田畑・屋敷地を持たない**水呑**（検地帳に記載されず、小作や日雇で生計を立てる）は村政に参加できませんでした。

村は、村民である百姓にとっては生産を支える生活共同体でした。領主から強制された組織として、連帯責任・相互監視のための**五人組**がありましたが、百姓たちが自発的に組織した、田植え・稲刈りなどを共同で行う**結・もやい**もありました。村法の違反者に対して村が制裁を行う**村八分**も行われました。

村は、支配する領主にとっては行政の末端組織でした。本百姓は、**年貢**（**本途物成**は田・畑・屋敷地に課される米の年貢、**小物成**は農業以外の副業や山野河海にかかる雑税）や諸役の負担を義務づけられましたが、これらは村高（村全体の石高）を基準に課され、村を単位に納入されました（**村請制**）。その際、村役人は、村に課された年貢を村内の百姓たちに割り当て、領主へは村全体の年貢を一括して納めました（村役人には文字の読み書きや計算の能力が必須となる）。太閤検地を経て成立した近世の村は、中世の惣村の自治を継承したため、幕藩領主もこの自治に依存しながら村を支配したのです。

幕藩領主にとっては、財政基盤である年貢を確保するため、本百姓の経営を維持させ、百姓が貨幣経済に巻き込まれて没落しないようにすることも重要でした。そこで、幕府は、**田畑永代売買の禁止令**（1643、3代家光）や、分割相続を制限して田畑の細分化を抑える**分地制限令**（1673、4代家綱）に加え、商品作物の自由な栽培を規制する**田畑勝手作りの禁**をたびたび発しました。ちなみに、日常生活を規制した**慶安の触書**については実在が疑問視されています。

(2) 近世の城下町は、どのような内部構造を持っていたのか？

幕藩体制下では城下町・宿場町が行政区分上の町として、村と区別されました。**城下町**は、武家地・寺社地・町人地といった身分ごとの居住地があり、身分制社会のあり方を示していました。

町人は、町人地に同業者ごとに居住し、**町**という共同体を形成しました。そして、**町名主**が主導する町政が**町法**に基づき自治的に行われ、町の中に屋敷地

や家屋を持つ**地主・家持**が町人として町政に参加しました。一方、宅地や家屋を借りる**地借・店借**は町政に参加できませんでした。

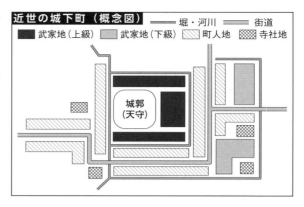

近世の城下町（概念図）

— 堀・河川　━━ 街道
■ 武家地（上級）　▨ 武家地（下級）　▧ 町人地　▨ 寺社地

城郭
（天守）

③ 江戸幕府が築いた対外関係

トピック 「鎖国」の意味

　近年、「鎖国」よりも「四つの口」の語が多用されます。江戸時代、長崎を通じたオランダ・中国との関係、対馬を通じた朝鮮との関係、薩摩を通じた琉球との関係、松前を通じた蝦夷地との関係が保たれ、「国を鎖した」とは言えません。

　実は、「鎖国」は江戸時代後期の19世紀初頭に誕生した言葉です。ケンペル『日本誌』の一部を蘭学者の志筑忠雄が翻訳した際、

「四つの口」

- - - ▶ 国交（使節）
—▶ 貿易（商人）

蝦夷地
松前
朝鮮
通信使
対馬
江戸
オランダ
長崎
明・清
薩摩
慶賀使・謝恩使
（朝貢）
琉球王国

表題を『鎖国論』としたのが、「鎖国」の語の初出です。そして、列強の接近により海防が強化された江戸時代後期以降、江戸時代初期の禁教策と貿易統制策が「鎖国」であると幕府に意識されたのです。

① 江戸初期の国際関係

(1) ヨーロッパ諸国とは、どのような関係を築いたのか？

　17世紀初め、日本に漂着したオランダ人の**ヤン＝ヨーステン**とイギリス人の**ウィリアム＝アダムズ**（三浦按針）が徳川家康に用いられ、肥前の平戸に商館が置かれてオランダ・イギリスとの貿易が始まりました。両国は**プロテスタント**（新教）の国で、海外進出は貿易活動が中心で、布教を目的としておらず、キリスト教を黙認しつつも布教拡大は望まない幕府にとって好都合でした。

　また、仙台藩の伊達政宗が**支倉常長**をスペイン・ローマへ派遣し（1613　慶長遣欧使節）、スペイン領メキシコとの直接貿易を画策したものの、失敗に終わりました。しかし、このころ**スペイン**船の来航は再開しました。

　一方、幕府は生糸貿易を独占していたポルトガル船を規制し、特定の商人に生糸を一括購入させて買取価格を決定する糸割符制度（1604）を設けました。

(2) 東南アジアへ進出する貿易は、どのような形態だったのか？

　幕府は朱印船貿易を拡張しました。将軍が発給した朱印状を得た朱印船は、東南アジア方面で中国船と生糸・銀を取引する出会貿易を展開しました。

　そして、東南アジアの各地に日本人が居住する**日本町**が出現しました。特に、シャム（現在のタイ）のアユタヤにあった日本町では**山田長政**が活躍し、のち、アユタヤ朝の役人となりました。

日本人の海外進出
- ■ 日本町所在地
- ● 主な日本人居住地
- ⚓ 主な朱印船渡航地
- ○ 主要都市
- ─── 朱印船主要航路

② 禁教と「鎖国」体制

(1) 1610年代以降、禁教政策はどのように展開したのか？

　幕領・直轄都市に禁教令（1612）を発して以降、幕府は禁教政策を強化し

ていきました。カトリック国スペイン・ポルトガルが植民地拡大にキリスト教を用いたことや、教会を中心にキリシタンが強く団結することは、幕府の脅威となったのです。さらにヨーロッパ船の寄港地を**平戸**と**長崎**に制限しました。

続いて、イギリスが東南アジアから撤退するとともに日本の**イギリス商館を閉鎖して退去**（1623）しました。そして、幕府は**スペイン船の来航を禁止**（1624）してカトリック国スペインとの関係を断ち切りました。

(2) 1630年代以降、対外交流の制限はどのように進行したのか？

3代将軍**家光**のもとで規制が強化されました。朱印状に加えて**老中奉書**が必要となる**奉書船**制度が設けられ、さらに**奉書船以外の海外渡航禁止**（1633）、**日本人の海外渡航と在外日本人の帰国の全面禁止**（1635）と続き、東南アジア方面からのキリスト教流入の可能性があった朱印船貿易が断絶しました。

そして、島原・天草地方の農民・牢人・キリシタンが領主の過酷な支配に対し、**天草四郎時貞**を首領として**島原の乱**（**島原・天草一揆**　1637〜38）を起こすと、キリシタンの団結の脅威を見た幕府は、**ポルトガル船の来航を禁止**（1639）してカトリック国ポルトガルとの関係を断ち切り、平戸のオランダ商館を**長崎**の**出島**に移し（1641）、長崎奉行の監視下に置きました。こうして、禁教を中心に海外との往来を制限する「鎖国」が形成されるとともに、中国産生糸を輸入するルートはオランダ船・中国船の長崎来航が中心となりました。

また、幕府は**絵踏**などの禁教政策を強化しましたが、信仰を保つ**隠れ**（**潜伏**）**キリシタン**もいました。

③ 「四つの口」

(1) 長崎では、幕府による貿易管理がどのように行われたのか？

オランダとは国交は開かずに貿易のみの関係で、オランダ船が長崎へ来航し、出島にはオランダ商館が設けられました。商館長は定期的に江戸へ参府し、幕府は海外情勢を記した**オランダ風説書**を提出させて海外情報を独占しました。また、幕府は中国船の寄港地を長崎に限定し、明が滅亡して**清**が中国を統一してからも、国交は開かずに貿易のみの関係を保ちました。のち、清との貿易は増加し、**生糸**輸入に伴う**金・銀**の流出が問題となりました。そこで、17世紀後半、年間の貿易額などを制限するとともに、長崎市中に雑居していた清国人を郊外の**唐人屋敷**に住まわせました。こうした貿易制限により、17世紀末以降は生糸輸入が減少するなかで、**生糸の国産化**が進みました。

(2) 対馬藩は、日本と朝鮮との関係で、どのような役割を果たしたのか？

　幕府は**対馬藩の宗氏**を介して朝鮮に働きかけ、使節が来日して国交が復活しました。対馬は耕地が少なく、朝鮮との貿易が経済基盤であり、国交回復と貿易再開を望みました。

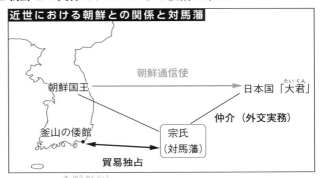

近世における朝鮮との関係と対馬藩

朝鮮国王 ──朝鮮通信使──→ 日本国「大君」

釜山の倭館 ←貿易独占─ 宗氏（対馬藩） ─仲介（外交実務）→

　そして、宗氏と朝鮮との間で**己酉約条**（1609）が結ばれ、対馬藩が朝鮮貿易を独占する地位を認められました。釜山の**倭館**には対馬藩の商人や宗氏の家臣が居住し、朝鮮との貿易や外交交渉を行いました。朝鮮からは朝鮮人参などの薬種に加え、中国産生糸も輸入されました。また、将軍代替わりなどの際、幕府が使節派遣を朝鮮へ依頼し、**朝鮮通信使**が来日して江戸へ参府しました。

(3) 薩摩藩と琉球・中国とは、どのような関係にあったのか？

　江戸時代初期、**薩摩藩の島津氏**が琉球を支配下に入れました（1609）。薩摩藩は琉球に対し、対外的には独立王国としての体裁をとらせ、明（のち清）との朝貢貿易を継続させました。そして貿易で得た中国の産物に加え、琉球の産物（黒砂糖など）も薩摩藩へ上納させました。

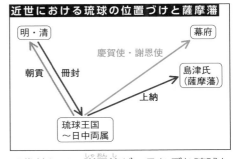

近世における琉球の位置づけと薩摩藩

明・清　　　　　　　　　　幕府

　　　慶賀使・謝恩使

朝貢　冊封　　　　　　　島津氏（薩摩藩）

　　　　　　　　上納

琉球王国〜日中両属

　また、将軍代替わりで**慶賀使**が、国王代替わりで**謝恩使**が、それぞれ琉球から幕府へ派遣されましたが、使節には異国風の格好をさせ、あたかも将軍に対して「朝貢」するよう演出して、将軍権威を高めるために利用しました。琉球は、幕府と中国との二重の外交を保持する**日中両属**の関係にあったのです。

(4) 松前藩は、アイヌとどのように関わったのか？

　江戸幕府は、**松前**の**松前氏**にアイヌとの交易独占権を与え、松前藩は取引を行う「商場・場所」を家臣に御恩として与える**商場知行制**を設けました。和人の不正に反発した**シャクシャイン**の蜂起が抑えられたのち、18世紀以降、商場（場所）での交易を商人に請け負わせる**場所請負制度**に移行しました。

世紀	将軍	政治	外交
17世紀後半	④家綱	**1 文治政治への転換と元禄時代** **①文治政治への転換** 　慶安の変（由井正雪の乱　1651） 　末期養子の禁を緩和（1651） 　明暦の大火（1657） 　殉死の禁止	(1)
	⑤綱吉	**②元禄時代** 　武家諸法度天和令　「弓馬の道」→「忠孝」 　生類憐みの令 　柳沢吉保、側用人となる 　湯島聖堂／林信篤、大学頭に 　幕府財政の悪化 　元禄金銀を鋳造（荻原重秀）…悪鋳	
18世紀前半	⑥家宣	**2 正徳の治** **①新井白石の政治** 　閑院宮家を創設 　正徳金銀を鋳造…良鋳	**②正徳の治での外交** 　朝鮮通信使の待遇を簡素化 　将軍呼称を「日本国王」に 　海舶互市新例（1715）
	⑦家継		

······(2)

3 経済発展の全国的展開	
①生産・加工の発達	新田開発の進行　町人請負新田 農具の改良　備中鍬・千歯扱など 肥料の使用　自給肥料に加えて金肥も使用 商品作物の栽培　四木・三草、綿花・菜種 農書の普及　宮崎安貞『農業全書』など 特産品の拡大　絹織物・麻織物・綿織物、酒・醬油
②移動・運輸の発展	陸上交通　五街道・脇街道、宿駅（問屋場・本陣）、関所 水上交通　東廻り・西廻り航路、南海路（菱垣廻船・樽廻船）
③流通・販売の発展	商品の種類　蔵物・納屋物　　御用商人　蔵元・掛屋・札差 問屋商人が仲間を結成→幕府が株仲間として公認 専門市場　堂島米市場など 幕府が貨幣鋳造　金貨(計数貨幣)・銀貨(秤量貨幣)・銭貨　両替商

　江戸時代前期（**17世紀後半〜18世紀初め**）の政治と、江戸時代の経済を見ていきます。

(1)　戦乱が終わり社会が安定すると、軍事力を背景とする**武断政治**に代わり、儒教道徳をもとに礼儀による秩序を築く**文治政治**が展開しました。

(2)　江戸時代は、市場経済が形成された時代です。幕藩体制の枠組みのなかで展開した経済活動を中心に、民間経済の活況にも注目します。

Ⅲ

近

世

1 文治政治への転換と元禄時代

① 文治政治への転換 （17世紀後半）

トピック 大名の改易

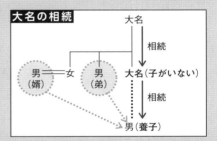

大名の相続

　大名の領地を没収する**改易**は、幕府の強大な軍事力を背景に実行されました。**武家諸法度**違反での改易に加え、大名に跡継ぎがいないことによる改易も多くありました。

　大名に男子がいない場合は、弟が養子になったり、一族の女子の婿が養子になったりして地位を継承しましたが、大名の養子には幕府の許可が必要で、幕府は大名が死ぬ直前に突然養子をとることを禁じていました（**末期養子の禁**）。したがって、子のいない大名が突然亡くなると、末期養子の禁によって養子をとれず、「御家断絶」で改易になったのです。

(1)　武断政治のもとで、何が社会問題化していたのか？

　17世紀前半は武断政治のもとで大名の改易が多く、主君を失って**牢人**となる武士が大量に発生しました。大坂冬の陣・夏の陣を経て戦乱が無くなり、牢人は戦場での活躍で登用されるチャンスが失われ、不満を持っていました。また、戦国の風潮を引きずり異様な格好で徒党を組む**かぶき者**も横行しました。

　そして、3代将軍家光が死去した直後、由井正雪が牢人を集めて幕府打倒を計画した**慶安の変**（1651）が発生したことで、幕府は危機感を持ちました。

(2)　4代将軍家綱の時代、江戸幕府はどのような政策転換を打ち出したのか？

　若年の徳川家綱が4代将軍となり、おじの保科正之（会津藩主）が将軍を支える体制のもと、幕府は末期養子の禁を緩和しました（1651）。50歳以下の大名に末期養子を許して改易を減らし、牢人の増加を防ごうとしたのです。あわせて、かぶき者の取り締まりを強化しました。

　そして、明暦の大火（1657）からの江戸復興が進むなか、成人した4代将軍家綱は殉死の禁止を命じました。主人の死後、家臣は殉死することなく主人の後継者に仕えるようになり、家臣の主人に対する「忠（奉公）」のあり方は、主人個人に対するものから、主人の家に対するものに変化しました。戦国の終焉と平和の到来にふさわしい、主従関係の安定化が図られたのです。

　政治転換は、藩政にも見られました。この時期、儒学者を招いて藩内の安定を図った大名として、岡山藩の池田光政が著名です。彼は陽明学者の熊沢蕃山を招くとともに、庶民にも門戸を開いた郷学の閑谷学校を設立しました。

②　元禄時代（17世紀末〜18世紀初め）

　5代将軍徳川綱吉は、文治政治を積極的に進めていきました（元禄時代）。

(1)　5代将軍綱吉が推進した文治政治は、どのような原理を用いたのか？

　儒教を解釈した儒学の一つである朱子学は、すでに鎌倉時代末に日本に伝来していましたが、江戸幕府はこれを支配のしくみに用いました。朱子学には、世襲の身分に基づき各々の人間がわきまえるべき「大義名分」が存在するとする考え方があ

り、身分制社会の統治にうってつけでした。

　綱吉が出した武家諸法度天和令では、「文武弓馬の道」という条文の言葉が「文武忠孝を励まし」に改められました。主君への忠と父祖への孝を強調し、儒教道徳によって社会の秩序を安定させようとする文治主義の表明です。そして、徳川家に仕えた朱子学者の林羅山が建てていた孔子廟と私塾を、湯島聖堂と聖堂学問所として整備しました。さらに、林羅山の孫である林信篤（鳳岡）を大学頭に任命し、幕府の文教政策を担当させました。

　また、貞享暦と呼ばれる新しい暦を作成した渋川春海（安井算哲）を天文方に任命し、また歌学方に北村季吟を任命するなど、幕府が学問を主導しました。

(2) 新しく登場した側用人とは、どのような役職なのか？

綱吉は、新しい幕府役職として、江戸城内で将軍と老中とを連絡する側用人を設け、柳沢吉保を任じました。側用人のなかには、将軍の信頼を受けて政治的発言力を強める者もあり、柳沢吉保や、のちに10代将軍家治の側用人となった田沼意次が、権力を行使した側用人の典型例です。

(3) 「忠臣蔵」は、どのような背景で起きた出来事なのか？

綱吉は朝幕関係の融和を図り、朝廷に資金を提供して天皇即位の大嘗祭を復活させたり、朝廷から幕府への勅使を迎える儀式を重要視したりしました。

こうしたなか、高家（儀礼をつかさどる旗本）の役割が重要となり、高家の吉良義央が江戸城中で赤穂藩主の浅野長矩に斬り付けられる事件が発生しました。浅野長矩は切腹を命じられますが、その家臣たちが吉良義央への仇討ちを果たしました。これが赤穂事件で、のちに竹田出雲の『仮名手本忠臣蔵』として人形浄瑠璃や歌舞伎の演目になりました。

(4) 生類憐みの令は、「庶民が迷惑した」悪政と言えるのか？

将軍綱吉は仏教信仰に篤く、護国寺の造営などの事業を行い、また生類憐みの令をたびたび発しました。犬を含めた極端な動物愛護の命令で、庶民生活が混乱したという面が強調されます。しかし、殺生禁断と生命保護の観念が、人間の病人・捨て子の保護にまで及んだことは、服忌令（人が亡くなったときの忌引の日数などを規定した命令で、死や血を穢れとして忌み嫌う風潮を生じさせた）と相まって、武力に頼り成り上がるという戦国期以来の価値観を断ち切ったと評価されます。一方で、服忌令は、死牛馬の処理や皮革加工を行うかわた（長吏）を穢れた存在であるとする差別を強めることにつながりました。

(5) 財政が悪化した原因は？　それに対して幕府はどのように対処したのか？

この時期の幕府は、支出の増加（明暦の大火からの復興、寺社の造営）と収入の減少（金銀鉱山の産出量減少）により、財政難となりました。これに対し、勘定所役人荻原重秀の提案に基づき、元禄金銀が作られました。金貨に含む金の割合を減らし、銀貨に含まれる銀の割合を減らすことで、貨幣の数量を増やし、その差益である出目を幕府の収入としたのです。しかし、貨幣の価値が下がることで物価が上がり、人びとの生活を圧迫しました。また、綱吉の晩年には富士山の大噴火が発生し（宝永大噴火）、降灰の被害をもたらしました。

② 正徳の治

6代将軍**家宣**・7代将軍**家継**のもとで、家宣の儒学の師であった朱子学者の**新井白石**が側用人の**間部詮房**とともに文治政治を進めました（**正徳の治**）。

① 新井白石の政治 〜朱子学者による文治政治は、どう展開したのか？

6代家宣は在職3年あまりで死去し、7代家継は幼少だったので、これまでのような将軍個人のカリスマ的指導力に頼らず、将軍職という地位の権威を高めることで、支配を安定させようとしました。そこで新井白石は、将軍職を任命する天皇の権威をさらに高めるため、新たに閑院宮家を創設して天皇家を充実させるとともに、儀礼の整備を進めて家格・身分の序列を可視化しました。

さらに、新井白石は元禄時代の貨幣政策を修正しました。当時勘定奉行に出世していた荻原重秀を辞職させるとともに、正徳金銀を鋳造し、江戸幕府が最初に発行していた慶長金銀と同じ貨幣の質に戻しました。

② 正徳の治での外交 〜外交・貿易に関する新しい政策とは？

新井白石は、新しい外交政策を行いました。6代家宣の将軍就任を祝うために派遣してきた朝鮮通信使に対し、今までの待遇が丁重であったとして**待遇を簡素化**するとともに（幕府の財政難も理由の一つ）、朝鮮からの国書における将軍の呼称を今までの「**日本国大君**」から「**日本国王**」に改めさせ、日本の代表者であるという将軍の地位を東アジア世界のなかで明確にしました。

また、幕府は17世紀末、長崎における清・オランダとの貿易を規制していましたが、新井白石は改めて海舶互市新例（1715）を発し、年間の貿易船来航数と貿易額を制限し、金・銀の海外への流出を防ごうとしました。

③ 経済発展の全国的展開

① 生産・加工の発達

トピック　近世の新田開発

「日本列島改造論」は田中角栄が掲げた政策として有名ですが、実は100年間で全国の耕地面積が約2倍になった17世紀（江戸時代前期）こそ、真の「列島改造」と言える大開発時代でした。17世紀初頭から幕府・

諸藩が新田開発を主導し、17世紀末には商人が開発資金を出す**町人請負**^(ちょうにんうけおい)
新田も登場しました。新田開発には、巨石の切出し・運搬・積上げなど戦
国時代に培われた築城技術が利用され、水路の開削や堤防の建設によっ
て、これまで洪水が多発していた河川の下流域が耕地化され、湖沼・沿岸
の干拓が進みました。

　耕地が増え、農民の次男以下などが田畑を持って自立し家族を作れるよ
うになったことで、小農（一組の夫婦を中心とする小規模な家族）が大量
に出現し、狭い耕地を家族全員で一生懸命に耕作する農業経営が広がって
いきました。ある歴史家は、こういった労働集約型の経済活動を「勤勉革
命（industrious revolution）」と呼んでいます。西洋の労働節約型の経済
活動である「産業革命（industrial revolution）」との対比が興味深いです。

（1）　近世の農業は、どのように発展したのか？

　郷土資料館などで、江戸時代の農具を見たこ
とがあるでしょうか。耕作具として深く耕せる
備中鍬^(びっちゅうぐわ)、脱穀具として稲穂から籾^(もみ)を取る**千歯**^(せんば)
扱^(こき)、選別具として籾の殻を取り除く**唐箕**^(とうみ)など
は、家族労働の農業経営に合わせた、人間の力
を最大限に発揮させる農具の改良だったのです。

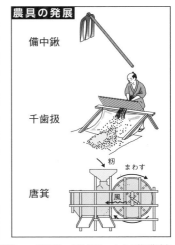

農具の発展

備中鍬

千歯扱

籾　　まわす

唐箕　　　風

　肥料では、中世以来の刈敷^(かりしき)・草木灰^(そうもくばい)や下肥^(しもごえ)な
どの自給肥料に加え、購入肥料の金肥^(きんぴ)（イワシ
を干した**干鰯**^(ほしか)、菜種をしぼった**油粕**^(あぶらかす)）が登場し、
金肥は商品作物の栽培に用いられました。

　さらに、栽培・加工の技術や経営に関する知
識が農書^(のうしょ)にまとめられました。17世紀末の**宮**^(みや)
崎安貞^(ざきやすさだ)の『**農業全書**^(のうぎょうぜんしょ)』は体系的農書の頂点に位置し、印刷・刊行により農業技
術の知識が広まり、日本の農業に大きな影響を与えました。

　都市との関係で発達した農業も重要です。三都（**江戸・大坂・京都**）や各地
の城下町に生じた膨大な消費需要を背景に、商品の原料となる商品作物の栽培
が全国に拡大しました。**四木**^(しぼく)（桑^(くわ)・楮^(こうぞ)・漆^(うるし)・茶^(ちゃ)）と**三草**^(さんそう)（藍^(あい)・紅花^(べにばな)・麻^(あさ)）が中
心で、特に藍は阿波が産地、紅花は出羽が産地でした。また、木綿の実の**綿花**^(めんか)
や、灯油の原料である油菜の実の**菜種**^(なたね)が、畿内^(きない)を中心に生産されました。

(2) 近世の諸産業と、各地の特産品には、どのようなものがあるのか？

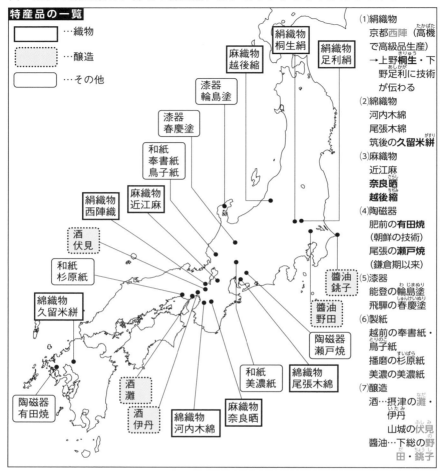

特産品の一覧

▢ …織物
▢ …醸造
▢ …その他

絹織物 桐生絹
麻織物 越後縮
絹織物 足利絹
漆器 輪島塗
漆器 春慶塗
和紙 奉書紙 鳥子紙
絹織物 西陣織
麻織物 近江麻
酒 伏見
和紙 杉原紙
綿織物 久留米絣
陶磁器 有田焼
酒 灘
酒 伊丹
綿織物 河内木綿
麻織物 奈良晒
和紙 美濃紙
綿織物 尾張木綿
陶磁器 瀬戸焼
醤油 野田
醤油 銚子

(1)絹織物
　京都西陣（高機で高級品生産）
　→上野桐生・下野足利に技術が伝わる
(2)綿織物
　河内木綿
　尾張木綿
　筑後の久留米絣
(3)麻織物
　近江麻
　奈良晒
　越後縮
(4)陶磁器
　肥前の有田焼（朝鮮の技術）
　尾張の瀬戸焼（鎌倉期以来）
(5)漆器
　能登の輪島塗
　飛騨の春慶塗
(6)製紙
　越前の奉書紙・鳥子紙
　播磨の杉原紙
　美濃の美濃紙
(7)醸造
　酒…摂津の灘・伊丹
　　　山城の伏見
　醤油…下総の野田・銚子

　漁業では、網漁が各地に広まり、松前の鰊や房総九十九里浜の鰯は金肥に加工されて商品作物栽培に使用され、また土佐の鰹の釣漁や捕鯨（鯨油は灯油や水田の害虫駆除に使用）も行われました。また、蝦夷地産の俵物（干しアワビ・干しナマコ・フカヒレ）・昆布は長崎貿易の輸出品となりました。

　三都・城下町の建設で大量の木材需要が生まれ、火事が発生すると都市再建の木材が必要となったことから、林業が盛んとなりました。領主の直轄林として、**木曽檜**（尾張藩）と**秋田杉**（秋田藩）が有名です。

　製塩業では、潮の干満を利用して海水を堤防内の砂浜へ引き込む**入浜式塩田**が、瀬戸内地方（播磨赤穂など）を中心に発達しました。

鉱山業で生産される金・銀・銅は、鋳造貨幣の素材や長崎貿易の輸出品として重要でした。江戸幕府が直轄とした佐渡金山・伊豆金山、石見大森銀山・但馬生野銀山、下野足尾銅山などに加え、秋田藩の出羽院内銀山や、大坂の**住友家**が管理を請け負った**伊予別子銅山**などがありました。

　伝統工芸などの形で現在も維持されている各地の特産品は、江戸時代に発達したものが多く見られます。特に、人びとの日常生活を支えた織物業（**絹織物・綿織物・麻織物**）や醸造業（**酒・醤油**）が注目されます。

② 移動・運輸の発展

(1) 陸上交通制度は、どのような目的で整備されたのか？

　江戸時代の宿場町や関所のなかには、現在観光地として整備されている所があり、訪れたことがある人もいると思います。幕府直轄の**五街道（東海道・中山道・甲州道中・日光道中・奥州道中**、江戸日本橋が起点）は、幕府と朝廷・幕領・日光東照宮との連絡や、大名の参勤交代などの公用に用いられました。宿場町や関所は、こうした街道の重要施設として作られたのです。**宿駅**（宿場町）は街道の一定距離ごとに置かれ、内部に問屋場と本陣が設置されました。**問屋場**は役所で、人馬が常備され、幕府役人などが移動する際に馬を乗り継げるようにしました。さらに、幕府の公文書・荷物を継送する**継飛脚**の業務も担いました。人馬は、宿場町の町人による**伝馬役**や、近隣の村々の百姓による**助郷役**で維持されました。**本陣・脇本陣**は宿泊施設で、参勤交代を行う大名・家臣や、幕府役人が利用しました（一般の人々は**旅籠**を利用）。

　宿駅とは別に、街道の要所に治安対策を目的として置かれたのが**関所**です。特に、箱根など関東の関所では「**入鉄砲に出女**」を監視し、江戸へ鉄砲が持ち込まれたり、江戸から大名の妻が逃亡したりするのを防ごうとしました。

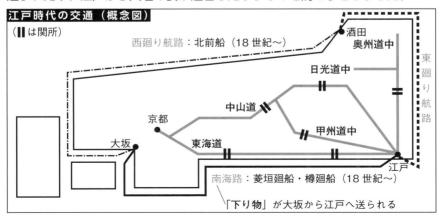

江戸時代の交通（概念図）

（‖は関所）

西廻り航路：北前船（18世紀〜）

酒田
奥州道中
日光道中
中山道
甲州道中
京都
大坂
東海道
江戸

東廻り航路

南海路：菱垣廻船・樽廻船（18世紀〜）

「下り物」が大坂から江戸へ送られる

(2) 水上交通路は、どこを拠点に、どのような形で整備されたのか？

　全国の水上交通路は、全国物資の集散地である「**天下の台所**」大坂と、全国政治の中心・最大の消費都市である「**将軍のお膝元**」江戸を２大拠点として形成されました。江戸・大坂間の海上交通路である南海路には、大型の**菱垣廻船**に加え、18世紀以降には酒樽を運ぶ小型の**樽廻船**も運航しました。江戸時代前期は関東農村の商品生産が未発達で、江戸の膨大な需要を満たせなかったため、大坂から江戸へ南海路を経由して大量の「**下り物**」が流入しました。また、江戸商人の**河村瑞賢**が出羽酒田を起点として江戸・大坂に至る**東廻り航路（海運）・西廻り航路（海運）**を整備し、18世紀以降には西廻り航路に**北前船**（日本海を拠点に遠隔地を結び、蝦夷地の産物なども取引する）が運航しました。

　河川交通では、京都商人の**角倉了以**が富士川（甲斐〜駿河）や高瀬川（京都〜伏見）を整備しました。

③ 流通・販売の発展

(1) 幕府が関与する商品流通のあり方は、どのようなものであったのか？

　江戸時代は、幕藩体制の仕組みと関連する「米の商品化」が進展した時代でした。武士は石高制に基づき米の年貢を徴収する一方で、兵農分離策に基づき都市で消費生活を行ったため、収入として得た米の換金が必要となったのです。藩（大名）は、徴収した年貢米や特産物を商品（**蔵物**）として、大坂などに設けた**蔵屋敷**に廻送します。そして、蔵元と呼ばれる商人が蔵屋敷の蔵物を売却し、**掛屋**と呼ばれる金融業者が代金の保管や藩への送金にあたりました。また、**札差**と呼ばれる商人は、旗本・御家人が将軍から与えられた**俸禄米**を売却し、代金を旗本・御家人に渡しました。このように、幕府や藩の御用商人は、武士の持つ米を売却して貨幣を獲得し、それを武士に渡す役割を担いました。

　流通の中心は、一般の商品（**納屋物**）を扱い、生産者と仲買・小売とを結ぶ**問屋商人**でした。彼らは特定の商品を扱い、同業組合の**仲間**を結成しました。幕府は、こうした仲間を通した流通統制を図り、営業独占権を許して**株仲間**とする一方、営業税の**運上**や上納金の**冥加**を納めさせました。また、問屋と仲買・小売との取引の場である**卸売市場**が設けられましたが（大坂の**堂島米市場**や江戸の**日本橋魚市場**など）、幕府は堂島米市場を公認し、米価の動向を監視してその平準化をめざしました（享保の改革のとき）。

　当時の豪商として、**三井高利**から始まる三井家が有名です。伊勢から江戸へ進出し、**越後屋呉服店**は「現金掛け値なし」（つけ払いを認めない代わり、利息もかからないので安価となる）という商法で繁昌しました。

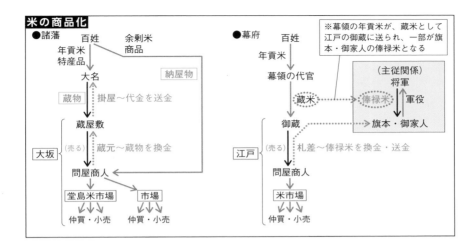

米の商品化

●諸藩
百姓 → 年貢米・特産品 余剰米・商品 → 大名
納屋物
蔵物 掛屋〜代金を送金
大名 → 蔵屋敷
大坂
(売る) 蔵元〜蔵物を換金
蔵屋敷 → 問屋商人
問屋商人 → 堂島米市場 市場
堂島米市場 ↓↓↓ 仲買・小売
市場 ↓↓↓ 仲買・小売

●幕府
百姓 → 年貢米 → 幕領の代官
幕領の代官 → 蔵米
御蔵
江戸
(売る) 札差〜俸禄米を換金・送金
御蔵 → 問屋商人
問屋商人 → 米市場 ↓↓↓ 仲買・小売

※幕領の年貢米が、蔵米として江戸の御蔵に送られ、一部が旗本・御家人の俸禄米となる

(主従関係)
将軍
俸禄米 軍役
旗本・御家人

(2) 江戸幕府が作り上げた貨幣制度は、どのようなものであったのか？

　江戸幕府は全国統一権力を作り上げて貨幣鋳造権を独占し、**三貨**（**金貨・銀貨・銭貨**）を中心とする全国統一的な貨幣制度を作りました。金貨は**小判・一分金**などが金座で造られ、枚数を数えて金額を数える**計数貨幣**でした。銀貨は**丁銀・豆板銀**などが銀座で造られ、重さを計って取引される**秤量貨幣**でした。銭貨は、3代将軍家光のころまでは中世以来の輸入銭と私鋳銭が使われていましたが、**寛永通宝**が銭座で造られると、こうした銭が混在する状態は無くなりました。また、諸藩は幕府の許可のもとで**藩札**を発行しました。

　江戸時代は、東日本で金貨を用い、西日本で銀貨を用いるという「**江戸の金遣い・大坂の銀遣い**」という状況があり、計数貨幣の金貨と秤量貨幣の銀貨との交換は面倒です。したがって、金融業者として**両替商**が発達しました。

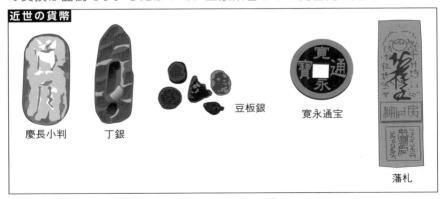

近世の貨幣

慶長小判　　丁銀　　豆板銀　　寛永通宝　　藩札

江戸幕府の政治改革 （江戸時代中期）

世紀	将軍	政権	政治	社会
18世紀前半	⑧吉宗	徳川吉宗	**1 享保の改革（1716〜45）** **①財政再建** 　上げ米　定免法　町人請負新田 **②殖産興業** 　漢訳洋書輸入の禁を緩和 **③商業政策** 　株仲間公認　堂島米市場公認 **④幕府政治の刷新** 　相対済し令　足高の制　目安箱 ●享保の飢饉	**2 村や町の変容と百姓一揆** **①農民の階層分化** 　豪農（地主・在郷商人） 　貧農（小作・賃労働者） 　商品作物の加工・販売 　→農村に貨幣経済が浸透 **②村内対立と都市騒動** 　村方騒動（豪農と貧農） 　打ちこわし（都市下層民） **③流通の自由化要求**（19世紀） 　国訴（村連合による訴訟） **④百姓一揆の展開** 　代表越訴型一揆（17世紀） 　　↓ 　惣百姓一揆（18世紀） 　　↓ 　世直し一揆（19世紀）
18世紀後半	⑨家重			
	⑩家治	田沼意次	**3 田沼時代（1767〜86）** **①商業資本の利用・貨幣政策** 　株仲間奨励（運上・冥加） 　南鐐二朱銀 **②貿易政策** 　長崎貿易の拡大 **③開発の拡大** 　印旛沼干拓　蝦夷地開発計画 ●天明の飢饉・浅間山噴火	(2)
	⑪家斉	松平定信	**4 寛政の改革（1787〜93）** **①農村復興** 　囲米の制　旧里帰農令 **②江戸の都市政策** 　石川島人足寄場　七分積金 **③体制再建** 　棄捐令　寛政異学の禁 **④対外危機への対応** 　林子平処罰　ラクスマン来航	(1)

江戸時代中期（**18世紀**）の政治と社会状況を見ていきます。

(1) この時期の政治は幕政改革を中心に展開し（18世紀前半の**享保の改革**、18世紀後半の**田沼時代**、18世紀末の**寛政の改革**）、各時期の社会状況と関連する諸政策が実施されました。

(2) 村（農民社会）や町（町人社会）は、経済の発展によって大きく変容していきました。**百姓一揆**をはじめとする様々な民衆運動にも注目します。

Ⅲ

近

世

1 享保の改革 （18世紀前半）

18世紀前半の**享保の改革**（1716～45）は、7代将軍徳川家継が幼いまま亡くなって正徳の治が終わったのち、御三家の**紀伊藩主徳川吉宗**が**8代将軍**となり、家康の時代への回帰による幕藩体制の再建をめざして始まりました。江戸幕府が「改革」を掲げた政治では、目新しい政策による変革よりも、幕藩体制の原点に立ち帰る**復古**が意識されたのです。

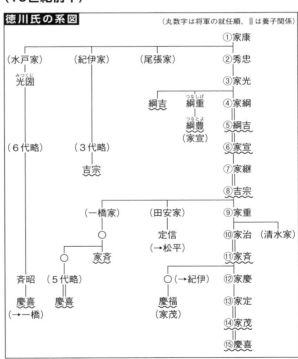

徳川氏の系図 （丸数字は将軍の就任順、‖は養子関係）

①家康
（水戸家）（紀伊家）（尾張家）②秀忠
光圀 ③家光
綱吉 綱重 ④家綱
綱豊（家宣）
（6代略）（3代略）⑤綱吉
⑥家宣
吉宗 ⑦家継
⑧吉宗
（一橋家）（田安家）⑨家重
定信（→松平）⑩家治（清水家）
家斉 ⑪家斉
斉昭（5代略）⑫家慶
慶喜 慶 慶福（家茂）⑬家定
（→一橋）（→紀伊）⑭家茂
⑮慶喜

① 財政再建 ～財政再建策は、どのような特徴を持っていたのか？

改革の柱は、5代将軍徳川綱吉のとき以来続く財政難への対処でした。緊急の策として、**上げ米の制**で、大名に対して**1万石につき100石の米**を幕府へ納めさせました。本来、武士同士の主従関係では、主君に対する家臣の奉公は軍

役（軍事奉仕）の形をとるので、家臣である大名が主君である将軍に米を納めることは、非常事態です。その代わり、大名の負担を減らすため、参勤交代での**江戸滞在期間を半減**（基本は１年から半年に短縮）させました。

　根本的な策として、年貢徴収法を変更しました。毎年の実り具合により年貢率を変える**検見法**を、年貢率を一定期間固定する**定免法**に変え、基準の年貢率を**四公六民**（４割）から**五公五民**（５割）に変えて、年貢を増徴しました。

　また、財政難のなかで、資金のある町人に新田開発を請け負わせる**町人請負新田**を奨励して、耕地面積の増加を図りました。

　こうして、幕藩体制の基盤である「米の収入」に立ち戻り、それを増やすことで財政再建を行ったのです。

② 殖産興業　〜産業奨励策には、どのような意図があったのか？

　吉宗は、**甘蔗**（サトウキビ）・**朝鮮人参**（薬の原料）・櫨（ろうそくの原料）といった商品作物の栽培を奨励したり、飢饉に備えて**甘藷**（サツマイモ）の栽培を**青木昆陽**に研究させるなど、米以外の作物の栽培も奨励することで、百姓の生活を安定させて年貢負担能力の向上を図りました。特に、琉球産の甘蔗や朝鮮産の朝鮮人参の栽培奨励は、輸入品の国産化という意味も持っていました。また、実学奨励策として西洋知識も摂取するため、中国で漢文に翻訳された洋書の輸入を、キリスト教に無関係なものについては自由にしました（**漢訳洋書輸入の禁の緩和**）。これは、のちに蘭学が発展する契機となりました。

③ 商業政策　〜当時の物価動向に、どのように対処したのか？

　吉宗は、発達した全国経済への対応も迫られました。当時は、生産が増加した米がだぶついて米価が下がるのに対し、商品需要が高まって物価が上がるという「**米価安・諸色高**」の状況でした。これは、年貢米の売却収入の減少と経費の増加という、幕藩領主の財政悪化につながる事態です。そこで、流通業者の問屋商人が業種ごとに組んでいた**仲間を公認**することで（公認されると**株仲間**となる）、流通統制による物価調節を図りました。

　一方、年貢増徴により、幕藩領主による年貢米の市場放出量が増えてさらに米価安となってしまったため、米の取引の中心であった大坂の**堂島米市場を公認**して、市場統制による米価調節を図りました。しかし、**西日本で虫害**による**享保の飢饉**が発生すると、今度は米不足で米価が高騰し、江戸におけるはじめての**打ちこわし**が発生しました。吉宗が「**米公方**（米将軍）」と称されるのは、「米の収入」への拘りに加え、米価調節に苦労し続けたことによります。

④ 幕府政治の刷新

(1) 司法政策は、何をめざしたものであったのか？

　相対済し令は、当時、金銭貸借訴訟が幕府に多く持ち込まれて幕府の業務に支障が出ていたことを受け、これを幕府が受理せずに**当事者どうしで処理**させたものです。また、幕府裁判の判例などを集めて公事方御定書を作成し、裁判や刑罰の基準を明確にしました。

(2) 都市江戸には、どのような政策が実施されたのか？

　町奉行に登用された**大岡忠相**のもとで、町ごとに町人に消火活動を行わせる**町火消**を設置するなどの改革が進められました。また、将軍吉宗は幕府の評定所の前に目安箱を設けて将軍への直訴を認めると、ここへの投書内容が病人救済施設である小石川養生所の設置として実現しました。

(3) 人材登用策と財政再建策とは、どのように関連していたのか？

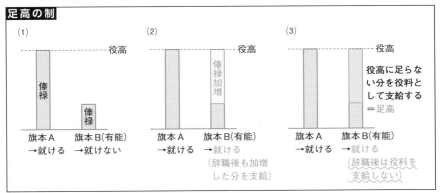

　当時、武士が幕府・諸藩の役職に就くときには、主君から御恩として与えられる俸禄が基準となっていたので、その石高が高いか低いかによって就ける役職がほぼ決まっていました。俸禄の石高が低い武士は、たとえ有能であっても重要な役職に就けなかったのです【図(1)】。しかし、石高が低くても有能な武士を登用したいからといって、本人の俸禄そのものを加増してしまうと、役職を退いた後も俸禄は高いままなので、幕府は余計な米を支給し続けることになります【図(2)】。そこで、吉宗は**足高の制**を設け、幕府の役職ごとに基準となる石高である**役高**を定め（例えば勘定奉行なら3000石）、その役高よりも少ない俸禄の旗本をその役職に就けるときには、本人の俸禄が役高に達するまで石高を足してあげることにしました。**役職に就いている間だけ支給**、つまり役

職手当として与える点がポイントで【前ページ図(3)】、人材登用のときの負担を抑えることができるため、財政再建策としても有効でした。

2 村や町の変容と百姓一揆

① 農民の階層分化 ～村の農民社会は、どのように変化したのか？

江戸時代中期以降、本百姓のなかには、集めた田畑を他の農民に貸して小作料を得る**地主**となり、あるいは農村内で商品の生産や流通に関与する**在郷商人**となる者も現れます。こうして、富裕化した豪農が各地で成長しました。一方、本百姓のなかには、田畑を失ったので地主から田畑を借りて耕作する**小作人**となり（小作料を地主に納める）、あるいは

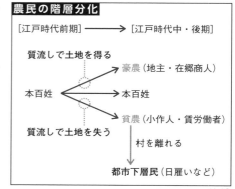

農民の階層分化

[江戸時代前期] ⟶ [江戸時代中・後期]

質流しで土地を得る

豪農（地主・在郷商人）

本百姓 ⟶ 本百姓

貧農（小作人・賃労働者）

質流しで土地を失う

村を離れる

都市下層民（日雇いなど）

雇用労働で生計を立てる**賃労働者**となる者も現れます。こうして、零細な**貧農**も各地に登場します。百姓（農民）のなかに貧富の格差が拡大したのです。

実は、田畑永代売買の禁止令が発令された後も、百姓が自分の田畑を質に入れて金銭を借り、借金が返せないためにその田畑を取られてしまう、という「質流し」は行われていました。これが、地主・小作関係を拡大させました。

こういった**農民の階層分化**（農民層の分解）は、全国的な経済発展によって、百姓（農民）も貨幣経済と関わらなければ生活が成り立たなくなったことが背景にありました。年貢を納入した後の余剰米穀を売り、入手した金銭で農具や肥料などを買うことに加え、商品作物を積極的に栽培し、加工した商品を問屋商人に売って収入を得る。このような現象が、全国各地で見られるようになりました。江戸時代の百姓（農民）の生活は自給自足が原則とされ、それを前提に幕藩領主の農村支配が行われていましたが、それが変化していったのです。

② 村内対立と都市騒動 ～階層分化を背景に発生した民衆運動とは？

このような農村の変化は、その内部で深刻な対立を生んでいきました。豪農は**村役人**（**名主・組頭**）など村の指導者層であることが多く、貧農は小作料や村の運営などをめぐって豪農と対立するようになります。こういった**村方騒動**は、18世紀以降に全国的に増えていきました。

一方、貧農が村を離れて江戸などの大都市や近くの都市に流入する傾向も強まり、日雇いなどで生計を立てる**都市下層民**が増えていきます。こういった人びとは、凶作や飢饉による米不足から米価が上がると、途端に生活が成り立たなくなります。こうして、米の安売りを要求して米屋などを襲う**打ちこわし**が、18世紀以降に全国の都市で発生するようになりました。

③ 流通の自由化要求　～国訴とは、どのような民衆運動なのか？

　こういった社会の変動は、19世紀になるとユニークな農民運動を生み出します。**大坂周辺の畿内農村**は、**綿花**などの商品作物の栽培が盛んな地域となっていましたが、大坂の問屋商人は株仲間を結成して綿製品の流通を独占しており、畿内農村では不満がたまっていました。そこで、1000を超える村が連合して、綿製品販売の自由化を幕府に認めてもらうための集団訴訟を起こしました。これは国訴と呼ばれ、百姓一揆と異なる合法的な訴願闘争です。

④ 百姓一揆の展開　～百姓一揆の形態は、どのように変化したのか？

　百姓が支配階層に抵抗する百姓一揆は、江戸時代を通して発生しました。**17世紀**は年貢の減免などを要求する村民の意向を、村役人が領主に直訴する**代表越訴型一揆**が発生し、**18世**

江戸時代の三大飢饉
●享保の飢饉（18世紀前期）…享保の改革　　　　西日本、害虫の大量発生
●天明の飢饉（18世紀後期）…田沼時代　　　　東北、冷害に加えて**浅間山噴火の降灰被害**
●天保の飢饉（19世紀前期）…文化・文政時代　　　　全国的、天候不順で凶作が継続

紀以降は全村民が団結し、他の村とも連携して集団で領主のもとに**強訴**する**惣百姓一揆**が発生し、特に大規模な飢饉が拡大したときに発生件数が激増しました。

　19世紀（**特に幕末期**）は、階層分化を背景に、貧農が特権商人や地主・豪農に対し、利益の再分配や土地取り戻しを要求する**世直し一揆**が多発しました。

3 田沼時代（18世紀後半）

　享保の改革に続く18世紀後半の**田沼時代**（1767～86）では、**田沼意次**が**10代将軍徳川家治**の信任を得て**側用人**となり、さらに老中にも就任して強い権力を握りました。彼は、これまでの幕政のあり方にとらわれない自由な発想で、発達した商品経済に積極的に対応し、商業資本を利用した政策に取り組みました。

① 商業資本の利用・貨幣政策　〜経済政策は、どこが新しいのか？

　財政再建策として、問屋商人の同業組合である仲間を積極的に公認して**株仲間を奨励**し、**運上**（営業税）や**冥加**（上納金）の徴収を増やしました。経済収入を多く得ている商人から税を多く取るのは、合理的と言えます。

　また、重さを計る**秤量貨幣**であった銀貨を、枚数をカウントする**計数貨幣**に作り替え、**南鐐二朱銀**を発行しました。「朱」という金貨の単位を付けたことがポイントで、金貨は1両＝4分＝16朱という単位換算なので、2朱×8＝16朱＝1両、つまり南鐐二朱銀**8枚**で小判1両と交換できます。<u>銀貨と金貨の交換をスムーズにして経済を活性化させようとしたのです</u>。

　実は、南鐐二朱銀は銀を原料とした金貨のようなものと考えれば、これまでの銀貨（丁銀・豆板銀）を南鐐二朱銀に作り替えていけば、「**江戸の金遣い・大坂の銀遣い**」という貨幣制度のなかで、西日本も事実上「金遣い」になります。この政策は、<u>金中心の貨幣制度への変更を試みた</u>と評価されるのです。

② 貿易政策　〜貿易政策は、どこに積極性が見られるのか？

　金・銀の流出を防ぐために制限を加えるという、これまでの消極的な貿易政策（正徳の治における海舶互市新例など）に対し、田沼は、**銅・俵物の輸出**によって**金・銀の輸入**を図るという積極策を展開しました。中国に流出した金・銀を俵

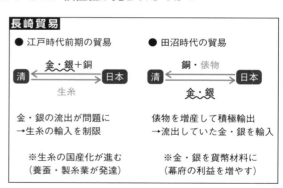

物（フカヒレなどの干した海産物）の輸出によって取り戻し、さらにその金・銀を貨幣の鋳造に向ければ幕府の利益となります。

③ 開発の拡大　〜開発計画とは？　天明の飢饉は何をもたらしたのか？

　田沼は、下総の**印旛沼の干拓**による新田開発を進めました。耕地拡大による年貢増収を図るもので、この事業を富裕な商人が請け負ったことが、商業資本を利用する田沼らしい政策と言えます。しかし、利根川の洪水で失敗しました。

　また、松前藩がアイヌとの取引の場としていた**蝦夷地の開発**を計画しました。工藤平助が幕府に提出した『**赤蝦夷風説考**』に、そのアイデアが書かれていたからです。そして、蝦夷地周辺に進出してきた**ロシアとの交易**も視野に入

れ、**最上徳内**を蝦夷地調査のために派遣しました。しかし、田沼の失脚で、蝦夷地での新田・鉱山開発や対ロシア交易は実行に移されませんでした。

　田沼失脚の背景には、飢饉の被害拡大がありました。**東北中心に冷害**による**天明の飢饉**（1782〜87）が発生し、これに**浅間山の噴火**による降灰の被害が追い打ちをかけ、百姓一揆や打ちこわしが相次ぎ、田沼政治への批判が高まりました。若年寄に出世していた子の**田沼意知**が暗殺されると、跡継ぎを失った田沼意次の勢力は衰え、10代将軍家治が亡くなると田沼意次も失脚しました。

4 寛政の改革（18世紀末）

　田沼意次の失脚後、全国の都市で打ちこわしが同時多発的に発生し（**天明の打ちこわし**）、特に「将軍のお膝元」である江戸での激しい打ちこわしは幕府権威を失墜させました。このことへの危機感を持って老中に就任した**松平定信**は、**11代将軍徳川家斉**を補佐し、18世紀末の**寛政の改革**（1787〜93）を主導しました。定信は、徳川吉宗の子孫である**三卿**（一橋・田安・清水）の**田安家**の出身で、吉宗の孫にあたりますが、譜代大名の**白河藩**松平家の養子となっていました。そして、享保の改革を理想に復古的な改革を進めました。

① 農村復興　〜天明の飢饉からの農村復興を、どう進めたのか？

　天明の飢饉では、農民が流出して荒廃した農村が多く見られました。まずは、幕府や諸藩の年貢収入の基盤となる農村を立て直す必要があります。そこで、松平定信は飢饉に備えて大名に米を蓄えさせる**囲米の制**を発するとともに、各地に**社倉・義倉**という蔵を設置させました。さらに、**旧里帰農令**を発して、都市下層民となっていた農村出身者を**故郷に帰るように**奨励しました。

② 江戸の都市政策　〜都市江戸の秩序回復を、どう進めたのか？

　当時の都市では、農村から流入した人びとが都市下層民となって狭い長屋に住み、なかには住所不定の**無宿人**となるケースもありました。天明の打ちこわしでは、こういった貧民層が多く参加したこともあって、特に江戸では一刻も早い治安対策と貧民対策が求められていました。そこで、隅田川の石川島に**人足寄場**を設け、無宿人を強制収容して職業訓練を行わせ、自立させようとしました。また、江戸の町々に対し、町の経費を節約させて、そのうちの**7割**を貧民救済の費用として積み立てさせる**七分積金**の制度を作りました。

第16章　江戸幕府の政治改革（江戸時代中期）　125

③ 体制再建

(1) 秩序回復策として、旗本・御家人と札差に何が命じられたのか？

　定信は、旗本・御家人の借金返済を免除する棄捐令を発しました。これは、幕府の政治や軍事を担う旗本・御家人の勢力を回復させる意図がありました。将軍が旗本・御家人と主従関係を結ぶとき、御恩として土地ではなく米（俸禄）を与える場合があり、その俸禄米を旗本・御家人に代わって換金した商人が札差でした。そして、旗本・御家人は、普段から俸禄米の換金を依頼している札差から借金することが多かったのです。棄捐令は、旗本・御家人にとってはありがたいですが、彼らへの貸金を放棄させられた札差は困ってしまいます。こうした、商人を多少犠牲にしてでも秩序を回復しようという改革の姿勢は、物価引き下げ令や、株仲間の一部廃止などの政策にも表れています。

(2) 朱子学を中心とする文教政策は、どのように推進されたのか？

　寛政異学の禁は、儒学のなかで朱子学だけを「正学」と定め、それ以外の儒学（古学など）を「異学」とすることで、幕府の支配を支える朱子学の復興を図ったものです。林家の私塾である聖堂学問所で、朱子学以外の儒学の講義と研究を禁

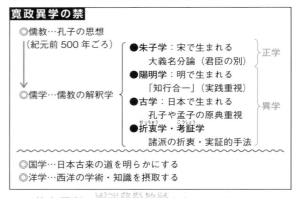

じました。聖堂学問所は、のち幕府運営の昌平坂学問所となります。

(3) 風俗統制策として、文芸の取締りはどのように行われたのか？

　定信は、当時庶民に流行していた洒落本（遊里を舞台とする短編小説）の作者である山東京伝と、黄表紙（挿し絵の入った風刺を含む小説）の作者である恋川春町を処罰しました。寛政の改革では風俗を乱したり時事を風刺したりする出版物を取り締まるなど、文化面での自由はあまり無かった時代でした。

(4) 朝廷との関係は、何を契機として動揺したのか？

　当時、光格天皇が朝廷の権威回復策を積極的に進めており、父である閑院宮典仁親王に「太上天皇」号を付与することを希望しました。しかし、松平定信

はこれを拒否し、関係する公家を処罰しました。この尊号一件により、朝廷と幕府との関係は動揺し、これと関連して11代将軍家斉の信任を失った松平定信は、在職6年あまりで老中を辞職して寛政の改革も終わりました。この事件は、それまでの朝廷と幕府の協調関係を崩す、重要な転機となりました。

④ 対外危機への対応 ～海防の強化の契機となった出来事とは？

　定信は、対外政策にも力を注ぎました。ロシア人が千島列島を南下して蝦夷地周辺で経済活動を本格化させるなか、田沼時代とはうってかわり、ロシアに対してガードを固める政策に転じました。対外防備の強化を『海国兵談』で唱えた林子平を、幕政を批判するものとして処罰する一方、ロシア使節のラクスマンが根室に来航して通商を要求した際には、拒否の姿勢を示しました。これ以降、幕府の蝦夷地対策や沿岸防備策（海防）が本格化していきます。

トピック 〈江戸幕府の政治に対する歴史的な評価

　8代将軍徳川吉宗というと、時代劇のヒーローという良いイメージがあるでしょう。幕府開設から100年以上が経過するなかで必須となった幕藩体制の再建に尽力した、「幕府中興の祖」である名君として評価されます。しかし、年貢増徴などで農村の負担が増大し、苦しめられた人びとの反発も大きく、この時期には百姓一揆が増加していく傾向も見られました。

　田沼意次は、一般的には「賄賂汚職の金権政治」で幕政を歪めたことで知られます。商業資本の積極利用は、幕府役人と富裕商人の癒着を生み、この時期には賄賂が横行しました。しかし、田沼が展開した政策は理にかなっており、積極的かつ革新的な経済政策を断行した点は評価できるでしょう。とはいえ、経済優先の思考は、人の命が圧倒的に奪われる事態には無力で、天明の飢饉による被害を食い止めることはできませんでした。

　松平定信への評価は、当時の狂歌に見られます。武士の気風を引き締める策は、「世の中にかほどうるさきものはなし　ぶんぶといふて夜もねられず」と、文武の奨励と蚊の飛ぶ音をかけて風刺され、質素倹約を勧める策は、「白河の清きに魚のすみかねて　もとの濁りの田沼こひしき」と、息苦しい清廉潔白さよりも田沼時代の方が自由で良かった、と皮肉られました。一方、現在の視点からは、天明の飢饉やロシアの接近という内外の危機に対応を迫られ、危機感が改革を後押ししたという側面も見えます。

世紀	将軍	政権	政治・社会	外交
18世紀後半	⑩家治	田沼意次	(1)	**1 対外的危機の高まり** **①ロシアの接近** 　工藤平助『赤蝦夷風説考』 　最上徳内が蝦夷地を調査 　林子平（『海国兵談』）を処罰 　ラクスマンが根室来航（1792）
		松平定信	(2) **2 文化・文政時代** **（1793～1841）** **①関東の治安対策** 　関東取締出役	
19世紀前半	⑪家斉	徳川家斉		近藤重蔵が択捉島を調査 　レザノフが長崎来航（1804） 　間宮林蔵が樺太を調査 **②イギリスの接近** 　フェートン号事件（1808） 　異国船打払令（1825）
			●天保の飢饉 **②国内的・対外的危機** 　百姓一揆・打ちこわし 　大塩の乱（1837） **③19世紀の経済** 　工場制手工業の発展 　全国流通の変化	**③アメリカの接近** 　モリソン号事件（1837）
	⑫家慶	水野忠邦	**3 天保の改革（1841～43）** **①国内的危機への対応** 　人返しの法 　株仲間解散令 **②対外的危機への対応** 　上知令 **③藩政改革** 　薩摩（調所広郷） 　長州（村田清風） 　肥前（鍋島直正）	**④アヘン戦争の影響** 　天保の薪水給与令 (3)

(1)　18世紀後半以降の**列強の日本接近**に対して危機感を持った幕府は、18世紀末から19世紀前半にかけて「鎖国」体制の維持を図りました。

(2)　19世紀前期、11代将軍家斉の**文化・文政時代**には、経済が一層発展する一方で、天保の飢饉が幕藩体制を動揺させました。

(3)　19世紀半ば、幕政改革の3番目にあたる**天保の改革**が行われました。藩政改革にも注目しましょう。

Ⅲ

近

世

1 対外的危機の高まり（18世紀末〜19世紀前半）

① ロシアの接近

(1)　18世紀後半以降のロシア接近に、幕府はどのように対処したのか？

ロシアはシベリア開発に意欲的で、ユーラシア大陸の東へと勢力を拡大し、オホーツク海や北太平洋に進出しました。

田沼時代、**工藤平助**の『**赤蝦夷風説考**』に刺激された田沼意次は蝦夷地開発やロシアとの貿易に関心を持ち、**最上徳内**を蝦夷地へ派遣しました。

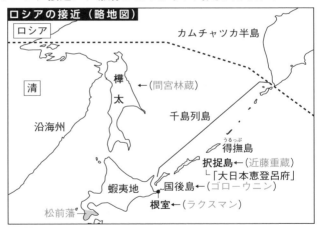

ロシアの接近（略地図）

ロシア
カムチャツカ半島
清
樺太
←（間宮林蔵）
沿海州
千島列島
得撫島
択捉島←（近藤重蔵）
└「大日本恵登呂府」
蝦夷地
国後島←（ゴローウニン）
根室←（ラクスマン）
松前藩

寛政の改革で松平定信は、『**海国兵談**』で海防強化を唱えた**林子平**を処罰したものの、ロシア使節の**ラクスマン**が漂流民の**大黒屋光太夫**を伴って**根室**に来航すると（1792）、通商要求を拒否しました。そして、幕府は江戸湾・蝦夷地の沿岸防備を諸大名に命じ、海防強化に転じました。

寛政の改革後、幕府は**近藤重蔵**らを千島列島へ派遣し、択捉島に「大日本恵登呂府」の標柱を立てさせました。さらに、下総の商人出身の**伊能忠敬**に蝦夷地の沿岸測量を命じました（のち全国の測量により「**大日本沿海輿地全図**」が完成）。地図は、外国船に対する警備体制を計画するうえでも有用でした。

⑵　**19世紀前期、ロシアとの関係はどのように展開したのか？**

　19世紀、幕府は松前藩から東蝦夷地を取り上げて直轄化するなか、ロシア使節の**レザノフ**が長崎に来航しました（1804）。幕府は通商要求を拒否したものの、ロシアとのトラブル回避を図り、外国船に薪水を給与する**文化の撫恤令**を発しました。しかし、ロシア船が蝦夷地周辺を攻撃する事件が発生します。危機感を強めた幕府は、西蝦夷地と松前藩を含めた全蝦夷地を直轄化して**松前奉行**の管轄下に置き、さらに間宮林蔵を樺太・沿海州の探査に派遣しました。

　警戒強化のなかで、**ゴローウニン事件**が発生しました（1811～13）。軍艦長の**ゴローウニン**が国後島に上陸して日本側に逮捕されると、ロシア側は報復として蝦夷地へ進出した商人の**高田屋嘉兵衛**を拘束しました。結局、嘉兵衛が送還され、その尽力でゴローウニンも釈放されて事件が解決すると、日本とロシアの緊張は緩和され、のちに蝦夷地の管轄が幕府から松前藩に戻されました。

　列強の接近の影響から、19世紀初めに幕府は**蛮書和解御用**を設け、洋書の翻訳で海外情勢把握と軍事技術導入を図りました。しかし、オランダ商館医で長崎に**鳴滝塾**を開いたドイツ人**シーボルト**が、国外持ち出し禁止の日本地図を帰国時に所持したのが露見すると、彼を国外追放しました（**シーボルト事件**）。

②　**イギリスの接近**　～強硬策への転換には、どのような背景が？

　イギリスはナポレオン１世が率いるフランスと対立し、フランスの同盟国となったオランダ（イギリスにとっては敵国）の植民地を狙いました。こうしたなか、**イギリス**軍艦**フェートン号**がオランダ船を追って長崎に侵入し、オランダ商館員を人質として薪水・食料を強要する**フェートン号事件**（1808）が発生しました。北方のロシアの脅威と重なり、幕府に衝撃を与えました。

　さらに、イギリスの捕鯨船が日本近海に出没し、出会った漁船と交易し、上陸して住民と衝突するなどの事態が相次ぐと、幕府は**異国船打払令**（1825）を発して、日本に接近する外国船を撃退して上陸を阻止することにしました。

③　**アメリカの接近**　～打払いの実行で、何が起きたのか？

　18世紀後半に独立革命によって建国された**アメリカ**合衆国は、19世紀になると西へ西へと開拓を進めて太平洋に進出していきました。こうしたなか、**アメリカ**商船**モリソン号**が通商を求めて日本に接近すると、幕府が異国船打払令を適用して撃退する**モリソン号事件**（1837）が発生しました。

　こうした政策に対し、**渡辺崋山**は『**慎機論**』を著し、洋学者の**高野長英**は『**戊戌夢物語**』を著して批判しましたが、幕府に処罰されました（**蛮社の獄**）。

④ アヘン戦争の影響　～融和策への転換は、なぜ起こったのか？

その直後、**アヘン戦争**（1840～42）で清がイギリスに敗北し、南京条約によって清は開国し香港をイギリスに割譲した、という情報が日本にも伝わってきました。当時の幕府は**天保の改革**を進めており、その一環として漂着した外国船に薪水を給与しつつ、上陸はさせないことで鎖国を維持しようという**天保の薪水給与令**（1842）を発しました。イギリスの接近に対応した異国船打払令を撤回し、それ以前にロシアの接近に対応した文化の撫恤令に戻したのです。

2 文化・文政時代（18世紀末～19世紀前期）

寛政の改革のときの11代将軍徳川家斉は約50年間在職し、子の家慶に将軍職を譲って大御所になった後も政治を主導しました。江戸時代後期（18世紀末～19世紀前期）の家斉の治世を、**文化・文政時代**、（**大御所時代**）と呼びます。

トピック　子だくさんの将軍

文化・文政時代は、外交の面では列強の接近により「鎖国」が動揺した時期にあたります。一方、国内政治は停滞し、寛政の改革で行われた倹約・引き締め政策は忘れられ、放漫政治となっていきました。

財政悪化の背景には、子だくさんな**11代家斉**の存在があります。家斉は側室を多く抱え（判明するだけで16人）、53人もの子をもうけました。拡大した大奥の維持費用と、子を大名家に跡継ぎ（養子）や正室として送り込む際の結婚費用がかかりました。そこで、かつての元禄金銀と同じ発想で、質を下げた**文政金銀**を鋳造し、差額を幕府の収益としました。

これにより貨幣量が増え、そのうえで幕府の支出増も維持されたため、世の中の金回りが良くなって景気を刺激し、三都に加えて地方市場にも大量の貨幣が流れ込み、全国的な経済発展がもたらされました。こうした19世紀前半の経済発展を背景に化政文化が栄え、都市の町人文化が地方の農村にも伝播しました。将軍の子だくさんが意外な効果を生んだのです。

① 関東の治安対策　～関東の治安悪化に、幕府はどう対処したのか？

当時の関東地方は、江戸に近いこともあって急速に経済発展しましたが、農民の階層分化も進行し、土地を失い没落した貧農が江戸へ流出して荒廃する農村が増えました。村どうしにも格差が生まれたのです。そして、無宿人や博徒

（ばくち打ち）が横行して治安が悪化する地域が生じたため、領主の区別なく関東地方を広域に巡回する**関東取締出役**を設置しました。さらに、領主の区別なく村々を組織して治安維持を行わせる**寄場組合**を編成しました。

② 国内的・対外的危機　～天保の飢饉で、どのような影響が？

　天保年間に入ると、全国的な凶作による**天保の飢饉**（1833〜39）が発生し、困窮者が農村・都市にあふれました。そして、百姓一揆や打ちこわしが多発し、特に三河・甲斐で起きた幕領での一揆は幕府支配を動揺させました。

　こうしたなか、大坂町奉行所のもと与力（役人の一つ）で陽明学者の**大塩平八郎**が、弟子や民衆とともに「貧民を救え！　民を救わない役人や商人は罰を加える！」と大坂で蜂起しました（**大塩の乱**　1837）。半日で鎮圧されたものの、もと幕府役人が公然と起こした武力反乱に幕府は衝撃を受けました。さらに、「大塩の弟子」と称した国学者の**生田万**が蜂起して越後の代官所を襲うなど、不穏な情勢が続きました。

　同じ年（1837）に**モリソン号事件**も発生し、水戸藩主の**徳川斉昭**は、こうした「内憂外患」への対処を12代将軍家慶に建言しました（『**戊戌封事**』を提出）。

③ 19世紀の経済

(1)　商品生産の形態は、どのように展開したのか？

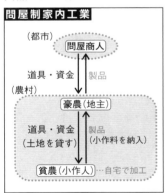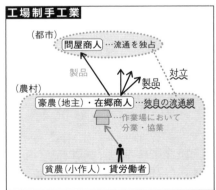

　18世紀以降、農村へ貨幣経済が浸透すると、都市の問屋商人が道具や資金を農村の農民に貸し与え、農民が原料（商品作物）を自宅で加工し、問屋商人が製品を買い取る**問屋制家内工業**が形成され、19世紀に一層発展しました。

　さらに、19世紀には、大坂周辺（摂津国・河内国）・尾張地方の**綿織物業**や、北関東（桐生・足利）の**絹織物業**で、作業場に賃労働者を集めて分業・協業で生産させる**マニュファクチュア**（**工場制手工業**）が成立しました。

(2)　諸藩は、財政難のなかで、どのような経済活動を行ったのか？

　18世紀以降、諸藩も幕府と同様に財政が悪化しました。年貢増徴が限界となるなか、諸藩は発達した商品生産の富に目を付け、藩が特産物を育成して独占的に買い取り、藩の外に販売して貨幣を入手する**藩専売制**が拡大しました。19世紀になると専売品は、大消費地の江戸へ直送するようになっていきました。

(3)　江戸周辺地域は、どのような経済成長を遂げたのか？

　19世紀になると、従来の経済の中心である西日本、特に大坂・京都周辺の上方に加え、東日本の関東を中心とする地域でも商品生産が発展しました。米や野菜など江戸で日常的に消費される物資が生産されるとともに、**野田・銚子**の醤油、**桐生・足利**の絹織物などの特産品も生まれました。こうして、江戸市場向けの生産・集荷・販売網である**江戸地廻り経済圏**が形成されました。

(4)　従来の大坂を中心とした流通ルートは、何によって崩れたのか？

　当時、日本海を拠点に西廻り航路を運航する**北前船**に加え、尾張を拠点に南海路を運航する**内海船**などの地方廻船が発達しました。これらは自ら商品を買い入れ、地方港湾での商品の売買や、地方廻船どうしでの取引を行いました。

　また、各地で成長した**豪農**（地主）のなかには、身分は百姓のまま**在郷商人**となる者もあり、農村の内外に独自の販路を開拓し、広域活動を展開しました。

　こうして、地方市場での取引が増加し、問屋商人（株仲間）の流通独占が崩れることで、「**天下の台所**」である大坂の経済的地位は低下していきました。

3 天保の改革 （19世紀中期）

　大御所の徳川家斉が死去すると、すでに**12代将軍**となっていた**徳川家慶**のもとで老中**水野忠邦**が政治改革を宣言します。農村・都市の秩序の動揺や「鎖国」の動揺に対処するため、享保・寛政の改革で行われた政治に戻る復古を掲げ、**天保の改革**（1841〜43）が始まりました。水野忠邦は、目的のためには手段を選ばない強引なやり方で、統制を強化して体制を立て直そうとしました。

① 国内的危機への対応

(1)　農村・都市の秩序回復のため、どのような姿勢で臨んだか？

　まず、水野は**倹約令**を発しました。享保・寛政の改革よりも厳しい内容で、高価な菓子・料理や華美な服を禁止するなど、将軍から庶民に至るまで倹約が徹底されました。また、当時庶民に流行していた人情本（恋愛を主題とする小

近世

III

説）の作者である**為永春水**と、**合巻**（挿し絵の入った長編小説）の作者である**柳亭種彦**を処罰するなど、出版統制や風俗取締りが徹底されました。しかし、こういった経済・文化への抑圧は、人びとの不満を高めました。

　天保の飢饉で崩れた都市の秩序を回復し、農村の再建を進めるため、**人返しの法**が発され、江戸に流入していた農村出身者の退去と**帰村を強制**しました。帰村奨励の旧里帰農令（寛政の改革）よりも強権発動です。しかし、無宿人を含む都市下層民が江戸から流出し、江戸周辺農村の治安が悪化しました。

(2)　特権を持つ株仲間に対し、どのように対処したのか？

　商業政策として、**株仲間の解散**が実施されました。水野は、物価高騰の原因が株仲間の流通独占による価格つり上げにあると考え、これまで株仲間へ与えてきた特権を奪いました。そして、在郷商人による自由な流通で江戸への流入物資を増やし、物価を下げようとしました。しかし、株仲間の消滅で流通が混乱し、大坂から江戸への商品流入量がさらに減って、江戸での物価が上がってしまいました。結局、天保の改革ののち、**株仲間の再興**が許可されました。

② 対外的危機への対応

(1)　外国船の接近・漂着に、どのように対処したのか？

　当時、中国大陸では**アヘン戦争**が進行し、勝利したイギリスが清を開国させたという情報が日本にも伝わってきました。危機感を持った幕府は、異国船打払令を撤回して**天保の薪水給与令**を発し、漂着した外国船との紛争を避けて退去させました。一方、西洋の砲術も取り入れた軍事力強化を図りました。

　さらに、田沼時代に実施された**印旛沼の干拓**を再開しましたが、今回は新田開発よりも運河を開削する掘割工事が目的でした。

印旛沼の掘割工事

外国船が江戸湾を封鎖した場合、大坂からの廻船を迂回させ（太平洋→銚子→利根川→印旛沼→江戸湾）、江戸まで物資を運ぶのが狙いでした。しかし、水野の失脚で失敗しました。

(2)　対外防備に関わる幕府権力の強化策は、なぜ失敗したのか？

　天保の改革が始まる直前、江戸湾の海岸防備に関与して財政難だった川越藩を豊かな庄内藩へ、庄内藩を長岡藩へ、長岡藩を川越藩へ、という玉突き転封

の**三方領知替え**が発表されました。しかし、領民の反対もあり、改革開始直後に撤回されました。転封を大名に強制できなかったことは、幕府権力の衰退と藩権力の自立化を示すものとなりました。

天保の改革で幕府が発した**上知令**は、**江戸・大坂**周辺の大名・旗本領の約50万石の土地をすべて幕領にする計画でした。農業生産力が高いこの地域を直接支配し、江戸や大坂が外国船に包囲された際の対処を想定した対外防備強化策だったのです。しかし、領地の移転を強制される大名・旗本の反対で上知令は実施できず、批判が高まるなかで水野は老中を罷免され、天保の改革はわずか３年で失敗に終わりました。

その10年後の1853年にペリーが来航し、19世紀後半に近代が始まります。

③ 藩政改革　〜諸藩は何を課題とし、どう対処しようとしたのか？

18世紀後半の藩政改革では、財政難を克服するための殖産興業や、**藩学（藩校）**の開設・再興による藩士教育が藩主主導で行われました。米沢藩主**上杉治憲（鷹山）**は、この時期の「名君」とされます。

19世紀の藩政改革では、有能な中下級藩士を登用したり、西洋の技術を導入して軍事力を増強したり、藩営工場でマニュファクチュアを推進したりしました。薩摩藩では島津氏のもとで**調所広郷**の改革が、長州藩では毛利氏のもとで**村田清風**の改革が、それぞれ進められました。また、肥前藩では藩主**鍋島直正**が、水戸藩では藩主**徳川斉昭**が、それぞれ改革を主導しました。「薩長土肥」と称されますが、この時期に藩政改革を進めて藩権力の強化に成功した**雄藩**は、のち幕末の政治を主導するとともに、その出身者が明治維新を主導しました。

世紀	文化	時期と特徴
16世紀後半	**1 桃山文化** ○**建築・美術** 　城郭建築　障壁画（濃絵）　風俗画 ○**芸能・文芸** 　侘茶(千利休)　阿国歌舞伎　キリシタン版	16世紀後半（桃山時代） 織豊政権 豪華・壮大 南蛮文化の影響
17世紀前半	**2 江戸初期の文化** ○**建築・美術** 　権現造　装飾画（俵屋宗達） ○**学問** 　朱子学（林羅山）	17世紀前半（寛永期） 幕藩体制確立期（3代将軍家光） 桃山文化を継承し洗練させる
17世紀後半 18世紀前半	**3 元禄文化** ○**文学・芸能** 　浮世草子（井原西鶴） 　俳諧（松尾芭蕉） 　人形浄瑠璃（近松門左衛門） 　歌舞伎（市川団十郎・坂田藤十郎） ○**学問** 　儒学（朱子学・陽明学・古学） 　歴史学・本草学・和算・国文学 ○**美術** 　装飾画（琳派）　浮世絵（菱川師宣）	17世紀後半〜18世紀初め 幕藩体制安定期（5代将軍綱吉） 上方（大坂・京都）の経済発展 →富裕な町人が担い手に 現実主義的 儒学など学問の発展
18世紀後半 19世紀前半	**4 江戸中・後期の文化** ○**学問・思想・教育** 　洋学（杉田玄白・前野良沢・大槻玄沢） 　国学（本居宣長・平田篤胤） 　尊王論・経世論・農政論 　思想全般（心学・身分論・無神論） 　藩学・郷学　私塾　寺子屋 ○**文学** 　洒落本　黄表紙　人情本　合巻 　読本　滑稽本　川柳・狂歌 ○**美術** 　浮世絵（錦絵／喜多川歌麿・葛飾北斎）……(2) 　文人画　写生画　西洋画 ○**生活** 　寺社参詣・巡礼	18世紀後半（宝暦・天明期） 19世紀前半（文化・文政期） 江戸を含め全国の経済発展 →都市の下層町人も担い手に →地方の豪農が文化を受容 幕藩体制の動揺、列強の接近 →合理的・実証的学問の発展 (1)

16世紀後半〜19世紀前半に展開した近世文化の概略を見ていきます。

⑴⑵　近世では、統一権力の全国支配のもと、担い手の階層が拡大していきました。戦国大名・豪商が担った豪華・壮大な**桃山文化**や、幕藩体制確立期の**江戸初期の文化**を経て、社会の安定や全国経済の発達を背景とする武士や上方（大坂・京都）町人の**元禄文化**、さらには都市文化の地方農村への拡大も含めた豊かで多彩な**江戸中・後期の文化**が展開していきました。

Ⅲ

近世

1 桃山文化（16世紀後半）

　桃山文化は**信長・秀吉政権**（織豊政権）期の文化です。大名の強大な権力や豪商の経済力が美術に表現され、重層の**天守閣**を含む**城郭建築**が発達し（姫路城）、襖や屏風に描いて住居を飾る**障壁画**には、金箔の上に濃彩で描く**濃絵**（狩野永徳『**唐獅子図屏風**』）や、水墨画（長谷川等伯『**松林図屏風**』）が用いられました。**風俗画**では、京都内外の生活を描く『**洛中洛外図屏風**』が著名です。

　現在につながる伝統文化では、秀吉に仕えた堺商人**千利休**が**侘茶**を大成しました。また、**出雲阿国のかぶき踊り**（阿国歌舞伎）から始まった**歌舞伎**や、**三味線**伴奏での語りと人形操りの**人形浄瑠璃**といった芸能も登場しました。

　ヨーロッパとの接触で生じた**南蛮文化**では、ヴァリニャーニが伝えた**活字印刷術**で**キリシタン版**が出版され、日本人が『**南蛮屏風**』を描きました。「カステラ・カルタ・パン・カッパ」の日本語に**ポルトガル語**の影響が見られます。

2 江戸初期の文化（17世紀前半）

　江戸初期の文化は**幕藩体制確立期**（3代家光の寛永期が中心）の文化です。体制を支える学問として、**朱子学**を中心に儒学が盛んになりました。京都五山の相国寺で学んだ**藤原惺窩**が近世儒学の祖とされ、弟子の**林羅山**が家康に仕えて以来、子孫の**林家**は代々幕府の文教政策を担当する儒者となりました。

　桃山文化の継承は美術に見られ、装飾彫刻を用いた豪華な**権現造**（「見ざる言わざる聞かざる」の**日光東照宮**）や、書院造に茶室建築を取り入れた**数寄屋造**（**桂離宮**）が登場しました。また、デザインと構図を工夫した**装飾画**では、京都町衆の**俵屋宗達**がユーモラスな『**風神雷神図屏風**』を描きました。

3 元禄文化（17世紀後半～18世紀初め）

　元禄文化は**文治政治**の時期（5代綱吉の元禄期が中心）の文化です。

●文学・芸能：**井原西鶴・松尾芭蕉・近松門左衛門**が元禄文芸をリードしました。大坂町人の西鶴は、人びとのリアルな生活や感情を描いた**浮世草子**を創始し、愛欲を描く**好色物**（『好色一代男』）や豪商三井などを描く**町人物**（『日本永代蔵』）を著しました。「古池や蛙飛びこむ水の音」の句で知られる芭蕉は、連歌から上の句（5.7.5）を独立させた民衆文芸の**俳諧**を発展させ、幽玄閑寂の**蕉風（正風）俳諧**を確立し、紀行文『**奥の細道**』を残しました。近松は**人形浄瑠璃**の脚本を書き、世相を題材とした**世話物**（義理と人情の狭間で苦悩する人間を描く『曽根崎心中』）や、歴史を題材とした**時代物**（明の再興をめざす鄭成功がモデルの『国性爺合戦』）で共感と人気を呼びました。

　歌舞伎は成人男性の**野郎歌舞伎**となって芝居小屋での舞台演劇に発展し、**荒事**を演じた**市川団十郎**や**和事**を演じた**坂田藤十郎**の名優が生まれました。

●儒学：儒教的徳治主義による文治政治のもと、**儒学**が幕府・諸藩に受容されました。**朱子学**（**京学・南学**）では林家の**林信篤**が5代綱吉のもとで**大学頭**となり、**新井白石**が幕政の**正徳の治**を推進しました。**陽明学**は、朱子学の理論重視を批判して**知行合一**（理論と実践の一致）を説き、**熊沢蕃山**は岡山藩の**池田光政**に仕えましたが、『**大学或問**』で幕政を批判したため処罰されました。**古学**は、孔子・孟子の儒教へ回帰することを説き、孔孟の人物を理想化する**聖学**では**山鹿素行**が『**聖教要録**』で朱子学を批判したため処罰されました。『論語』『孟子』の解釈を重視する**古義学派**では**伊藤仁斎**が京都堀川に私塾**古義堂**を開きました。漢文学から経世論へと展開した**古文辞学派**では**荻生徂徠**が江戸に私塾**蘐園塾**を開き、武士の土着を説いた『**政談**』を8代吉宗へ提出しました。

●諸学問：儒学の合理的思考は実証的な研究方法を生み、諸学問の発展を促しました。歴史学では史料に基づく史実の考証が進み、水戸藩の**徳川光圀**が『**大日本史**』編纂事業を始め、**新井白石**が時代区分論で幕府の正統性を合理化した『**読史余論**』を著しました。動植物や鉱物の薬効を研究する**本草学**では**貝原益軒**が研究を進め、農業の経験知を集めた**農学**では**農書**（宮崎安貞『農業全書』）が普及して技術伝播や生産向上に寄与しました。天文学では**渋川春海**（**安井算哲**）が天体観測に基づいて**貞享暦**を作成し（のち幕府**天文方**となる）、国文学では**契沖**が万葉集を実証的に研究して『**万葉代匠記**』を著しました。

●美術；京都では**尾形光琳**が俵屋宗達の**装飾画**を継承し、**琳派**をおこしました。江戸では都市風俗を描く**浮世絵**を**菱川師宣**が創始し（『見返り美人図』）、**版画**技法の発明により浮世絵は大量生産で安価となり、庶民に流布しました。

4 江戸中・後期の文化（18世紀後半〜19世紀前半）

江戸中・後期の文化は、18世紀後半中心の**宝暦・天明期の文化**（田沼時代・寛政改革）と19世紀前半の**化政文化**（大御所時代・天保改革）を含みます。

III

近世

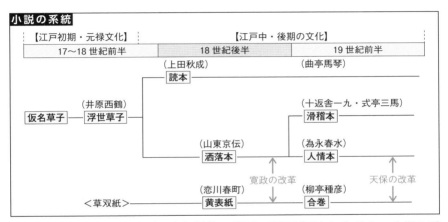

小説の系統

【江戸初期・元禄文化】	【江戸中・後期の文化】	
17〜18世紀前半	18世紀後半	19世紀前半

●文学・芸能：紙の生産増や木版技術の発展で**出版**が盛んになると、文学の受容が拡大しました。18世紀後半、歴史・伝説を題材とする長編小説の**読本**（**上田秋成**）に加え、遊里を舞台に遊女と客の会話を主体とした**洒落本**（**山東京伝**）や、大人向け挿絵入り風刺小説の**黄表紙**（**恋川春町**）も登場しました。田沼時代の自由な風潮のなかで流行した**洒落本**と**黄表紙**は、**寛政の改革**では風俗を乱すとして弾圧されました。19世紀前半、庶民の軽妙な生活を会話主体に描く**滑稽本**（**十返舎一九**『東海道中膝栗毛』・**式亭三馬**）や、町人の情話・恋愛を描く**人情本**（**為永春水**）が登場し、洒落本の「会話」が滑稽本に、「男女」が人情本に、それぞれ継承されました。さらに、黄表紙を数冊とじ合わせた挿絵入り小説で古典を題材とした**合巻**（**柳亭種彦**）も登場し、黄表紙の「挿絵」が合巻に継承されました。文化・文政時代の経済発展を背景に庶民に流行した**人情本**と**合巻**は、**天保の改革**の風俗取締りで弾圧されました。一方、読本では**曲亭（滝沢）馬琴**（『南総里見八犬伝』）が勧善懲悪の作品で人気を得ました。
俳諧は農村の豪農層にも句作が広まり、各地に俳諧のサークルができまし

た。写生的な句を詠んだ**与謝蕪村**や農民の生活感情を詠んだ**小林一茶**が著名です。風刺・皮肉の**川柳**（5.7.5）や**狂歌**（5.7.5.7.7）も流行しました。また、脚本作家として、18世紀前半の**竹田出雲**（人形浄瑠璃『仮名手本忠臣蔵』）や19世紀前半の**鶴屋南北**（歌舞伎『東海道四谷怪談』）が活躍しました。

●**蘭学**（洋学）：江戸時代における西洋文明の摂取は科学技術に限られ、蘭学は実用的学問として受容されました。享保の改革で**漢訳洋書の輸入を解禁**したことで中国経由で西洋知識の導入が本格化し、18世紀後半、**前野良沢・杉田玄白**らが医学書『**ターヘル＝アナトミア**』を訳した『**解体新書**』を刊行するなど、オランダ語の翻訳による西洋知識の直接摂取が進みました。**エレキテル**の実験で有名な**平賀源内**も登場しました。田沼時代の規制の無い自由な雰囲気も、蘭学発展を促したのでしょう。19世紀前半、列強の接近の影響で世界地理研究も盛んになり、**伊能忠敬**は幕命で蝦夷地の測量から始めて全国をめぐり、のちに驚異的な正確さを誇る『**大日本沿海輿地全図**』が完成しました。また、幕府も洋学の実用性を認めて摂取を図り、天文方の**高橋景保**の建議で設置された**蛮書和解御用**が洋書の翻訳にあたりました。洋学塾の設立も進み、18世紀後半の**芝蘭堂**（玄白・良沢の弟子の**大槻玄沢**が**江戸**に開く）に続き、19世紀前半には**シーボルト**が**長崎**に鳴滝塾を開き（高野長英がここで学ぶ）、**緒方洪庵**が**大坂**に**適塾**（適々斎塾）を開きました（福沢諭吉がここで学ぶ）。しかし、**シーボルト事件**や**蛮社の獄**など、幕府による規制や弾圧も行われました。

●**国学**：『万葉集』や『古事記』の研究を通じ、儒教・仏教などの外来思想を排して日本古来の道（**古道**）を説く国学が生まれました。18世紀後半、**本居宣長**は古語の用例研究をもとにした『古事記』の注釈書である『**古事記伝**』を著し、国学を大成しました。また、**塙保己一**は和学講談所で古書を分類・整理して『**群書類従**』を編纂・刊行しました。19世紀前半の国学は国粋主義・排外主義を強め、**平田篤胤**が日本古来の純粋な信仰を説く**復古神道**を唱えました。平田の思想は地方の武士や豪農に浸透し、幕末の尊王攘夷運動に影響しました。

●**学問・思想**：**尊王論**は朱子学に基づき天皇を「王者」として敬い、天皇に任命された将軍の権威を高めるものでしたが、『大日本史』編纂事業から生じた**水戸学**では、幕藩体制が動揺するなかで**藤田東湖**や**会沢安**らが外国を排斥する**尊王攘夷論**を説きました。**経世論**は幕藩体制の改良を説くもので、**海保青陵**は藩専売制を主張し、**本多利明**は『**経世秘策**』で開国貿易論を展開し、**佐藤信淵**は産業国営化と対外進出を説きました。農政論は相次ぐ飢饉のなかで農村復興

を図るもので、二宮尊徳は勤労や倹約を旨とする報徳仕法を推進しました。

　身分制社会や既成の教学への疑問を投げかける思想も生まれました。石田梅岩は、町人の倫理・道徳である心学を京都で創始しました。安藤昌益は『自然真営道』で、誰もが自ら耕作する「自然の世」を理想とし、身分制社会を批判しました。大坂町人出資の懐徳堂で学んだ山片蟠桃は合理主義を突き詰め、『夢の代』で霊魂や精神の存在を否定する無鬼論（無神論）を唱えました。

●教育：江戸時代は教育が普及した時代でした。諸藩は藩学を設置し、庶民にも門戸を開く郷学を設置する藩もありました（岡山藩池田光政の閑谷学校）。読み書き・そろばんを教える寺子屋は都市に加え農村にも広がりました。

浮世絵の変遷

	【江戸初期・元禄文化】		【江戸中・後期の文化】		
	17世紀〜18世紀前半		18世紀後半		19世紀前半
	菱川師宣	鈴木春信	喜多川歌麿	東洲斎写楽	葛飾北斎・歌川広重
〔技法〕	（墨刷り）	錦絵			
〔画題〕	美人画			役者絵	風景画
〔構図〕	（全身像）		大首絵		

●美術：18世紀後半、鈴木春信が1枚の紙に多くの色を重ねて刷る錦絵の技法を完成すると、ビジュアル的にも美しい浮世絵は江戸の庶民に好まれ、地方への江戸土産にもなって全国に流布していきました。18世紀末、顔を中心に上半身のみを描く大首絵の構図が登場し、美人画では喜多川歌麿が、歌舞伎の人気の高まりを背景とする役者絵では東洲斎写楽がこの構図を用いました。19世紀前半、経済的余裕を持つようになった庶民の旅行が流行したことで（伊勢神宮・信濃善光寺・讃岐金比羅宮などへの寺社参詣や霊場をめぐる巡礼が盛んとなった）、各地の自然や生活を描く風景画も流行し、『富嶽三十六景』（葛飾北斎）や『東海道五十三次』（歌川広重）は大胆な構図や繊細な色彩を用いた傑作です。浮世絵は開国後に海外に紹介され、19世紀後半にフランスで日本美術への関心が強まるなか（ジャポニスム）、印象派の画家に強いインパクトを与えました。あのゴッホも、歌川広重の絵をいくつも模写しています。

　明・清の画風に倣った文人画は文化人が余技として描くもので、池大雅・与謝蕪村は『十便十宜図』を描き、のちに渡辺崋山が出ました。西洋の遠近法も取り入れた写生画では、円山応挙の円山派などが上方の豪商などに受け入れられました。洋学の発達とともに油絵の技法が日本に伝えられると、平賀源内が西洋画を取り入れ、彼に学んだ司馬江漢は日本初の銅版画を制作しました。

近代・現代 総合年表

世紀	将軍	政治	外交・社会・経済
19世紀後半	⑫家慶	第19章 3 幕末の政治	第19章 1 開国
	⑬家定		
	⑭家茂		第19章 2 開港と貿易
	⑮慶喜		

年代	内閣	政治	外交	社会・経済	文化
1860年代		第20章 1 明治維新	第20章 3 明治初期の外交	第20章 2 殖産興業	第25章 1 文明開化
1870年代			第21章 1 自由民権運動	第22章 1 条約改正	第23章 1 松方財政と寄生地主制	
1880年代	伊藤①	第21章 2 立憲体制の形成	第22章 2 日清戦争	第23章 2 近代産業の形成 / 第23章 3 社会運動の発生	第25章 2 明治の文化
	黒田				

※内閣の①・②は第1次・第2次内閣を表す。

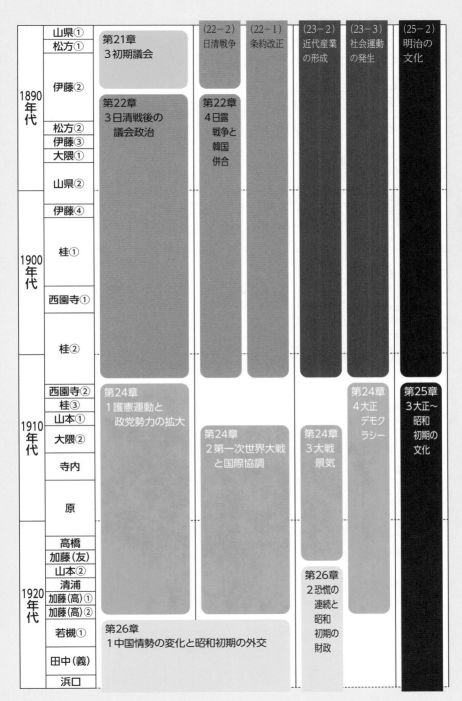

			(22-2) 日清戦争	(22-1) 条約改正	(23-2) 近代産業 の形成	(23-3) 社会運動 の発生	(25-2) 明治の 文化
1890 年代	山県① 松方①	第21章 3 初期議会					
	伊藤②						
	松方② 伊藤③ 大隈① 山県②	第22章 3 日清戦後の 　議会政治	第22章 4 日露 　戦争と 　韓国 　併合				
1900 年代	伊藤④ 桂① 西園寺① 桂②				近代産業 の形成		明治の 文化
1910 年代	西園寺② 桂③ 山本① 大隈② 寺内 原	第24章 1 護憲運動と 　政党勢力の拡大	第24章 2 第一次世界大戦 　と国際協調		第24章 3 大戦 　景気	第24章 4 大正 　デモク 　ラシー	第25章 3 大正～ 　昭和 　初期の 　文化
1920 年代	高橋 加藤(友) 山本② 清浦 加藤(高)① 加藤(高)② 若槻① 田中(義) 浜口	第26章 1 中国情勢の変化と昭和初期の外交			第26章 2 恐慌の 　連続と 　昭和 　初期の 　財政		

IV

近代・現代

年代	内閣	政治	外交	社会・経済	文化
1930年代	（浜口）	（26-1）中国情勢の変化と昭和初期の外交		（26-2）恐慌の連続と昭和初期の財政	（25-3）大正～昭和初期の文化
	若槻②	第26章 3満州事変と軍部の台頭			
	犬養				
	斎藤				
	岡田				
	広田	第27章 1日中戦争と総動員体制			
	林				
	近衛①				
	平沼	第27章 2第二次世界大戦と翼賛体制			
	阿部				
1940年代	米内				
	近衛②				
	近衛③	第27章 3太平洋戦争と敗戦			
	東条				
	小磯				
	鈴木（貫）				
	東久邇宮	第28章 1戦後の民主化政策			第30章 4戦後の文化
	幣原				
	吉田①				
	片山				
	芦田				
	吉田②	第28章 2冷戦の拡大と占領政策の転換			
	吉田③				
1950年代	吉田④	第29章 1サンフランシスコ講和と独立		第30章 1高度経済成長と国民生活	
	吉田⑤				
	鳩山（一）	第29章 2 55年体制の成立			
	石橋	第29章 3保守長期政権と戦後の外交			
	岸				

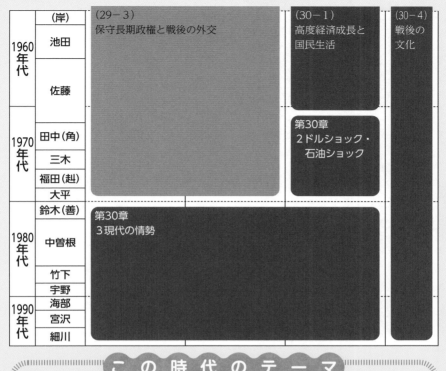

1960年代	（岸）	（29-3） 保守長期政権と戦後の外交	（30-1） 高度経済成長と 国民生活	（30-4） 戦後の 文化
	池田			
	佐藤			
1970年代	田中（角）		第30章 2 ドルショック・ 石油ショック	
	三木			
	福田（赳）			
	大平			
1980年代	鈴木（善）	第30章 3 現代の情勢		
	中曽根			
	竹下			
	宇野			
1990年代	海部			
	宮沢			
	細川			

Ⅳ

近代・現代

この時代のテーマ

第19章 欧米列強との接触：開国と開港貿易、幕末の政局の展開を追っていきます。

第20章 明治政府の成立：明治政府による近代化政策（政治・経済・外交）を見ていきます。

第21章 立憲政治の展開：政治史の重要テーマである自由民権運動と立憲体制を扱います。

第22章 日清・日露戦争：条約改正、日清・日露戦争と日朝関係という外交史が中心です。

第23章 資本主義の形成：松方財政、近代産業形成と社会運動という社会経済史が中心です。

第24章 第一次世界大戦：大正期の政党政治、第一次大戦と国際協調、大戦景気を扱います。

第25章 近代文化：文明開化、明治期の文化、大正～昭和初期の文化を見ていきます。

第26章 政党内閣の時代と満州事変：昭和期の中国情勢と反復恐慌、満州事変がテーマです。

第27章 日中戦争・太平洋戦争：総動員・翼賛体制、太平洋戦争への過程と敗戦を扱います。

第28章 占領下の日本：戦後の民主化から、冷戦の拡大と占領政策の転換までをながめます。

第29章 国際社会への復帰：サンフランシスコ講和、55年体制、保守長期政権がテーマです。

第30章 現代の日本：高度経済成長、ドルと石油の「ショック」、現代の情勢、これで終了！

年代	将軍	政治	外交
1840年代	⑫家慶	**3 幕末の政治** **①幕政の転換** 【老中阿部正弘】 朝廷へ報告、大名の意見を聞く 【老中堀田正睦】 将軍継嗣問題（一橋派・南紀派） 孝明天皇の条約勅許が得られず	**1 開国** **①開国への道** オランダの開国勧告 ペリー来航（1853）（アメリカの要求） プチャーチン来航（ロシアの要求） ペリーとの交渉→日米和親条約 （片務的な最恵国待遇） **②通商条約の締結** ハリスとの交渉→日米修好通商条約 （領事裁判権の承認・関税自主権の欠如）
1850年代	⑬家定	【大老井伊直弼】 勅許なしで通商条約に調印 将軍を慶福（家茂）に決定 安政の大獄 桜田門外の変（1860） 【老中安藤信正】 公武合体運動 →和宮と将軍家茂の婚姻 坂下門外の変	**2 開港と貿易** **①対欧米貿易の開始** 横浜が中心　イギリスが中心 生糸などを輸出　綿織物などを輸入 **②国内社会への影響** 流通の変化→五品江戸廻送令 金の海外流出→万延小判を鋳造 物価高騰→打ちこわし・攘夷運動
1860年代	⑭家茂	**②雄藩の政治進出** ○薩摩藩（公武合体派） 幕政改革要求→文久の改革 生麦事件→薩英戦争 ○長州藩（尊王攘夷派） 幕府に攘夷を要求→攘夷を決行 ○薩長の対決 八月十八日の政変 禁門の変 第1次長州征討 四国艦隊下関砲撃事件 ○討幕運動 薩長同盟 第2次長州征討 大政奉還（1867）	(1) (2)
	⑮慶喜	王政復古の大号令 小御所会議	(3)

第 19 章 の テ ー マ

　1850年代～60年代の江戸時代末期（幕末）から近代が始まります。

(1)　**ペリー来航**により日本は開国し、欧米列強と**不平等条約**を結びました。そして、開港と対欧米貿易の開始が、日本社会を変化させました。

(2)　ペリー来航以降、老中・大老が対外交渉と幕政変革に取り組み、**桜田門外の変**後は、**薩摩・長州**が朝廷と結んで日本政治を動かしていきました。

(3)　近代史は判明する歴史的事象が多く、事態が刻々と変化するので、10年単位（例えば「1860年代」という枠組み）で区切りましょう。

1 開国（1840～50年代）

トピック　**欧米列強のアジア進出と日本**

　アメリカは、日本では田沼時代にあたる、18世紀後半に建国されました。国土は大陸東岸（大西洋岸）から西岸（太平洋岸）まで拡大し（カリフォルニアでの金鉱発見によるゴールド・ラッシュも西岸への人口移動を促進）、19世紀半ばに北太平洋での経済活動（**捕鯨**や**清との貿易**）が活発になると、燃料・水・食料を入手する**寄港地**の役割を日本に期待しました。ペリーは浦賀来航の直前に琉球を訪れ、下田・箱館の開港を定めた日米和親条約調印の直後に琉球と条約を結んでおり（箱館・下田・琉球は、ほぼ等距離に位置する）、アメリカの総合的な東アジア戦略がうかがえます。

　また、欧米の対外進出の背景には、機械制生産の進展（**産業革命**）がありました。機械は人間の出せないパワーを休むことなく出し続けるので、原料不足と製品余剰を生じさせます。こうして、原料供給地や製品市場が不可欠となり、**植民地・権益**の獲得や**不平等条約**による経済進出を進め、その波が幕末の日本にも押し寄せてきたのです。

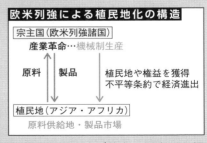

欧米列強による植民地化の構造

宗主国（欧米列強諸国）

産業革命…機械制生産

原料　製品　　植民地や権益を獲得　不平等条約で経済進出

植民地（アジア・アフリカ）

原料供給地・製品市場

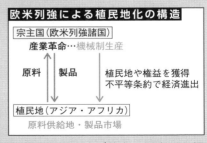

① 開国への道

(1) 和親条約の不平等性は、どのような点にあるのか？

　天保の改革の直後、幕府は「鎖国」を理由に、**オランダ国王の開国勧告**（1844）や、アメリカの**ビッドル**による通商要求（1846）を拒絶しました。しかし、**ペリー**がビッドルの失敗を教訓に、軍事力を誇示して開国と通商を迫ると（**1853年**、軍艦4隻で相模浦賀へ来航）、12代将軍家慶が病に倒れる状況下で幕府は決定を避け、ペリーを帰国させました（将軍は13代家定に）。「黒船」に**蒸気船**が含まれたことから、「太平の眠りを覚ます上喜撰たった四杯で夜も寝られず」（「上喜撰」＝上等の茶）という狂歌も登場しました。

　翌年ペリーが再来航し、幕府は**日米和親条約**（1854）を結びました。伊豆下田と蝦夷地箱館を開港し、アメリカ船が望む物資は幕府が供給しました。政府の規制が無い自由貿易は許可せず、幕府のしたたかな交渉がうかがえます。

　しかし、**片務的**な**最恵国待遇**が規定されました。「近代国家の三要素」の一つである**主権**は、国内の個人や集団を支配し、国外からの干渉を退ける独立性・対等性を持ちます。他国よりも不利にならないように優遇する**最恵国待遇**について、それを与える義務が日

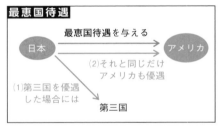

本にのみ存在するのは（**片務的**）、主権の面でアメリカと対等とは言えません。

(2) 江戸幕府は、ロシアとどのように向き合ったのか？

　ペリーと同じタイミングでロシアの**プチャーチン**が**長崎**へ来航し、翌年に結ばれた**日露和親条約**では、千島列島の**択捉島**と**得撫島**の間を日露間の国境としました（**樺太**は両国の国境を定めず）。

　こうして、日本は米・英・露・蘭の4カ国と国交を樹立し、「鎖国」体制を転換しました。

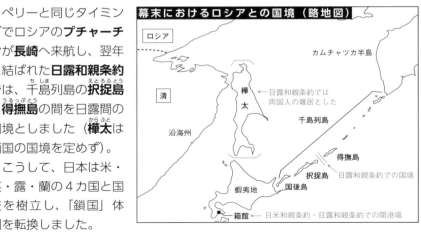

幕末におけるロシアとの国境（略地図）

② 通商条約の締結　～修好通商条約の不平等性は、どこにあるのか？

　和親条約で許されなかった自由貿易を実現すべく、アメリカは通商条約の締結を日本に迫りました。下田に着任した総領事**ハリス**は幕府と交渉を始め、**アロー戦争**（イギリス・フランスが清に仕掛けた戦い）の状況を幕府に説くと、幕府は**日米修好通商条約**（1858）を結んで自由貿易を許可しました。

　神奈川（実際は**横浜**）・**長崎**・**新潟**・**兵庫**（実際は**神戸**）の開港と下田の閉港が規定されたものの、新潟と兵庫は開港が遅れ、**横浜・箱館・長崎**で貿易が始まりました。一方、外国人の居住を開港場の**居留地**に限定し、日本国内での外国人の内地雑居を認めなかったことで、欧米の経済的侵略を防ぎました。

　しかし、**協定関税制**と**領事裁判権の承認**が規定されました。安い外国の品が輸入されると日本の品は売れませんが、関税をかけると日本の品は売れるようになります。**関税**は国内産業を保護する機能を持ち、輸入側が一方的に関税率を決めることは主権の行使に該当するので（**関税自主権**）、

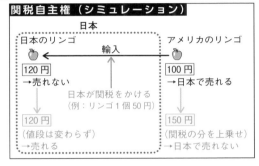

関税自主権（シミュレーション）

日本

日本のリンゴ　←輸入←　アメリカのリンゴ

120円　100円
→売れない　→日本で売れる

日本が関税をかける
（例：リンゴ1個50円）

120円　150円
（値段は変わらず）　（関税の分を上乗せ）
→売れる　→日本で売れない

関税率を日米で定める**協定関税制**は日本の主権が独立していないことになります。また、日本でのアメリカ人の犯罪を領事がアメリカの法で裁く**領事裁判**は、日本にいるアメリカ人に日本の法が及ばず（**治外法権**）、日本の主権が侵害されていることになります。

　最終的に、日本は米・蘭・露・英・仏と通商条約を結びました（**安政の五カ国条約**）。そして、**批准**（各国政府の承認）の書面交換のための使節をアメリカへ派遣する際、**咸臨丸**（**勝海舟**が艦長）が同行しました。

② 開港と貿易

① 対欧米貿易の開始　～国内産業にどのような影響があったのか？

　1859年に始まった対欧米貿易は、開港場の**居留地**で取引する形態で（**横浜**での取引が他を圧倒）、**イギリス**が相手国の中心となり（アメリカは国内を二分した南北戦争［1861〜65］が展開した時期）、全体として**輸出超過**でした。輸出品は**生糸・茶**が中心で（日本は室町時代から中国産生糸の輸入国だった

が、江戸時代中期以降に生糸の国産化が進んだ）、蚕の繭から生糸をつくる**製糸業**は、輸出に伴う生産増でマニュファクチュア（工場制手工業）が進展しました。しかし、生糸から絹織物をつくる**絹織物業**は、原料の生糸が不足して衰退しました。また、輸入品は**毛織物・綿織物**が中心で、いち早く産業革命が進展したイギリスの綿製品との競争に負け、国内の**綿織物業**や、綿糸の原料の綿花を栽培する**綿作**は衰えました。こうして、輸出産業の中心となった製糸業の発展と、衰退した綿産業の回復が、明治期以降の殖産興業の目標となりました。

② 国内社会への影響 〜流通や物価にどのような影響があったのか？

農村の**在郷商人**は、江戸の**問屋商人**（同業組合の**株仲間**を結成）を通さず、開港場の横浜へ輸出品を直送しました。品不足での物価上昇を抑え、株仲間を通した流通統制を維持するため、幕府は**五品江戸廻送令**

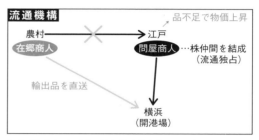

（1860）で、**生糸**などの江戸経由を命じましたが、効果は上がりませんでした。

また、金と銀の交換比率（**金銀比価**）が、日本では**金1：銀5**、外国では**金1：銀15**だったので、大量の金貨が海外へ流出しました。幕府は慌てて**万延小判**を鋳造しました（1860）。金貨のサイズを3分の1にして、日本の金銀比価を金1/3：銀5、つまり金

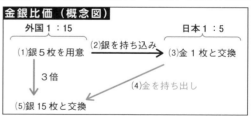

1：銀15としたので、外国と同じになって金貨の流出は止まりました。しかし、貨幣の額面は同じなのにサイズが3分の1になって貨幣価値が下落し、物価は上昇しました。

物価上昇は庶民の生活を圧迫し、農民の百姓一揆や都市下層民による打ちこわしが増加しました。一方、列強の圧力による対外的危機感や開国への不満から、外国人殺傷や公使館襲撃などの**攘夷運動**が激化しました。こうして、天皇を「王者」として尊ぶ尊王論に、外国排斥を唱える攘夷論が結合した尊王攘夷論は、現実の政治を動かす**尊王攘夷運動**として高まっていったのです。

③ 幕末の政治（1850〜60年代）

① 幕政の転換

(1) 阿部正弘は、幕府の政治をどのように転換させたのか？

　1850年代に話を戻します。ペリー来航に対処し、日米和親条約を結んだ老中は、阿部正弘でした。阿部は、事態を朝廷に報告し、諸大名に意見を求めました。これは、禁中並公家諸法度によって政治に関与できなかった**朝廷**や、幕政の要職に就かなかった**外様大名・親藩**の政治発言力を増大させ、将軍を頂点に譜代大名・旗本が担った幕政は転換しました。また、江戸湾に砲台の**台場**を設置し（現在の「お台場」の源流）、西洋の軍事技術を導入しました。

(2) 堀田正睦は、どのような問題を解決できなかったのか？

　ハリスと通商条約の交渉を行った老中は、堀田正睦でした。幕府内では、子のない13代将軍**家定**の**将軍継嗣問題**が発生しました。**一橋派**は幕政に進出した親藩・外様大名を中心に、若くて実力のある**一橋慶喜**を、**南紀派**は保守的な譜代大名・旗本を中心に、幼年だが血筋の良い**徳川慶福**を推挙しました。

　加えて、**条約勅許問題**も発生しました。政治発言力が増した朝廷の意向を、幕府は無視できなかったのです。しかし、**孝明天皇**は攘夷（外国人排斥）の姿

将軍継嗣問題　　　→　対立　←

一橋派：一橋慶喜を推挙
（徳川斉昭の子で一橋家の養子）
雄藩連合による改革をめざす
徳川斉昭（前水戸藩主）
松平慶永（越前）
島津斉彬（薩摩）
山内豊信（土佐）

南紀派：徳川慶福を推挙
（家定のいとこで紀伊藩主）
幕府独裁を維持する（保守派）
譜代大名・旗本が中心

勢が強く、条約を断固拒否したため、堀田は勅許を得られず辞職しました。

(3) 井伊直弼はなぜ暗殺され、幕政はどのような方向に向かったのか？

　将軍継嗣問題と条約勅許問題を解決したのは、**大老**に就任した井伊直弼でした。南紀派の井伊は将軍後継を徳川慶福に決定し（のち14代将軍**家茂**となる）、修好通商条約については孝明天皇の勅許が無いままの調印を強行しました。

　一橋派は一方的な将軍後継決定を非難し、尊王攘夷派は天皇の意向に反する条約調印を非難して開国・開港に反対しました。これに対し、井伊は一橋派大名を謹慎させ、**吉田松陰**（長州、松下村塾で教授）などの尊王攘夷派や、**橋本左内**（越前、一橋派）らを死罪としました（**安政の大獄**）。この強硬姿勢への反発から、**1860年**、水戸浪士が井伊直弼を暗殺する**桜田門外の変**が起きると、

幕府は失墜した権威を朝廷に依存して回復する**公武合体運動**を進めました。

⑷　安藤信正は、朝廷・幕府の関係をどのように取り持ったのか？

　1860年代初め、公武合体運動を進めたのは、老中の**安藤信正**でした。将軍家と天皇家の結合による幕府と朝廷の融和を図り、孝明天皇の妹**和宮**を14代将軍家茂の夫人に迎えました。しかし、これに反発した尊王攘夷派に安藤信正が傷つけられる**坂下門外の変**（1862）が発生すると、安藤は失脚しました。

②　雄藩の政治進出

⑴　薩摩藩は、どのように朝廷と関わり、幕府に介入したのか？

　その後、薩摩藩・長州藩が朝廷に関与し、幕府の政治を動かしていきました。

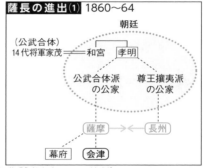

　薩摩藩は公武合体の立場から幕府を支え、朝幕連携を図りました。藩主の父**島津久光**が京都を訪れ、公武合体派の公家と結びました。孝明天皇も公武合体を望んだため、久光は勅使を伴って江戸に下り、幕政改革を要求しました（1862）。

　そして、**文久の改革**が実行され、新設の**将軍後見職**（**一橋慶喜**、将軍を補佐）・**政事総裁職**（**松平慶永**、大老に該当）・**京都守護職**（**会津藩**の**松平容保**、京都の治安）に親藩が就きました。しかし、島津久光の帰路、行列を横切ったイギリス人を「切捨御免」する**生麦事件**が発生し、翌年イギリスは報復として薩摩を攻撃しました（**薩英戦争**）。

⑵　長州藩は、どのように朝廷と関わり、幕府に介入したのか？

　長州藩は尊王攘夷の立場から幕府と対決しました。朝廷に働きかけ、尊攘派の公家が勢力を増すと、孝明天皇も攘夷を望んだため、14代将軍家茂が上洛して攘夷を約束し、幕府は5月10日の攘夷を諸藩に命じました（1863）。

　長州は**攘夷を決行**し、外国船を砲撃しました。しかし、その直後に薩英戦争を経験した薩摩は攘夷を危険視し、会津とともに朝廷でクーデターを起こし、尊攘派の長州藩士と公家（**三条実美**ら）を追放しました（**八月十八日の政変**）。

⑶　薩摩・会津と長州は、どのように激突したのか？

　京都守護職のもとに置かれた**新選組**が尊攘派武士を殺傷する**池田屋事件**が起きると（1864）、長州藩兵が薩摩・会津連合軍と戦うものの、敗北しました

（禁門の変・蛤御門の変）。そして、幕府の第1次長州征討で、長州は戦わずして降伏しました。さらに、前年の攘夷への報復である四国艦隊下関砲撃事件（英・米・仏・蘭の連合艦隊）が追い打ちをかけ、長州の攘夷は挫折しました。

(4) 薩長による討幕派は、どのように形成されたのか？

　その後、薩摩は幕府を見限り、西郷隆盛・大久保利通らにより藩論が「開国・討幕」に向かい、長州では高杉晋作が奇兵隊を率いてクーデタを決行し、桂小五郎（のち木戸孝允）らにより藩論が「開国・討幕」となりました。加えて、薩長の実力に期待したイギリスが接近しました。

　こうしたなか、土佐藩出身の坂本龍馬・中岡慎太郎の仲介で、討幕をめざす薩長連合（薩長同盟）が成立しました。薩摩・幕府と長州との対立から、薩摩・長州と幕府

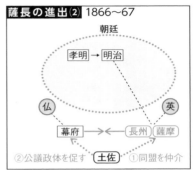

薩長の進出② 1866〜67

との対立に変化したのです。そして、幕府は第2次長州征討を実施したものの、長州は薩摩の支援を得て優勢となり、自ら出陣した14代将軍家茂の病死を契機に、幕府軍は撤退しました。開港以来の社会不安に加え、兵糧徴収による物価高騰で幕府への不満が爆発し、世直し一揆・打ちこわしが激増しました。

(5) 江戸幕府は、どのように滅亡したのか？

　将軍となった15代慶喜は、フランスの援助も受けて幕政再建を図りますが、孝明天皇が急死して明治天皇が即位すると、薩長は武力討幕を決意しました。

　一方、土佐藩は幕府を支える立場を維持し、後藤象二郎と坂本龍馬は、公議政体論（徳川を議長とする大名の会議で政治を運営）を、前藩主の山内豊信を通じて15代将軍慶喜に伝えました。これを実現することを見越した慶喜は、1867年、京都の二条城で大政奉還を行い、政権を朝廷に返上しました。

　しかし、薩長や公家の岩倉具視を中心とする討幕派は、明治天皇から討幕の密勅を得ており、徳川慶喜に対する巻き返しが必要でした。そこで、民衆が集団で乱舞した「ええじゃないか」の混乱に紛れて準備を進め、天皇中心の新政府を樹立する王政復古の大号令（1867）を発令し、三職（総裁・議定・参与）を置きました。雄藩連合の形で、徳川慶喜を排除した政府を作ったのです。

　同日夜、三職による小御所会議が開かれ、辞官納地（内大臣官職と直轄地の没収）という徳川慶喜の処分を決定しました。そして、戊辰戦争が始まります。

年代	政治	外交	経済
1860年代	**1 明治維新** **①戊辰戦争** 　鳥羽・伏見の戦い 　江戸城無血開城 　五稜郭の戦い **②新政府の成立** 　五箇条の誓文（1868）（基本方針） 　五榜の掲示（民衆支配） 　政体書（政府組織） **③中央集権体制** 　版籍奉還（知藩事を任命） 　→藩政の継続	(1) (3)	(2)
1870年代	廃藩置県（1871） 　（府知事・県令を派遣） **④近代軍制** 　徴兵告諭（「血税」） 　徴兵令（1873）（国民皆兵） 　※血税一揆 **⑤身分制改革** 　四民平等 　壬申戸籍 　秩禄処分（1876） 　廃刀令 **⑥財政の確立** 　地券を発行 　地租改正条例(1873) 　※地租改正反対一揆	**3 明治初期の外交** **①対欧米関係** 　岩倉使節団 **②対東アジア関係** ●清 　日清修好条規 　台湾出兵 ●琉球 　琉球藩の設置 　沖縄県の設置 ●朝鮮 　征韓論→中止 　日朝修好条規 ●蝦夷地 　開拓使 **③国境の画定** 　樺太・千島交換条約	**2 殖産興業** **①産業の育成** 　工部省・内務省 　官営模範工場 　（富岡製糸場） **②交通・通信** 　官営鉄道 　郵便制度 　海運（三菱） **③貨幣・金融制度** 　不換紙幣の発行 　新貨条例 　国立銀行条例 　（兌換は未確立）

第21章

1自由民権運動

①明治六年の政変

②士族反乱

③士族民権

④豪農民権

明治時代初期（**1860年代末～70年代**）の政治・経済・外交を見ます。

(1)　政府は、江戸時代の支配身分である武士の諸特権を奪いました。また、欧米を参考に**近代化**を進め、政治体制・軍制・税制を導入しました。

(2)　政府は、欧米列強の資本主義システムを日本に取り入れるため、**殖産興業**を主導し、産業や金融などの面での近代化を図りました。

(3)　政府は、不平等条約の改正をめざして欧米との交渉を始めました。一方、近代国家として東アジアの伝統的な国際秩序に向き合いました。

1 明治維新 （1860～70年代）

IV

近代・現代

① 戊辰戦争　～旧幕府勢力は、どのように力を失っていったのか？

「勝てば官軍、負ければ賊軍」と言います。討幕派が「王政復古」で樹立した**新政府**は旧幕府との**戊辰戦争**（1868～69）を勝ち抜き、権力を握りました。

新政府は**鳥羽・伏見の戦い**で「官軍」として勝利し、徳川慶喜が降参して**江戸城が無血開城**すると、旧幕府直轄地を没収しました。新政府に反発した東北諸藩が奥羽越列藩同盟を結成したものの、その中心の会津藩（藩主松平容保）が敗北して会津若松城が落城し、最後は箱館**五稜郭**に立てこもった幕臣の榎本武揚が降伏して、戊辰戦争は終結しました。

② 新政府の成立　～新政府は、どのように成立していったのか？

戊辰戦争と並行して、新政府は体制を固めました。1868年、基本方針として天皇が神々に誓う形式の**五箇条の誓文**を公布し（長州の**木戸孝允**が最終的に内容を確定）、「広ク会議ヲ興シ」の文言に始まる**公議世論の尊重**や、列強の支持を得るための**開国和親**を示しました。一方、民衆支配の方針として各地に掲げた**五榜の掲示**では、**徒党・強訴やキリスト教の禁止**など、江戸幕府の支配を踏襲しました。さらに、政府組織を規定した**政体書**を公布し、中央では**太政官**に権力を集中させ、地方では旧幕府直轄地に府・県を置いたものの、大名が支配する藩は残りました。これを、のちの版籍奉還・廃藩置県で解消します。

また、元号を明治として**一世一元の制**を採用し（天皇在位期間と元号が一致）、翌年に京都の天皇御所を東京の旧江戸城に移転しました（**東京遷都**）。

③ 中央集権体制

(1) 大名の領地・領民の返上には、どのような意味があったのか？

　家臣と主従関係を結び、藩の領地・領民を支配する大名は、<u>自らの軍事権と徴税権を持つ存在</u>でした。いきなり藩が廃止されたら、領地を拠点に家臣を率いて抵抗するかもしれません。

　そこで、新政府は**版籍奉還**（1869）を実施し、将軍から御恩として与えられた藩の領地（版）と領民（籍）を天皇へ返上させました。

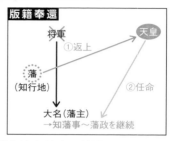

版籍奉還

そして、旧大名は同じ藩の**知藩事**に任命され、引き続き藩内の統治にあたりました。藩の枠組みは残りましたが、<u>旧大名が新政府の地方長官になったことで、大名と家臣の主従関係は無くなり</u>、廃藩置県を容易にしました。

(2) 明治新政府による政治的統一は、どのように達成されたのか？

　1871年、新政府は**廃藩置県**を断行しました。抵抗を防ぐため薩長土３藩から**御親兵**を集め、知藩事を罷免して東京に居住させました。<u>新政府が任命した知藩事を新政府が辞めさせるという巧みな方法</u>で、旧大名の力を喪失させたのです。そして、藩を廃止して県を設置し、**府知事・県令**を政府から派遣して、中央集権体制を確立しました。また、各藩に属した軍事権・徴税権を新政府が接収し、統一的な軍制・税制（**徴兵制・地租改正**）実施の基盤が整いました。

　そして、政府中央組織は、太政官の正院（太政大臣・左右大臣・**参議**）が最高行政機関となり、**薩摩・長州・土佐・肥前**の下級藩士出身者が参議や各省の卿（長官）などの地位を握って、**藩閥政府**が確立しました。

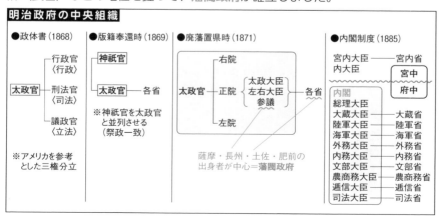

明治政府の中央組織

④ **近代軍制 〜近代的な軍隊には、どのような特徴があるのか？**

　フランス皇帝ナポレオンの「国民」軍の強さは、よく知られています。「近代国家の三要素」の一つである国民は、全員の平等が法により保障され、自分自身と国家を同一視する存在です。近代的な**徴兵制**は、特定身分による軍事力独占の否定と、ナショナリズムに基づく国民の統合を前提に成立しました。

　政府は列強の東アジア進出に対抗するため、こうした近代的な軍事制度を整備しました。**大村益次郎**（長州）の立案を**山県有朋**（長州）が継承して**徴兵告諭**（1872）を発布し（兵役を「**血税**」と表現）、翌年に**徴兵令**を公布して**国民皆兵**の原則を掲げました。しかし、戸主などには兵役を免除する**免役規定**があり、負担が増えた農民が中心となり徴兵反対の血税一揆を起こしました。

⑤ **身分制改革**

(1)　近代的な身分制度と戸籍制度は、どのように形成されたのか？

　「国民」の形成には、家ごとに職が世襲的に決まる近世的身分制度の解体が必要でした。

　そこで、政府は公家・大名を**華族**、武士を**士族**、百姓・町人を**平民**としたうえで、平民に苗字を許可し、華族・士族と平民との結婚の自由や職業選択の自由を認めました（**四民平等**）。

　一方、えた・非人を平民と同様に扱う**身分解放令**が発されたものの、社会的な差別は続き、のちの大正時代の被差別部落解放運動につながります。

　そして、古代律令制以来の全国的戸籍として**壬申戸籍**（1872）が作成されました。国民が国家に把握されると、統一的な徴兵・徴税も可能となりました。

(2)　近世以来の士族の特権は、どのように失われたのか？

　政府は華族（旧大名）・士族（旧武士）に対し、江戸時代の俸禄（御恩として与えられた米）に代わる**家禄**を含めた**秩禄**を支給しました。廃藩置県後も、彼らの収入は一応保障されたのです。しかし、徴兵制により、軍事力を保持していた華士族の役割は薄れます。そこで、財政負担となった秩禄の支給をやめ（**秩禄処分**　1876）、代わりに**金禄公債証書**を与えました。士族が受け取った公債の額は少なく、不慣れな「**士族の商法**」に手を出して失敗する者もあり、**士族授産**（北海道開拓の屯田兵など）も不十分でした。また、同年の**廃刀令**で帯刀が禁止され、江戸時代以来の武士の特権はすべて失われました。

⑥ 財政の確立

(1) 地租改正は、どのような面の近代化に貢献したのか？

政府は、新税制として地租改正を実施しました。土地を課税対象とするため、近世の土地制度を改め（**田畑永代売買の禁令の廃止**など）、土地ごとに地価を計算し、従来の年貢負担者である地主・自作農（もと本百姓）や町の屋敷地保有者に地

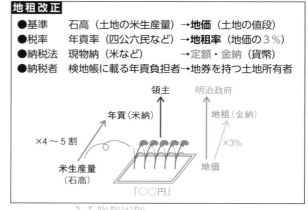

地租改正
- **基準**　石高（土地の米生産量）→**地価**（土地の値段）
- **税率**　年貢率（四公六民など）→**地租率**（地価の**3％**）
- **納税法**　現物納（米など）　　→**定額・金納**（貨幣）
- **納税者**　検地帳に載る年貢負担者→地券を持つ土地所有者

領主　明治政府
年貢（米納）　地租（金納）
×4～5割　　×3％
米生産量（石高）　地価
「○○円」

券を発行して土地所有権を保証し、地租改正条例（1873）を発布しました。
　地租改正で、政府は全国統一基準で安定税収を得ることになり、**近代的税制**が確立して殖産興業や富国強兵の財政基盤が整いました。地券所有者は、個人の排他的な土地所有権を法的に認められ、**近代的土地制度**も確立しました。

(2) 地租改正は、農村・農民にどのような影響を及ぼしたのか？

しかし、農民の地租負担は従来の年貢と変わらず、また個人の所有権を証明できない**入会地**（自給燃料・肥料を得る共有地）を官有地にされました。

一方、江戸時代以来の**地主・小作関係**が温存されました。地主は、土地を貸して**現物納**（米など）の**小作料**を得ますが、**金納**の**地租**を納入するため、現物の小作料収入を換金する必要があります。仮に**インフレ**だった場合、小作料は高く売れるので貨幣

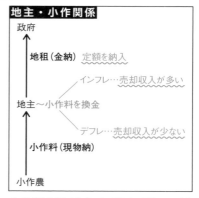

地主・小作関係
政府
地租（金納）　定額を納入
インフレ…売却収入が多い
地主～小作料を換金
デフレ…売却収入が少ない
小作料（現物納）
小作農

収入が増えますが、地租負担は**定額**なので、小作料収入は多く手元に残り、地主は成長します。これに対し、小作農は、土地を所有していないので地租負担はありませんが、土地を借りるので小作料負担に苦しみ、**困窮**しました。
　そして、1876年に**地租改正反対一揆**が頻発し、同年には秩禄処分・廃刀令に反発する士族反乱も相次ぎ、翌年政府は地租率を**2.5％**に軽減しました。

2 殖産興業 （1870年代）

① 産業の育成　〜政府の産業政策には、どのようなものがあるのか？

　政府は、欧米と並ぶ国力を持つ**富国強兵**をスローガンに、欧米の資本主義システムを採用して**殖産興業**を進め、「上からの近代化」を図りました。

　政府主導による経済近代化の柱となったのは、**御雇い外国人**（外国人教師）の招聘による欧米技術の習得と、中央官庁の設置（官営事業の経営を担当する**工部省**、地方行政や警察に加えて勧業政策も担当する**内務省**）でした。内務省は、明治六年の政変（1873）で征韓派が辞職した直後、内治優先派だった**大久保利通**が設置したもので、殖産興業政策を強力に推進しました。

　政府は、旧幕府・諸藩の工場・鉱山を接収して官営としました。東京・大阪の砲兵工廠や旧幕府の横須賀造船所が軍事産業を支え、**長崎造船所**（のち三菱へ払下げ）に加え、エネルギー資源の中核となる**石炭業**（福岡県**三池炭鉱**［のち三井へ払下げ］・長崎県**高島炭鉱**［のち三菱へ払下げ］）も経営しました。

　また、政府は**官営模範工場**を設立し、機械制生産の様式を民間に普及させていきました。特に、幕末以来の輸出の主力である**生糸**を重視し、**製糸業**を輸出指向型産業として育成しました。その象徴が、**フランス**の技術を導入した群馬県**富岡製糸場**で、ここで技術を習得した「富岡工女」が各地に技術を伝えました。さらに、政府は国内技術を奨励し、**内国勧業博覧会**を開催しました。

② 交通・通信　〜政商を用いた政府の意図とは？

　「政商」には特定の政治家と癒着する民間業者という悪いイメージがあり、規制緩和による外国資本の誘致が良いことのように言われたりします。しかし、明治初期の日本は外国資本を排除して列強の進出を防ぎ、経済面での対外的自立を図ろうとしました。特に、水上交通を担う**海運業**は重要視され、政府は土佐出身の**岩崎弥太郎**が経営する**三菱**に手厚い保護を加える一方、それまで沿岸航路を独占していた外国の汽船会社を排除しました。こうした特権的な**政商**には江戸時代以来の三井などもあり、のちに**財閥**へと発展しました。

　陸上交通では、**官営鉄道**が首都**新橋**と開港場**横浜**との間に開通し（1872）、これ以降各地に鉄道網が拡大することで、ヒトやモノの移動スピードが上昇していきました。通信では、**前島密**の建議によって江戸時代の飛脚に代わる官営**郵便制度**が発足し、**電信線**が設置されて内外の情報伝達が迅速化しました。

③ 貨幣・金融制度

私が予備校の授業で貨幣制度を説明するとき、1万円札を生徒に見せて（眠そうな生徒も瞬時に目が覚めて全員が私の手を凝視します）、「原価はいくらでしょう？」「〇円？」「正解は約25円！では、なぜこれを1万円だと思っているのかな？」「そう決まっているから…」「では、誰がそう決めたのかな？」などのやりとりをすることがあります。極論を言えば、皆が「1万円の価値がある紙切れ」だと信用すれば、紙幣として機能します（実際は、紙幣価値の安定、法による強制通用、発行者の信頼性が紙幣の信用を生み出す）。

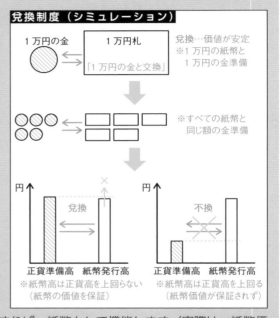

兌換制度（シミュレーション）

1万円の金 → 1万円札「1万円の金と交換」

兌換…価値が安定
※1万円の紙幣と1万円の金準備

※すべての紙幣と同じ額の金準備

兌換 — 正貨準備高・紙幣発行高
※紙幣高は正貨高を上回らない（紙幣の価値を保証）

不換 — 正貨準備高・紙幣発行高
※紙幣高は正貨高を上回る（紙幣価値が保証されず）

古今東西、貨幣は皆が価値を信用する物質で製造する場合が多く、その典型が**金・銀**です。しかし、近代の欧米では、重くて欠けやすく持ち運びに不便な金・銀よりも**紙幣**が望まれ、**兌換制度**が成立しました。これは、皆が価値を信用する金・銀を**正貨**（通貨価値の基準）とし、十分な正貨準備をもとに紙幣と同じ額の正貨（金・銀）と交換して、紙幣価値を保証するものです。一方、正貨準備が不十分だと、紙幣は同じ額の金・銀と交換できません。それが**不換紙幣**で、紙幣価値が下がる可能性があります。

図は概念の図式化です。実際は、グラフにあるぐらい多くの正貨を準備しなくても、紙幣価値と正貨価値が同じになれば兌換制度が可能です。

（1）　近代的な貨幣制度は、どのように始まったのか？
　政府は、**本位貨幣制**（**金本位制**［金が正貨］・**銀本位制**［銀が正貨］）を欧米

にならって導入しようとしました。

　戊辰戦争の戦費のために政府が発行した**太政官札**などは**不換紙幣**で、江戸時代以来の金貨・銀貨・銭貨や藩札も流通したため、新貨条例（1871）で統一的な貨幣制度を整えました。**円・銭・厘**（十進法）で単位を統一し、**金本位制**を採用したものの、貿易では銀も用いられ、兌換制度は確立しませんでした。

　そこで、各地の民間資本に兌換紙幣を発行させるため、政府は渋沢栄一の推進のもとで国立銀行条例（1872）を制定しました。これは、**アメリカ**のナショナル＝バンク制度にならい（"National" は「国法に基づく」という意味であり、「国が経営する」という意味ではない）、民間銀行である国立銀行に兌換銀行券（**国立銀行券**）を発行させ、保有する正貨との兌換を義務づけました。しかし、民間での正貨の確保は難しく、渋沢栄一が頭取となった**第一国立銀行**など４行しか設立されませんでした。兌換制度の確立は困難だったのです。

(2)　国立銀行による兌換制度の試みは、どのような結果を生んだのか？

　そこで、政府は**国立銀行条例を改正**（1876）して、国立銀行の正貨兌換義務を廃止しました。正貨を確保しなくても良いので、国立銀行設立が容易になりました。また、この年に秩禄処分が断行され、金禄公債証書を得た華族・士族が銀行設立に参入しました。その結果、国立銀行が各地で増えて**第百五十三国立銀行**まで設立されたものの、国立銀行が不換紙幣を大量に発行することで紙幣価値が下がり、物価が上がるインフレーションとなりました。これは、政府の歳出増につながり、財政難をもたらします。結局、国立銀行を用いた兌換制度の確立は失敗し、兌換制度は1881年に始まった**松方財政**で確立しました。

3 明治初期の外交 (1870年代)

① 対欧米関係　～不平等条約の改正は、どのように始まったのか？

　政府は、**不平等条約の改正**による欧米と対等な地位の獲得をめざしました。廃藩置県で国内統一を達成した直後、公家出身の右大臣**岩倉具視**を大使、**木戸孝允**（長州）・**大久保利通**（薩摩）・**伊藤博文**（長州）らを副使とし、総勢100名を超える岩倉使節団（1871～73）を派遣しました。しかし、アメリカとの交渉は手続きの不備もあって失敗し、情勢視察による日本の国家像の模索に目標を変更して、使節団はヨーロッパへ巡回しました。使節団には、アメリカに留学した**津田梅子**（のち女子英学塾を開く）や、フランスに留学した**中江兆民**（ルソーの思想を紹介し自由民権運動に影響を与える）も同行しました。

② 対東アジア関係

当時の清はアヘン戦争以来の列強進出に対抗するため、朝貢(ちょうこう)国への**宗主権(しゅうしゅけん)**を主張してこれを属国扱いし、介入を強めつつありました。日本は、この動きに近代の論理で臨み、「近代国家の三要素」の一つである領域(主権が及ぶ範囲)の画定を進めました。

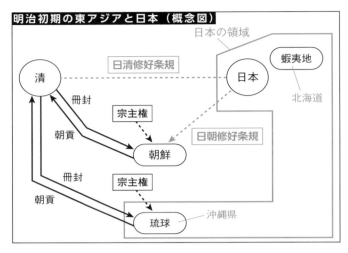

明治初期の東アジアと日本（概念図）

日本の領域

蝦夷地

日清修好条規

清　　　　日本

冊封　　　　　北海道

宗主権

朝貢

日朝修好条規

朝鮮

冊封

宗主権

朝貢

沖縄県

琉球

(1) 琉球帰属問題をめぐって、清とはどのような関係にあったのか？

日本は清国との間で対等な日清修好条規(にっしんしゅうこうじょうき)（1871）を結びましたが、日中両属であった琉球(りゅうきゅう)の帰属が問題化しました。日本は琉球を領域に組み入れる方針を固めるとともに、当時台湾で発生した琉球漂流民殺害事件を利用し、「琉球民＝日本国民」とみなして殺害の責任を清国に負わせようとしました。そして、琉球藩（1872）を設置して琉球を直轄化し、琉球国王尚泰(しょうたい)を藩王(はんおう)としましたが、清国は琉球への宗主権を主張して日本へ抗議し、これを認めませんでした。

その後、琉球漂流民殺害事件に対する報復として、近代日本初の海外出兵となる台湾出兵（1874）を断行しました（木戸孝允(きどたかよし)は出兵に反対して政府を辞職）。イギリスの調停もあり、清国はこの出兵を正当な行動と認め、事実上の賠償金を日本へ支払いました。「琉球民＝日本国民」を清が承認したと見なした日本は、琉球藩廃止と沖縄県設置を強行しました（1879　琉球処分）。

政府は沖縄県の統治にあたって旧慣温存策をとり、沖縄の近代化は遅れました。謝花昇(じゃはなのぼる)による参政権獲得運動などが起きたものの、沖縄県での衆議院議員選挙の実施は、本土の1890年から遅れた1912年（大正元年）のことでした。

(2) 朝鮮に対し、日本はどのような姿勢で臨んだのか？

朝鮮外交を担った対馬藩が消滅したのち、日本の国交要求を朝鮮が拒否する

と、軍事力を用いてでも朝鮮を開国させる征韓論が政府内で唱えられました。しかし、帰国した岩倉使節団メンバーが「内治優先」を唱えて反対し、征韓が中止されると、敗れた征韓派の西郷隆盛（薩摩）・板垣退助（土佐）・後藤象二郎（土佐）・江藤新平（肥前）は辞職しました（1873　明治六年の政変）。

　ところが、その後の日本は朝鮮へ軍艦を派遣して挑発行為を行い、朝鮮からの反撃を口実に江華島を占領して開国を迫り（1875　江華島事件）、朝鮮と日朝修好条規（1876）を結びました。朝鮮は「自主ノ邦」「日本国ト平等ノ権ヲ保有」と規定され、建前では独立・対等な近代国家同士の条約を日朝間で結ぶことで、清の宗主権を朝鮮に否定させたのです。一方、領事裁判権を朝鮮に承認させ、関税免除の特権も得るなど、実際は日本に有利な不平等条約だったので、その後の日本は朝鮮への政治的・経済的進出を強めていきました。

(3)　政府は、北海道をどのように統治したのか？

　政府は、蝦夷地を北海道と改称して開拓使を設置し、アメリカ式の大農場経営方式を採用し、開拓と対ロシア防衛のため屯田兵制度も設けました（士族授産の一環）。さらに、札幌農学校を設立し、アメリカからクラーク（"Boys,be ambitious!"）を招きました。しかし、政府がアイヌの「日本人への同化」を基調に日本語教育や農業奨励を推進したことで、伝統的な文化や生活が失われていき、その傾向は北海道旧土人保護法が制定されて拍車がかかりました。

③ 国境の画定　～北方と南方とで、どのように国境が画定したのか？

　北方では、日露間で樺太・千島交換条約（1875）が結ばれ、国境を定めていなかった樺太がロシアに譲られる代わりに、ロシア領だった得撫島から先の千島列島を全て日本領としました。

明治初期におけるロシアとの国境（略地図）

ロシア

清

ロシア　←ロシア領

樺太

←日本領

千島列島

得撫島

日露和親条約での国境

択捉島

国後島

北海道

樺太・千島交換条約での国境

　南方では、小笠原諸島の領有を各国に通告して内務省が管轄し、のち東京府に編入されました。

年代	政 治		
1870年代	第20章 1 明治維新 ……（1） ③中央集権体制 ④近代軍制 ⑤身分制改革 ⑥財政の確立 （2）		**1 自由民権運動** ①**明治六年の政変**（1873） 　征韓派の辞職（西郷・板垣・後藤・江藤） ②**士族反乱** 　佐賀の乱（江藤）・西南戦争（西郷） ③**士族民権** 　民撰議院設立建白書（板垣・後藤・江藤） 　政社の結成（立志社・愛国社） 　→大阪会議…漸次立憲政体樹立の詔 　→讒謗律・新聞紙条例 ④**豪農民権** 　立志社建白 　→地方三新法（府県会規則など） 　国会期成同盟→集会条例 ⑤**明治十四年の政変**（1881） 　開拓使官有物払下げ事件 　→国会開設の勅諭 　政党の結成・私擬憲法の作成 ⑥**激化事件** 　福島事件・秩父事件　大阪事件 ⑦**大同団結** 　三大事件建白運動→保安条例
1880年代	内閣	**2 立憲体制の形成** ①**制度の整備** 　伊藤博文の渡欧 　→シュタインらに学ぶ 　華族令 〔第1次伊藤博文内閣〕 　内閣制度（1885） 〔黒田〕枢密院 ②**憲法・諸法典** 　大日本帝国憲法（1889） 　衆議院議員選挙法 〔山県①〕民法→民法典論争	
	伊藤①		
	黒田		
1890年代	山県①	**3 初期議会** ①**第1～第4議会** 　政府と民党の対立（予算） 　政府「主権線・利益線」 　民党「政費節減・民力休養」 〔松方①〕品川内相の選挙干渉 〔伊藤②〕和衷協同の詔書 ②**第5・第6議会** 　条約改正をめぐり対立	……（3）
	松方①		
	伊藤②		

明治時代前期・中期（**1870年代～90年代前半**）の政治を見ます。

(1) 近代化政策と並行して、**明治六年の政変**を機に士族や豪農が参加して**自由民権運動**が高揚し、激化事件や大同団結運動も展開しました。

(2) 伊藤博文を中心とする政府は、**明治十四年の政変**を起点に制度や法典の整備を進め、**大日本帝国憲法**の発布により**立憲体制**が確立しました。

(3) 民権派が結成した政党は、衆議院で政府と対決しました（**初期議会**）。

1 自由民権運動（1870年代～1880年代）

Ⅳ

近代・現代

自由民権運動は「反政府運動」のイメージが強いのですが、政府を批判はしても、政府打倒をめざすものではありません。そもそも、政府と民権派は、「日本を欧米にならった近代国家にする」という共通の目標を持っていました。

民権派は、近代国家の根幹となる憲法制定と、国民の政治参加の権利を実現する公選制の議会開設を政府に要求するとともに、近代国家の国民としての自覚を人びとへ訴えました。また、誰でも生まれながらにして人権が与えられているとする天賦人権思想が紹介され、政治参加意識が広がっていきました。

① 明治六年の政変 ～どのような点で時代の転機となったのか？

1873年の明治六年の政変（**征韓論政変**）は自由民権運動につながるとともに、士族反乱・経済政策・日朝関係といった歴史的事象にもつながりました。

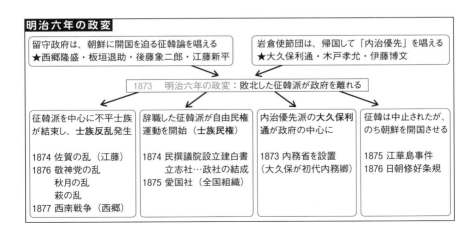

明治六年の政変

留守政府は、朝鮮に開国を迫る征韓論を唱える ★西郷隆盛・板垣退助・後藤象二郎・江藤新平	岩倉使節団は、帰国して「内治優先」を唱える ★大久保利通・木戸孝允・伊藤博文

1873　明治六年の政変：敗北した征韓派が政府を離れる

征韓派を中心に不平士族が結束し、**士族反乱**発生 1874 佐賀の乱（江藤） 1876 敬神党の乱 　　　秋月の乱 　　　萩の乱 1877 西南戦争（西郷）	辞職した征韓派が自由民権運動を開始（**士族民権**） 1874 民撰議院設立建白書 　　　立志社…社党の結成 1875 愛国社（全国組織）	内治優先派の**大久保利通**が政府の中心に 1873 内務省を設置（大久保が初代内務卿）	征韓は中止されたが、のち朝鮮を開国させる 1875 江華島事件 1876 日朝修好条規

② 士族反乱（1870年代）〜士族の不満は、なぜ生じたのか？

　江戸時代に支配階層であった武士の特権は失われ、不平士族のなかには政府へ抵抗する者もいました。明治六年の政変での辞職後、民撰議院設立建白書の提出に参加した**江藤新平**は、帰郷して**佐賀の乱**（1874）を起こしました。

　1876年に廃刀令と秩禄処分が断行されると、身分的特権をすべて失った士族の不満が爆発し、熊本県の**敬神党（神風連）の乱**、福岡県の**秋月の乱**、山口県の**萩の乱**（もと参議の前原一誠が中心）が立て続けに発生しました。

　明治六年の政変での辞職後に帰郷していた**西郷隆盛**が鹿児島で起こした**西南戦争**（1877）は、最大規模の士族反乱で、政府は徴兵軍で鎮圧しました。

　士族反乱は、西南日本に集中していました。新政府樹立に貢献した薩摩・長州・肥前などでは、特権を失うことへの不満は一層大きかったのでしょう。

③ 士族民権

⑴　士族が始めた民権運動は、どのような方法で実行されたのか？

　士族は、一方で反乱に加担し、他方で初期の自由民権運動を主導しました。明治六年の

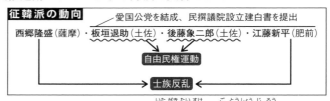

政変で辞職した征韓派のうち、西郷隆盛を除く**板垣退助**・**後藤象二郎**・江藤新平らは愛国公党を結成し、**民撰議院設立建白書**（1874）を政府へ提出しました。少数の政府官僚のみによる政治を「**有司専制**」だと批判し、五箇条の誓文にあった公議世論の尊重を根拠に、国会の即時開設を要求しました。

　そして、板垣退助は郷里の**高知**で片岡健吉らとともに**立志社**を結成し、以後、士族が中心となって**政社**を結成し、新聞・雑誌を発行して言論活動を行いました。そして、政社をまとめる全国組織として**愛国社**が設立されました。

⑵　政府は士族民権に対し、どのように対応したのか？

　政府の中心である**大久保利通**は、民権運動を主導した**板垣退助**と、台湾出兵に反対して辞職した**木戸孝允**の政府復帰を画策しました。こうして開かれた**大阪会議**（1875）で、板垣退助は提案が認められたことで政府へ復帰し、愛国社は解体しました。政府の懐柔策によって、民権運動は骨抜きになったのです。

　そして、政府は**漸次立憲政体樹立の詔**を発して、漸進的な憲法制定と議会設立の方針を示し、立法機関の**元老院**、司法機関の**大審院**（のち最高裁判所）、

府知事・県令を召集する**地方官会議**を設置しました。公選制の議会は実現しませんでしたが、政府は民権派の主張を一部取り入れる妥協もしました。

一方で、政府は**讒謗律**で政府批判を禁止し、**新聞紙条例**で出版物を規制しました。言論活動を行う士族民権に対し、言論の取締りで弾圧したのです。

④ 豪農民権

(1) 豪農（地主）が民権運動に参加するようになったのは、なぜか？

西南戦争中に政府へ提出された**立志社建白**の要求に、国会開設と並んで**地租軽減**が含まれたことは、地租負担が多い豪農（地主）の民権運動参加を促進しました。また、1870

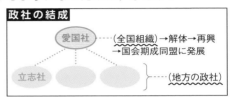
政社の結成
愛国社 ……（全国組織）→解体→再興
→国会期成同盟に発展
立志社 （地方の政社）

年代後半の**インフレ**により、豪農（地主）は現物の小作料収入が高く売れて富裕化し、民権運動に参加する余裕が生まれました。こうして、各地で交流会・学習会・演説会などの集会活動が盛んになると、**愛国社が再興**されました。

(2) 士族反乱・農民一揆の終息後、政府は地方制度をどう改変したのか？

政府は**地方三新法**を制定し、地方行政を再編しました。そのなかの**府県会規則**では公選制の地方議会（府議会・県会）の即時開設が定められ、豪農（地主）らが地方議員となって地方行政に関与しました。政府は、地域の実情を反映する地方制度で民権運動に妥協したのですが、かえって民権派は「公選制の地方議会が開かれた。次は公選制の国会を開け！」と主張するようになりました。

(3) 政府は豪農民権に対し、どのように対処したのか？

政社の全国組織である愛国社は**国会期成同盟**（1880）に発展し、国会開設を政府へ要求する署名活動を広げました。しかし、政府は署名の受け取りを拒否したうえ、**集会条例**で政治集会や結社を規制しました。各地で集会活動を行う豪農民権に対し、地方警察による弾圧を可能としたのです。

⑤ 明治十四年の政変

(1) 民権運動の高揚に対し、当時の政府はどのような状況だったのか？

当時の政府は大久保利通の暗殺後に強力な指導者を欠いており、国会開設の時期をめぐる対立が生じました。**大隈重信**（肥前）は即時国会開設論で民権運動に同調したのに対し、**伊藤博文**らは漸進主義の方針の維持を主張しました。

こうしたなか、開拓使長官の**黒田清隆**から政商の**五代友厚**へ、開拓使の所有

施設を安く払い下げる計画が露見しました（同じ薩摩出身者同士の癒着）。この開拓使官有物払下げ事件（1881）で、民権派は政府を激しく非難しました。

(2) 明治十四年の政変の結果、民権運動はどのように展開したのか？

結局、政府は開拓使官有物の払下げを中止し、民権派に妥協しました。しかし、こうした世論と大隈重信が関係しているとみて、政府は**大隈重信を罷免**しました。民権派にとっては、同じ意見の大隈が政府を追われたのは痛手です。そして、肥前出身の官僚も追われたことで、薩長中心の藩閥政府となりました。

この**1881年**の明治十四年の政変は、民権運動のターニングポイントとなりま

政党の結成

自 由 党…主権在民・一院制、支持層は**豪農（地主）**・士族
立憲改進党…君民同治・二院制、支持層は**都市商工業者**・知識人
立憲帝政党…天皇主権・二院制、支持層は官僚・神官・僧侶

した。最大の成果は、政府が国会開設の勅諭を発して1890年の国会開設を公約したことです。政府は、9年後というタイムリミットまでに憲法制定と国会開設を実施しなくてはなりません。そして、民権派は将来の選挙に備えて、フランス流の急進的自由主義を主張する自由党（**板垣退助**が中心）や、イギリス流の立憲君主政治をめざす立憲改進党（**大隈重信**が中心）を結成しました。

そして、民権派の主張を具体化した私擬憲法が作られました。植木枝盛の「**東洋大日本国国憲按**」は、国民の**抵抗権・革命権**を規定した急進的な内容です。東京多摩の農民有志グループが開いた学習会の成果をもとに千葉卓三郎がまとめた「**五日市憲法草案**」は、民権運動の草の根の広がりを示しています。

⑥ 激化事件 〜民権運動は、どのように急進化していったのか？

1880年代前半、大蔵卿の**松方正義**（薩摩）による**デフレ政策**で農村の不況が拡大するなか（第23章）、没落した貧農や士族中心の自由党急進派が、直接行動で政府を攻撃しました（激化事件）。県令**三島通庸**の圧政に抵抗した自由党の**河野広中**らが弾圧された福島事件、茨城県で民権派が蜂起した加波山事件（直後に自由党は解党）、埼玉県で多数の農民が高利貸などを襲撃した秩父事件、と続きました（大隈重信は立憲改進党を脱党）。また、**大阪事件**は朝鮮情勢と絡んでおり、大井憲太郎や景山英子らが朝鮮の保守的な政府を打倒して改革派の政権を樹立する計画を立て、渡航する前に検挙されました（第22章）。

⑦ 大同団結 〜民権運動の集大成となった政治運動とは？

「**大同団結**」とは、小さな意見の違いにこだわらず共通の目的でまとまることを指します。1880年代後半、国会開設が迫るなか、**後藤象二郎**を中心に旧

自由党と立憲改進党が再び民権運動を盛り上げました。当時**井上馨**外相が進めていた条約改正交渉は、極端な**欧化政策**もあって批判が多く（第22章）、井上が辞任すると、民権派は「地租軽減」「言論・集会の自由」**「外交失策の挽回**（対等条約の締結）」という三大要求を掲げて**三大事件建白運動**（1887）を展開しました。民権派が全国から東京に集まって政府機関へ陳情する運動だったので、政府は**保安条例**を発し、民権派を東京から追放して弾圧しました。

2 立憲体制の形成（1880年代）

トピック 伊藤博文と「石先生」

　明治十四年の政変（1881）を機に、政府は**ドイツ流**の立憲政治を参考に、君主が定める形式の**欽定憲法**を制定する方針を決定しました。伊藤博文は、憲法制定の主導権を握るため、憲法調査を目的に渡欧しました。

　しかし、その出鼻をくじいたのが、ベルリン大学の**グナイスト**でした。グナイストは、日本が立憲政治を取り入れるのは時期尚早だと伊藤に説き、その後の教説も伊藤を満足させるものではありませんでした。

　ところが、伊藤がウィーン大学の「石先生」**シュタイン**（"Stein" は「石」の意味）と出会ってから、状況は一変します。シュタインは伊藤と意気投合し、憲法や議会制度だけでなく、近代的な行政システムや、憲法のなかの君主の位置づけなど、**立憲体制**を備えた国家構造のあり方を教えました。特に、伊藤が行政の重要性を認識したことは、憲法と議会に目が行っていた民権派に対する大きなアドバンテージとなります。自信を得た伊藤は、帰国すると、行政組織を中心とする体制整備を一気に進めました。

① 制度の整備

（1）伊藤博文は帰国後、どのように立憲体制を整備していったのか？

　華族令（1884）を定め、公家・大名に加えて国家に功績ある者（薩長藩閥勢力など）も華族とし、将来の**貴族院**の基盤を作りました。そして、**太政官制を廃止**して**内閣制度**（1885）を創設し、薩長藩閥内閣が成立しました〔**第1次伊藤博文内閣　1885〜88**〕。各省の長官に**国務大臣**を置き、**総理大臣**中心に内閣を構成して、各省の連携で政府を強化しました。さらに、**帝国大学**を設置し、官僚の試験採用制度を整えて、官僚を供給するシステムを作りました。

⑵　**憲法制定は、どのように進められたのか？**

　憲法草案の起草は伊藤博文に**井上毅**・**伊東巳代治**・**金子堅太郎**が加わり、ドイツ人顧問**ロエスレル**の助言を得ながら秘密裏に進められ、完成した憲法草案は**枢密院**（1888）で審議されました。枢密院は、のち天皇の諮問をうけて国家の重要事項（緊急勅令や条約など）を審議する機関となりました。

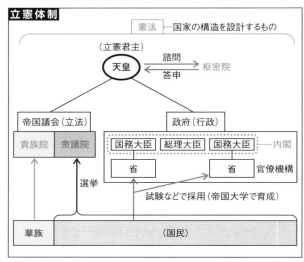

　そして、〔**黒田清隆内閣　1888〜89**〕の**1889年** 2 月11日（ 2 月11日は、初代の神武天皇が即位した日とされる**紀元節**）、**大日本帝国憲法**が発布されました。内容が国民に知らされることなく作成され、天皇の名で発布された**欽定憲法**でした。外国人教師のドイツ人**ベルツ**の日記は、憲法発布前の東京の状況を「滑稽なことには、誰も憲法の内容をご存じないのだ。」と記しています。

⑶　**憲法とあわせて整備された地方制度は、どのようなものであったか？**

　この時期、**山県有朋**内務大臣とドイツ人顧問**モッセ**を中心に新たな地方制度が整備されました。**市制**・**町村制**では、郡と同レベルの「市」という行政区分が登場しました。また、**府県制**・**郡制**によって、府県会の議員は市会議員・郡会議員の投票による間接選挙となり、県民が直接選挙で選べなくなりました。

② **憲法・諸法典**

⑴　**大日本帝国憲法と日本国憲法とで、立憲体制はどのように異なるのか？**

　日本国憲法に定められる国民主権と異なり、明治憲法（大日本帝国憲法）には**天皇主権**が定められました。日本は「万世一系」の天皇が統治し、天皇は「神聖」不可侵である一方、天皇は「**元首**」であり、憲法に従って統治権を行使する**立憲君主**とされました。そして、三権分立の体制となり、司法権・行政権・立法権は、それぞれ裁判所・内閣（国務大臣）・帝国議会が天皇を補佐する形式で行使されました。日本国憲法と比べると形式的な三権分立と言えます。

立憲体制の構造

（大日本帝国憲法）…天皇を頂点とする形式的分立

天皇

天皇が国家の統治権を行使

天皇大権

議会が関与できない

国家の諸機関が天皇を補佐

裁判所	内閣	帝国議会
（司法）	（行政）	（立法）

※議院内閣制ではない

（日本国憲法）…三権がお互いにチェックしあう

国会

責任を負う

衆議院解散

違憲審査　弾劾裁判

内閣不信任案

首相を指名する

内閣	裁判所

※議院内閣制を規定

(2) 天皇大権とはどのようなものか？　軍に関する権限とは？

　天皇大権は天皇に属する権限として憲法に明文化されたもので、法律に代わる緊急勅令の発令権、陸海軍の作戦・指揮を行う統帥権、陸海軍の常備兵額を決める編制権などがありました。天皇大権は帝国議会が関与できず、公選制の衆議院を通した国民のチェックが効きません。

　天皇大権は国務大臣の輔弼（＝助言）で行使されますが、統帥権は内閣（国務大臣）も関与できず（**統帥権の独立**）、軍令機関長である陸軍参謀総長・海軍軍令部長が輔弼しました。

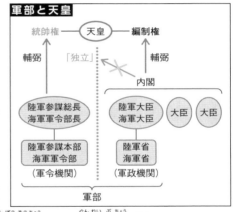

軍部と天皇

統帥権 ── 天皇 ── 編制権

輔弼　　「独立」　　輔弼

内閣

陸軍参謀総長海軍軍令部長	陸軍大臣海軍大臣	大臣	大臣
陸軍参謀本部海軍軍令部	陸軍省海軍省		
（軍令機関）	（軍政機関）		

軍部

(3) 内閣と帝国議会は、憲法でどのように規定されたのか？

　明治憲法には内閣の規定が無く、「国務各大臣」の「輔弼」で天皇の行政権が行使される**単独輔弼制**でした。日本国憲法では国会が首相を指名し、内閣が連帯して国会に責任を負う議院内閣制ですが、明治憲法では内閣の帝国議会への責任が不明確で、政府（内閣・官僚機構）は行政を

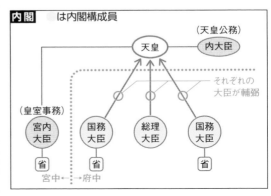

内閣　　は内閣構成員

（天皇公務）

天皇　　内大臣

それぞれの大臣が輔弼

（皇室事務）宮内大臣	国務大臣	総理大臣	国務大臣
省	省		省

宮中　→　府中

強力に推進しました。また、**宮内大臣**（宮内省長官）と**内大臣**は内閣の外に置かれ（**宮中・府中の区別**）、近代的な皇室と政府の関係が築かれました。

　帝国議会は、予算や法律に対する「**協賛**」（＝承認）の形で天皇の立法権を行使しました。**衆議院・貴族院**の二院制で、両院は対等でした。衆議院が可決しても貴族院が否決すれば成立せず、衆議院の権限は貴族院に制約されました。

> **帝国議会**
> 衆議院…有権者の選挙による公選議員（最初は定数300名）
> 貴族院…華族議員（世襲や互選）・勅選議員（天皇が任命）・多額納税者議員

(4)　国民の権利は、憲法にどのように規定されたのか？

　国民は、天皇の「**臣民**」とされました。日本国憲法には、基本的人権の永久不可侵が規定されていますが、明治憲法の規定では、言論・集会・結社の自由などの「臣民」の権利は法律の範囲内という制限がありました。

(5)　近代的な法治国家体制は、どのように整備されたのか？

　既に施行されていた刑法などに加え、憲法制定に合わせて諸法典が編纂されました。しかし、フランス人顧問の**ボアソナード**が起草した**民法**は個人の権利を重視しており、穂積八束が論文「民法出デテ忠孝亡ブ」で、伝統的道徳が破壊される、といった批判を行い、**民法典論争**が起こりました。そして、のち改正された民法は強大な**戸主権**を規定し、伝統的な家制度が残存しました。

　ともかく、日本が法治国家となったことで、条約改正の条件が整いました。

3 初期議会（1890年代前半）

　憲法と同時に公布された**衆議院議員選挙法**（1889）では、制限選挙が定められました（有権者は**直接国税**（地租・所得税）**15円以上**を納める**25歳以上の男性**、人口の約1％）。ま

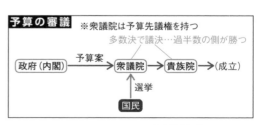

た、**黒田清隆首相**は、政府が政党に左右されず政策を進める**超然主義**を表明しました。しかし、〔**第1次山県有朋内閣 1889〜91**〕が実施した第1回総選挙では、民権派の**民党**（**立憲自由党・立憲改進党**、野党）が過半数を獲得し、民意を背景に衆議院での影響力を増していきました。

① 第1〜第4議会 〜予算をめぐり、どのような対立が生じたのか？

第1議会では、**山県首相**が**主権線**（国境）に加えて**利益線**（朝鮮）の防衛を主張して軍事費増額を要求したのに対し、民党は**政費節減**（行政費削減）・**民力休養**（地租軽減）を掲げて反対しました。立憲自由党は豪農（地主）が支持基盤で、彼らによる地租軽減の主張を代弁したのです。

このような対立は、〔**第1次松方正義内閣　1891〜92**〕の第2・第3議会（その間の第2回総選挙では**品川弥二郎**内相による民党への**選挙干渉**があった）でも同様でしたが、〔**第2次伊藤博文内閣　1892〜96**〕の第4議会では、明治天皇が政府と帝国議会の協力を求めた**建艦詔勅**（和衷協同の詔書）を発し、軍拡予算が成立しました。

1890年代の東アジア（略地図）

- - - - 主権線
- - - - 利益線

ロシア

南下

清
（列強の中国進出）

朝鮮

② 第5・第6議会 〜条約改正をめぐり、どのような対立が生じたのか？

のち、**自由党**（立憲自由党が改称）は政府に協力して政治責任を分担することを自覚し始め、陸奥宗光外相による条約改正（外国人の**内地雑居**を認める代わりに治外法権の撤廃を獲得）に賛成しました。**伊藤首相**も、衆議院第一党の自由党と協力したスムーズな議会運営を望んだのです。

ところが、**立憲改進党**は吏党（与党）に接近して**対外硬派連合**を結成し、欧米資本の侵入をもたらす内地雑居に反対して**現行条約励行**（外国人に開港場居留地への居住を続けさせる）を唱えました。立憲改進党は都市商工業者が支持基盤で、彼らによる内地雑居反対の主張を代弁したのです。この対立は、日清戦争開始（1894）まで続きました。

年代	内閣	政治	東アジア外交	欧米外交
1870年代			(1)	**1 条約改正** ①**治外法権の撤廃** **岩倉具視・寺島宗則** **井上馨** 欧化政策 （鹿鳴館外交） 外国人判事の問題 ノルマントン号事件 **大隈重信** 外国人判事の問題
1880年代	伊藤① 黒田	(2)	**2 日清戦争** ①**朝鮮への進出** 壬午軍乱・甲申事変 天津条約	
1890年代	山県① 松方① 伊藤② 松方② 伊藤③ 大隈① 山県②	(3) **3 日清戦後の議会政治** ①**政府と政党の協力** 〔伊藤②〕自由党が協力 〔松方②〕進歩党が協力 〔伊藤③〕憲政党が対抗 〔大隈①〕 初の政党内閣（憲政党） 〔山県②〕 政党の進出をおさえる 軍部大臣現役武官制 立憲政友会	②**日清戦争** 甲午農民戦争 日清戦争（1894〜95） →下関条約 三国干渉 **4 日露戦争と韓国併合** ①**ロシアとの対立** 韓国（親露政権） ロシアが満州進出 （旅順・大連を租借） 北清事変 →ロシアの満州占領	**青木周蔵** イギリスが好意的に 大津事件 **陸奥宗光** 内地雑居の問題 日英通商航海条約 ※治外法権を撤廃
1900年代	伊藤④ 桂① 西園寺① 桂②	〔伊藤④〕政友会が与党 ②**桂園時代** 山県・伊藤は元老に 〔桂①〕 桂太郎（陸軍・長州閥） 〔西園寺①〕 西園寺公望（政友会） 〔桂②〕	日英同盟協約 ②**日露戦争** 日露戦争（1904〜05） →ポーツマス条約 ③**満州進出と国際関係** 関東州・南満州鉄道 ④**韓国併合** 日韓協約（1〜3次） 韓国併合条約 （朝鮮総督府）	
1910年代	桂②			②**関税自主権の回復** **小村寿太郎**

明治時代前・中・後期（**1870年代～1910年代初め**）の外交に加え、明治時代後期（**1890年代後半～1910年代初め**）の政治を見ていきます。

(1) 明治時代全体を通して、**不平等条約の改正**が達成されていきました。

(2) 朝鮮をめぐる日本と清との対立から**日清戦争**が勃発し、韓国・満州をめぐる**日露戦争**を契機として、日本は**韓国併合**に向かいました。

(3) 日清戦争後、政党は政府へ接近し、初の**政党内閣**が出現しました。

1 条約改正 （1870年代～1910年代）

① 治外法権の撤廃 （1870年代～90年代）

(1) 1870年代の条約改正交渉は、どのように展開したのか？

　岩倉具視が中心の**岩倉使節団**（1871～73）の交渉が失敗したのち、外務卿の寺島宗則が交渉し、**殖産興業**経費のための関税収入増加をめざして**税権回復**を主眼としました。しかし、**アメリカ**は賛成したものの**イギリス**などが反対し、こののち**イギリス**の一貫した反対姿勢が改正交渉を停滞させました。

(2) 1880年代における、井上外交と大隈外交の違いとは？

　外務卿（のち〔**第1次伊藤内閣**〕の外相）の井上馨は、国家の独立達成のため**法権回復**を主眼とし、東京での会議で列国代表者と**一括交渉**を行うとともに、**鹿鳴館**での舞踏会に象徴される**欧化政策**を推進しました。しかし、改正に応じる代わりに欧米が日本へ要求する**付帯条件**（**内地雑居**や法典整備など）のうち、特に外国人裁判での外国人判事任用は、政府内からも司法権侵害との批判が上がりました（**ボアソナード**など）。さらに、ノルマントン号事件で治外法権の問題点が露呈し（**イギリス**船沈没時に日本人を見殺しにした船長の罪を日本は問えず）、井上の外相辞職後には民権派が「外交失策の挽回」などを掲げ**三大事件建白運動**（1887）を展開しました（第21章）。

　そして、激化事件が相次ぐなかで**立憲改進党**を脱党していた大隈重信が〔黒田内閣〕の外相となり、改正に好意的な国から**個別交渉**を行いました。改正の主眼は井上と同じですが、付帯条件の外国人判事任用を大審院に限定しました。しかし、新聞『ロンドン・タイムズ』で改正案が報道されると、外国人判事任用は**大日本帝国憲法**（1889）に違反するとの批判も高まりました。国家主義団体の**玄洋社**による爆弾テロで大隈が負傷し、交渉は中止されました。

(3)　1890年代になって改正交渉が進展したのはなぜか？

　法治国家体制が確立すると、〔**第1次山県内閣・第1次松方内閣**〕の外相**青木周蔵**の交渉では外国人判事任用の条件が削除され、国内で改正を阻む要素が消えました。また、**ロシア**がシベリア鉄道を着工するなど東アジアでの南下政策を進めるなか、**イギリス**は条約改正に応じ始めました。アヘン戦争以来中国市場を確保してきたイギリスと、「利益線（＝朝鮮）」を防御したい日本が、ロシアを警戒して接近したのです。しかし、青木は**大津事件**（来日したロシア皇太子が警察官に傷つけられた事件）の責任をとって外相を辞職しました。

　〔**第2次伊藤内閣**〕の外相**陸奥宗光**のとき、青木周蔵が駐英公使として交渉を続けました。第5・第6議会で現行条約励行を唱えた**対外硬派連合**も**日清戦争**の開戦を目前に政府を支持し、**日英通商航海条約**（1894）が調印されて**領事裁判権の撤廃**が達成され、居留地も廃止されました（**内地雑居**）。

② 関税自主権の回復　（1910年代）〜税権はどのように回復したか？

　各国と結んだ通商航海条約の期限が切れるタイミングで、〔**第2次桂内閣**〕の外相**小村寿太郎**は**日米通商航海条約の改正**（1911）に成功し（今度はアメリカが最初に改正に応じた）、**関税自主権の回復**が実現しました。幕末から50年以上が経ち、明治時代末期になって、条約の面で欧米と対等になったのです。

2 日清戦争

① 朝鮮への進出　（1880年代）

(1)　1880年代、親清派・親日派によるクーデタはどのように展開したのか？

　日朝修好条規（第20章）で開国したのちの朝鮮の状況を見てみましょう。**閔妃**（国王高宗の王妃）・**閔氏一族**（外戚）の政権は、近代化をめざす親日・改革派と協力しましたが、伝統を維持したい親清・保守派は**大院君**（高宗の父）に接近し、軍の近代化に不満な旧軍隊兵士とともにクーデタを起こしました（**壬午軍乱**　1882）。清は軍隊で鎮圧し、朝鮮へ**宗主権**を発動しました。

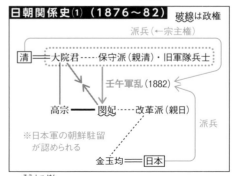

　のち、閔妃・閔氏一族の政権が保守派に転じて清に接近すると（事大党政

176

権）、孤立した改革派（親日）の**金玉均**ら**独立党**が日本の援助を受け政権打倒を図りました（**甲申事変**1884）。このときも清は軍隊で鎮圧し、日清関係が悪化すると、**天津条約**（1885）が結ばれて日本と清は朝鮮から撤兵しました。

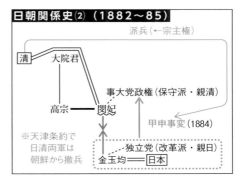

日朝関係史(2)（1882〜85）

派兵（←宗主権）

清 — 大院君

高宗 — 閔妃

事大党政権（保守派・親清）

甲申事変（1884）

※天津条約で日清両軍は朝鮮から撤兵

独立党（改革派・親日）
金玉均＝日本

(2) 甲申事変の後、日本のアジアに対する見方はどう変化したのか？

　福沢諭吉は、新聞『時事新報』の社説で「**脱亜論**」を発表しました（1885）。福沢は改革派の独立党を支援し、「アジアが近代化して欧米に対抗するべき」と唱えていましたが、甲申事変を機に「日本はアジアを脱し、欧米と同じ姿勢でアジアと接するべき（＝アジア分割）」と主張したのです。また、民権派の**大井憲太郎**らが朝鮮の親清・保守政権打倒を図ったのが**大阪事件**（第21章）です。こうして、日本の外国に対する権利を重視する**国権論**が台頭しました。

② 日清戦争 （1890年代）

(1) 日清戦争は、どのような経緯をたどったのか？

　朝鮮で農民反乱（**甲午農民戦争**、東学の乱1894）が発生すると、日清両軍が出兵しました。そのタイミングで**日英通商航海条約**（1894）が結ばれ、ロシアの南下政策を警戒したイギリスと条約改正を達成したことで、朝鮮をうかがうロシアを牽制できました。〔**第2次伊藤内閣**〕のもとで始まった**日清戦争**（1894〜95）に勝利した日本は、全権の**伊藤博文・陸奥宗光**と**李鴻章**との間で**下関条約**（1895）を結びました。

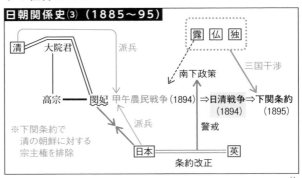

日朝関係史(3)（1885〜95）

露 仏 独

清 — 大院君

高宗 — 閔妃

派兵

南下政策

三国干渉

甲午農民戦争（1894）⇒日清戦争⇒下関条約
　　　　　　　　　　　　（1894）　（1895）

警戒

派兵

※下関条約で清の朝鮮に対する宗主権を排除

日本 — 英

条約改正

(2) 下関条約では、何が規定されたのか？

　まず、清の朝鮮に対する宗主権が排除されました。そして、清は**遼東半島**・

台湾・澎湖諸島を日本に割譲しました（植民地となった台湾には**台湾総督府**が置かれ、**米・砂糖**が日本へもたらされた）。さらに、清は**賠償金**2億両（約3億1千万円）を日本に支払い、日本はこの大半を軍事費に充てました。

　しかし、**ロシア**が**フランス・ドイツ**を誘って「遼東半島を清に返還せよ！」と外交圧力をかけ、日本は屈しました（**三国干渉** 1895）。国民は「**臥薪嘗胆**」（復讐のため苦痛に耐える）を合い言葉にロシアへの敵対心を強め、**国家主義**によるナショナリズムの高揚が日本の対外進出の原動力となりました。

3 日清戦後の議会政治（1890年代後半～1910年代初め）

① 政府と政党の協力 （1895～1900）

(1)　日清戦争後、どのような過程で初の政党内閣が誕生したのか？

　政党は、政府との協力を強めました。〔2次伊藤博文内閣〕と協力した**自由党**も、〔第2次松方正義内閣〕と協力した**進歩党**（立憲改進党中心に結成）も、軍拡予算を承認しました。しかし、〔第3次伊藤博文内閣〕が対ロシア戦向け軍拡のため地租増徴案を議会に提出すると、自由党・進歩党はこれを否決し、合同で**憲政党**を結成しました。伊藤は憲政党に政権を譲り、陸相・海相を除いた大臣が憲政党出身者で占められた、「**隈板内閣**」（大隈が首相・外相、板垣が内相）と呼ばれる〔**第1次大隈重信内閣**〕が誕生しました。しかし、**共和演説事件**（尾崎行雄文相が失言で辞職）ののち、憲政党は自由党系の**憲政党**と進歩党系の**憲政本党**（「憲政党」の名を使われたので「本党」）に分裂しました。

(3)　山県有朋・伊藤博文の、政党に対するスタンスの違いとは？

　長州出身の藩閥政治家である**山県有朋**は、陸軍・山県系官僚・貴族院を基盤に、〔第2次山県有朋内閣〕のもとで政党勢力の抑圧を図りました。**文官任用令の改正**で政党員の官僚機構への進出を防ぎ、**軍部大臣現役武官制**（1900）を定めて陸海軍大臣は現役の大将・中将に限定しました。現役軍人の人事は軍部が決定するので、政党の軍部への影響力が抑制されました。

　一方、同じ長州出身の藩閥政治家である**伊藤博文**は、自ら政党を組織し、国民の政治参加拡大を図りました。〔第2次山県内閣〕の**選挙法改正**による選挙権の拡大（納税資格を

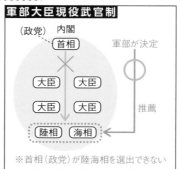

軍部大臣現役武官制

（政党）　内閣

首相　→　軍部が決定

大臣　大臣　　　　　推薦

大臣　大臣

陸相　海相

※首相（政党）が陸海相を選出できない

直接国税**10円以上**に引下げ）は、伊藤の意向の反映でした。そして、伊藤の
ビジョンに賛同した憲政党は解党し、伊藤系官僚とともに**立憲政友会**（1900）
の結成に参加し、**伊藤博文**を総裁とする、政権担当能力のある保守政党が誕生
しました。そして、立憲政友会が与党の〔**第4次伊藤博文内閣**〕が成立しまし
たが、貴族院の抵抗が強く、総辞職しました。

② **桂園時代**（1901～13）〜桂・西園寺による組閣のあり方とは？

明治末期から大正
初期、**山県有朋**の後
継者**桂太郎**（長州出
身の陸軍大将）と、
伊藤博文の後継者**西
園寺公望**（公家出身
で政友会総裁）が交
互に組閣しました
（**桂園時代**）。伊藤・

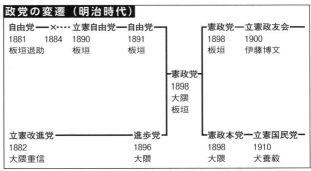

政党の変遷（明治時代）

自由党	×····	立憲自由党	自由党		憲政党	立憲政友会
1881	1884	1890	1891		1898	1900
板垣退助		板垣	板垣		板垣	伊藤博文

憲政党
1898
大隈
板垣

立憲改進党		進歩党		憲政本党	立憲国民党
1882		1896		1898	1910
大隈重信		大隈		大隈	犬養毅

山県は**元老**（天皇の最高顧問）となり、後継首相の推薦に関与しました。この
時期では〔**第2次桂太郎内閣**〕が注目され、日露戦争後の個人主義的風潮をう
けて**戊申詔書**（勤労や節約などの道徳を説く）が発され、また戦争関連の増税
による不況のもとで**地方改良運動**（地方財政の強化）も進められました。

4 日露戦争と韓国併合（1890年代～1910年代）

① ロシアとの対立（1890年代～1900年代初め）

(1) 日清戦争の後、朝鮮半島で日本とロシアはどのように向き合ったのか？

三国干渉後、朝鮮が清に代わってロシアに接近すると、親日政権樹立を図っ
た日本公使の指示のもとで**閔妃殺害事件**が発生しました。しかし、国王高宗は
ロシアの保護下で親露政権を樹立し、皇帝に即位して国号を**大韓帝国**（**韓国**
1897）としました。日本は韓国の利権確保のため、ロシアと協調しました。

(2) 日清戦争の後、欧米列強はどのように中国に関与したのか？

列強は、清の日本への賠償金を肩代わりする見返りとして、**租借地**（一定期
間植民地とする）や勢力範囲（経済的な権利を独占する）などの利権を清へ要
求し、**中国分割**が進みました。そのなかで、ロシアは中国東北部の**満州**進出を

強化し、清の領土内に**東清鉄道**を作る権利を得てシベリア鉄道と連結させ、さらに遼東半島先端部の**旅順・大連**の**租借権**（1898）を清から得ました。三国干渉で日本が清へ返した場所をロシアが奪取したのです。この情勢をうけ、〔**第2次山県内閣**〕のもとで憲政党は軍拡のための**地租増徴**（**2.5%**から**3.3%**へ）に賛成しました。一方、太平洋方面に勢力を広げていたアメリカは、**ジョン＝ヘイ**国務長官が中国の「**門戸開放**」（すべての国に自由な市場として開放）を宣言し、中国市場への参入を図りました。

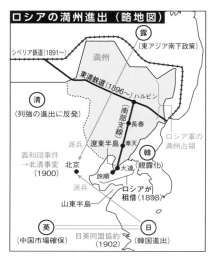

ロシアの満州進出（略地図）

露
（東アジア南下政策）
シベリア鉄道(1891〜)
満州
東清鉄道(1896〜)ハルビン
清
（列強の進出に反発）
南部支線
長春
遼東半島
奉天
ロシア軍の満州占領
義和団事件
→北清事変
(1900)
北京
派兵
韓
（親露化）
派兵
大連
旅順
ロシアが租借(1898)
山東半島
英
（中国市場確保）
日英同盟協約
(1902)
日
（韓国進出）

(3) 北清事変を機に、ロシアは満州支配をどのように強めていったのか？

　清では列強の中国分割に対して不満が高まり、「扶清滅洋」を唱える結社を中心に民衆が蜂起する**義和団事件**が発生すると、清国政府はこれに乗じて列強に宣戦布告しました（**北清事変**　1900）。これに対し、列強は日本・ロシアを中心に共同出兵して鎮圧し、**北京議定書**で賠償金と北京への軍駐留権を獲得しました（この北京駐留日本軍が、のち中国軍と衝突して盧溝橋事件が勃発）。

(4) 日英同盟協約は、どのような事情のもとで結ばれたのか？

　このときロシア軍が満州を占領し、北清事変の終結後も占領を継続したことが、日本にとって問題となりました。**東清鉄道南部支線**の建設や、旅順の軍事基地化も進み、満州と隣接する韓国での日本の権益が脅かされました。

　政府内では、ロシアの満州支配と日本の韓国利権を互いに認め合う「満韓交換」を交渉すべきだという**日露協商論**が唱えられました（伊藤博文ら）。しかし、満州からロシアを排除すべきだという**対露強硬論**が優勢となり（山県有朋ら）、〔**第1次桂内閣**〕のもとで日英の韓国・清国利益を互いに保護する**日英同盟協約**（1902）が結ばれて、日露の直接対決の機運が高まりました。

(5) 日本国内では、日露戦争に対してどのような世論が形成されたのか？

　国家主義団体の対露同志会や、七博士意見書を政府に提出した戸水寛人などが主戦論を主導し、発行部数の多い新聞『**万朝報**』が非戦論から主戦論へ転じたことも世論へ影響を与えました。そして、同紙記者として非戦論を主張して

いた幸徳秋水・堺利彦・内村
鑑三が『万朝報』を退社する
と、**幸徳秋水・堺利彦**は労働
者階級を擁護し社会平等をめ
ざす社会主義の立場から反戦
論を唱え、**平民社**を結成して
『**平民新聞**』を発行し、**内村
鑑三**はキリスト教人道主義の
立場からの反戦論を唱えまし

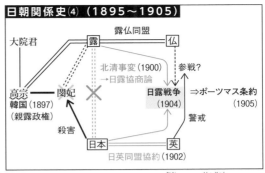

日朝関係史④（1895〜1905）

大院君　　　　　　露仏同盟
　　　　　　露　　　　　　　　仏
　　　　　　　　　　　　　　　　　参戦？
　　　　　　　　北清事変（1900）
　　　　　　　　→日露協商論
高宗　　閔妃　　　　　　　日露戦争　　⇒ポーツマス条約
韓国（1897）　　　　　　　（1904）　　　（1905）
（親露政権）　　　　　　　　　　　　　　警戒
　　　　　　殺害
　　　　　　　　日本　　　　　　　英
　　　　　　　　日英同盟協約（1902）

た。また、開戦後、**与謝野晶子**は反戦詩「君死にたまふこと勿れ（旅順口包囲
軍の中にある弟を嘆きて）」を雑誌『**明星**』に発表しました。戦争に異を唱え
る声もありましたが、国民の多くは戦争支持でした。

② 日露戦争 （1900年代）

(1)　日露戦争は、どのような経緯をたどったのか？

　〔**第1次桂内閣**〕のもとで**日露戦争**（1904〜05）が始まると、日本は満州
の旅順や奉天で勝利し、**日本海海戦**では圧勝しました（連合艦隊司令長官東郷
平八郎の活躍は有名ですね）。しかし、内債・外債（政府の国内外からの借金）
や増税で調達した戦費は多額で、国力の限界に達しました。**セオドア゠ローズ
ヴェルト**米大統領が講和を仲介し、日本全権の**小村寿太郎**と**ウィッテ**との間で
ポーツマス条約（1905）が結ばれました。

(2)　ポーツマス条約では、何が規定されたのか？

　まず、日本が**韓国**において政治・軍事・経済面での利益を得ることを、ロシ
アは承認しました。ロシアが韓国から退き、日本が韓国進出を強化していくこ
とになります。そして、ロシアが清から得ていた権益のうち、**旅順・大連の租
借権**と、**東清鉄道南部支線**の**長春・旅順**間の経営権が、ロシアから日本へ譲ら
れました。今後の日本は、ポーツマス条約で獲得した**満州権益**を維持・拡大し
ていく道を一貫して歩むことになります。さらに、ロシアは**樺太**の**北緯50度
以南**の部分を日本に割譲し、日本はこれを植民地としました。

　しかし、**賠償金なし**という内容に国民の不満が高まり、講和反対の国民大会
が暴動化して**日比谷焼打ち事件**（1905）が発生しました。このとき、政府は
戒厳令を発して軍隊にも首都の治安維持を行わせました。

トピック 世界史の視点から見た日露戦争

　北清事変を機とするロシアの満州進出拡大に対し、清に利権を持つイギリスには、これを軍事力で防ぐ必要が生じました。しかし、当時イギリスは南アフリカ植民地を拡大する戦争で忙しく、東アジアでの軍事行動は日本に任せたい。**日英同盟協約**は、イギリスにとっても必須だったのです。

　日露戦争は世界にインパクトを与え、日本の国際的地位は上昇し、欧米と並ぶ「一等国」となりました。そして、アジアの日本が欧米のロシアに勝ったことは、列強の支配下にあったアジアの民族主義を刺激し、独立運動への希望を高めました（しかし、日本国民はアジア民族に対する優越感を強め、日本は列強の一員としてアジアを抑圧する側に回るのですが）。

③ 満州進出と国際関係 （1900年代〜1910年代）

(1)　日本の満州進出などを背景に、日米関係はどのように変化したのか？

　日露戦争後、日本は**関東都督府**（のち行政部門の**関東庁**と軍事部門の**関東軍**とに分立）を設置して、満州の**関東州**（遼東半島南端の旅順・大連）を統治しました。また、半官半民の**南満州鉄道株式会社**（**満鉄**）を設立し、東清鉄道の長春・旅順間の経営や、沿線の炭鉱・鉄山の経営を行いました。

　しかし、日本が満州権益を独占すると、アメリカは満州の「門戸開放」を要求して日本と対立しました。アメリカは満州進出を意図し、満州からロシアを排除するため戦う日本を支援していたからです。加えて、移民問題も発生しました。日本人移民はアメリカ社会に溶け込まず、アメリカ人労働者の就労機会を奪ったため、カリフォルニア州中心に**日本人移民排斥運動**が高まりました。

(2)　満州をめぐって、日露関係はどのように変化したのか？

　一方、日本とロシアは良好な関係に変化しました。敗戦したロシアは東アジアでの南下政策を諦めて北満州の権益維持を望み、日本はロシアから得た南満州の権益維持を望みました。すると、日本とロシアは、満州と蒙古（モンゴル）の権益を分割しつつアメリカの満州進出を排除する、という点で利害が一致し、日露間で**日露協約**（第1〜4次）が結ばれていきました（1907〜16）。

④ 韓国併合 （1900年代〜1910年代）

(1)　日本の韓国進出拡大は、どのタイミングで開始されたのか？

　日露戦争の開戦直後、日本は**日韓議定書**を結んで韓国での日本軍の軍事行動

の自由などを認めさせ、**第1次日韓協約**（1904）を結んで日本政府が推薦する**財務顧問**と**外交顧問**を韓国政府に置かせ、内政干渉しました。

(2)　日露戦争の終結後、韓国の保護国化と併合はどのように進行したのか？

　当時、帝国主義による植民地・権益の獲得が公然と行われました。**桂・タフト協定・第2次日英同盟・ポーツマス条約**は、日本が韓国を**保護国**（主権の一部を失った国）とすることを米・英・露が承

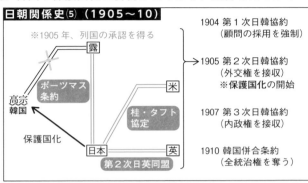

認したものでした。その直後に**第2次日韓協約**（1905）が結ばれ、日本は韓国の**外交権**を接収して**統監府**を設置し、**伊藤博文**が初代統監となりました。

　そして、**ハーグ密使事件**（韓国が万国平和会議に密使を派遣して独立回復を訴えた）への報復として、日本は皇帝高宗を退位させ、**第3次日韓協約**（1907）で日本は韓国の**内政権**を接収しました。続いて韓国軍を解散させると、元兵士も参加して**義兵運動**による抵抗が激化し、日本は軍隊を用いてこれを鎮圧しました。

　さらに、日本政府が韓国併合の方針を決定するなか、前統監伊藤博文が満州のハルビンで韓国の民族運動家**安重根**に暗殺される事件が発生しました。

　最終的に、〔**第2次桂内閣**〕のもとで**韓国併合条約**（1910）が結ばれ、韓国の**全統治権**が日本に譲渡されました。日本は韓国を朝鮮と改め、植民地として**朝鮮総督府**を設置し、**寺内正毅**陸軍大臣が初代総督となりました。

(3)　朝鮮に対する植民地支配は、どのように展開したのか？

　朝鮮総督は現役軍人が就き、**憲兵**（軍内部の警察部隊）が一般人を取り締り（**憲兵警察制度**）、行政の末端まで軍が掌握しました（**武断政治**）。また、**土地調査事業**では多くの農民が土地を接収され（**東洋拓殖会社**や日本人地主が払下げを受けた）、生活の基盤を奪われて日本へ移住する人びとも多かったのです。

第23章 資本主義の形成（明治時代の社会・経済）

年代	内閣	経済	社会
1870年代	(1)	**1 松方財政と寄生地主制** **①大隈財政** 　不換紙幣の発行→インフレーション→財政難 **②松方財政** 　明治十四年の政変（1881）→松方財政 　不換紙幣整理・正貨蓄積→デフレーション 　日本銀行→銀本位制の確立	**③寄生地主制の形成** 　中小自作農の没落 　→小作農に（労働者） 　地主の土地集積 　→寄生地主に（資本家）
1880年代	伊藤①	**2 近代産業の形成** **①諸産業の発展　②植民地・貿易・農業** ※**1880年代の経済** 　企業勃興	**3 社会運動の発生** **①労働運動の発生** 　劣悪な労働条件 　→ストライキ
	黒田	日本鉄道会社・大阪紡績会社・日本郵船会社	
1890年代	山県①	※**1890年代の経済** 紡績業　機械紡績	足尾銅山鉱毒事件 （田中正造の追及）
	松方①	綿糸の生産が輸入を上回る(1890) 　　　　綿糸の輸出が輸入を上回る(1897)	
	伊藤②	製糸業　器械製糸（座繰製糸を上回る） 重工業　官営八幡製鉄所(1897)　造船奨励法	労働組合期成会（1897） →労働組合の結成
	松方②	鉄道業　民営鉄道の発展	
	伊藤③	海運業　航海奨励法	
	大隈①	金融　　貨幣法（1897）（金本位制）	
1900年代	山県②		治安警察法（1900）
	伊藤④	※**1900年代の経済**	**②社会主義運動の発生**
	桂①	綿織物　綿布の輸出が輸入を上回る(1909) 製糸業　生糸輸出が世界第1位に（1909） 重工業　日本製鋼所　三菱長崎造船所	社会民主党 平民社（日露非戦論） 日本社会党
	西園寺①	鉄道業　鉄道国有法〔西園寺①〕 財閥　　持株会社(三井合名会社)・コンツェルン	
1910年代	桂②	(2)　　　　　　　(3)	大逆事件（1910） →幸徳秋水ら死刑 工場法（1911）

明治時代前・中・後期（**1870年代～1910年代初め**）の経済・社会史です。

(1) 1880年代、**松方財政**で貨幣制度が整い、不況下の農村で**寄生地主制**が成立していき、資本主義の基盤（資本・労働力）が形成されました。

(2) 1890年代～1900年代、**軽工業**（製糸業・紡績業など）を中心に**産業革命**が起こり、製鉄業・造船業、鉄道業・海運業なども発展しました。

(3) 工業の発展は様々な社会問題を生み、労働者による**労働運動**や、**社会主義運動**が展開しました。政府は、これらの動きを弾圧しました。

1 松方財政と寄生地主制 （1880年代が中心）

IV 近代・現代

① **大隈財政**（1870年代） ～大隈重信の財政は、何が問題だったのか？

1870年代に財政政策の中心人物だった**大隈重信**（肥前）が殖産興業のための積極財政を推進したことに加え、**西南戦争**（1877）の戦費を調達するために政府が紙幣を発行したので、同じ金額の正貨（金・銀）と交換できない**不換紙幣**が大量に流通し、紙幣価値

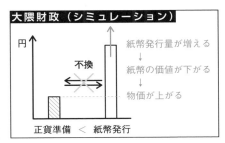

大隈財政（シミュレーション）

円

不換

紙幣発行量が増える
↓
紙幣の価値が下がる
↓
物価が上がる

正貨準備 ＜ 紙幣発行

が下落して物価が上昇しました（**インフレーション**）。これは、小作料の売却収入の増加による地主の成長と、自由民権運動への参加を促しました（**豪農民権** 第21章）。一方、政府はインフレで歳出が増加し、財政は悪化しました。

また、インフレで高価になった日本物品の輸出は減少し、その一方で外国物品の輸入は増加したので、日本は**輸入超過**（貿易赤字）となりました。

② **松方財政**（1880年代）

(1) 松方正義の財政におけるデフレ政策は、どのように実行されたのか？

1880年代に入ると、政府は財政難克服のため歳出削減に転じ（財政整理）、経営状態の悪い官営事業を民間へ払い下げるために**工場払下げ概則**を定めました（ただし条件が厳しくて払下げは進まず）。また、内務省・工部省の殖産興業部門を、新しく設置した**農商務省**に担当させることにしました。

明治十四年の政変（1881）で大隈が政府を離れると、大蔵卿**松方正義**（薩摩）が引き続き財政整理を進めました。**酒税**など間接税の**増税**で歳入を増やし

（地租は増徴せず）、軍事費以外の歳出を削減しました（**緊縮財政**）。富国強兵に加えて、朝鮮情勢が緊迫化したこともあって（**壬午軍乱・甲申事変** 第22章）、軍事費は削減せずに維持されました。

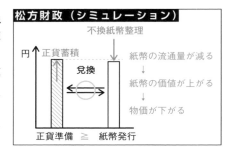

松方財政（シミュレーション）

不換紙幣整理
正貨蓄積
兌換
紙幣の流通量が減る
紙幣の価値が上がる
物価が下がる
正貨準備 ≧ 紙幣発行

　増税で紙幣を回収し、緊縮でバラマキを抑え、余った政府所有紙幣の多くを処分すれば（**不換紙幣の整理**）、紙幣流通量が減少して価値が上昇し、物価は下落します（**デフレーション**）。また、緊縮財政で総需要が減少すれば、物品が余って物価は下落します。この**デフレ政策**で、財政は好転しました。

(2) 官業払下げが、日本経済に与えた影響とは？

　財政整理のもう一つの柱は官営事業払下げですが、これは歳出削減とともに、払下げを受けた民間産業資本の育成にもつながりました。実は、**工場払下げ概則の廃止**によって厳しい条件が無くなり、かえって払下げが増加しました。**三井・三菱**などの**政商**は、このとき払い下げを受けた鉱山や工場などを基盤に資本を蓄積し、のちに**財閥**となる基盤を作っていきました。

官営事業の払下げ

●鉱山業
　高島炭鉱（→三菱）
　三池炭鉱（→三井）
　佐渡金山・生野銀山（→三菱）
　院内銀山・阿仁銅山（→古河）
●造船業
　長崎造船所（→三菱）
　兵庫造船所（→川崎）
●繊維業
　富岡製糸場（→三井）

(3) 銀本位制と近代的な銀行制度は、どのように確立したのか？

　国立銀行条例に基づく**兌換制度**（紙幣価値を正貨（金・銀）で保障）の試みは失敗したので、松方財政では政策と直結する**中央銀行**に兌換させるため、唯一の発券銀行として通貨供給の役割を持つ**日本銀行**（1882）を設立しました。そして、**国立銀行条例の再改正**で、国立銀行の紙幣発行を停止しました（国立銀行は通常の預金業務を行う**普通銀行**に転換）。これらと並行して、余った政府所有紙幣のうち処分しなかった分で正貨（**銀**）を買い入れました（**正貨蓄積**）。そして、不換紙幣整理で紙幣価値が上昇し、同額の銀と交換できるようになると、日本銀行が**銀兌換券**を発行し（1885）、**銀本位制が確立**しました。

　また、デフレで日本物品が安価になると輸出が増え、その一方で外国物品の輸入は減少し、**輸出超過**（貿易黒字）の傾向がでてきました。

③ 寄生地主制の形成　〜デフレは農村にどのような影響をもたらしたのか？

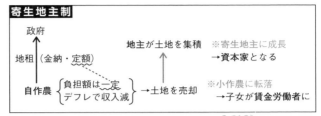

寄生地主制

政府

地租（金納・定額）← 自作農

自作農 { 負担額は一定 / デフレで収入減 } → 土地を売却

地主が土地を集積 → ※寄生地主に成長 → **資本家となる**

※小作農に転落 → 子女が賃金労働者に

デフレ不況が広がると、米価や繭価が下落して農民の収入が減少する一方、支払う**地租**は**定額**なので、中小規模の**自作農**（土地を持つ）が困窮し、地租負担を避けて土地を売り、**小作農**（土地を持たずに借りる）に転落する者が増えました。こうした貧農の増加は、自由民権運動の**激化事件**を発生させました（第21章）。のち、小作農の子女は家計補助を目的とする出稼ぎで、工場や鉱山などの**賃金労働者**となりました。

一方、**地主（豪農）**は、手放された土地を集積し、**寄生地主**に成長する者も現れました。「寄生」は土地に寄生するという意味で、広大な所有地を貸して徴収する地代（小作料など）の収入だけで生計を立てられる者を指します。のち、寄生地主は工場経営や株式投資などで**資本家**となりました。こうして、松方財政を契機に形成されていった寄生地主制は、資本主義との結び付きを強めていき、**企業勃興**（1886〜89）や1890年代以降の**産業革命**を支えたのです。

2 近代産業の形成 （1880年代後半〜1910年代前半）

① 諸産業の発展

(1) 綿糸を作る紡績業の特徴（技術・労働）は？　どのように展開したのか？

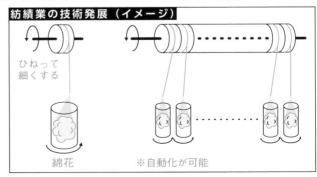

紡績業の技術発展（イメージ）

ひねって細くする

綿花

※自動化が可能

紡績業では、**手紡**（糸車を使用）や**臥雲辰致**が発明した**ガラ紡**に代わり、**蒸気機関**が動力源の**輸入機械**が普及しました。図はガラ紡のしくみですが、形状は異なるものの機械も原理は同じで、加工が自動化された**「機械」**紡績が発展しました。稼働時間が長い機械に対応し、労働者が交代して機械を補助する**昼夜2交代制**となります。

幕末に衰退した綿産業の回復が図られるなか、紡績業発展のモデルとなったのは**渋沢栄一**による**大阪紡績会社**です（1883年に開業）。**イギリス製機械**を導入し、**輸入**綿花を原料に、電灯を使用した**昼夜2交代制**でフル操業し、綿糸の大量生産に成功すると、大阪やその周辺都市

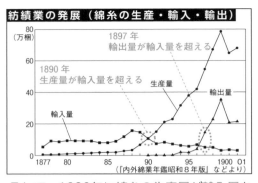

紡績業の発展（綿糸の生産・輸入・輸出）

1897年
輸出量が輸入量を超える

1890年
生産量が輸入量を超える

生産量

輸出量

輸入量

『内外綿業年鑑昭和8年版』などより

に大規模工場が設立されました。そして、1890年に綿糸の生産量が輸入量を超え、輸入品の国産化に成功しました。さらに、安価な**インド**産綿花が大量に輸入され、政府も免税（綿糸輸出税の撤廃・綿花輸入税の撤廃）で輸出促進とコストダウンを図りました。日用品で安価な綿糸は、日清戦争の頃から**中国・朝鮮**向けの綿糸輸出が増加し、1897年に綿糸の輸出量が輸入量を超え、輸出産業として成長しました。しかし、原料の綿花や紡績機械の輸入額は膨大で、日本の貿易構造に輸入超過（貿易赤字）をもたらす原因の一つとなりました。

(2)　生糸を作る製糸業の特徴（技術・労働）は？　どのように展開したのか？

製糸業では、**座繰製糸**（家内で個別生産）に加え、欧米技術を参考に日本技術に改良を加えた**器械製糸**（工場で一斉生産）も発展しました。図は器械製糸のしくみですが、各々の鍋での加工は自動化で

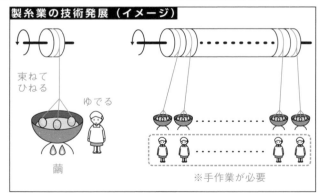

製糸業の技術発展（イメージ）

束ねて
ひねる

ゆでる

繭

※手作業が必要

きず、手作業を伴う**「器械」**製糸が発展しました。大量の労働者が必要で、人件費を削減する**低賃金・長時間労働**（1日18時間に及ぶことも！）となります。

　製糸業は幕末から輸出産業として成長し、養蚕業が発達した長野県・山梨県に小規模工場が急増しました。日清戦争後には器械製糸の生産が座繰製糸の生産を上回り、高級品で高価な生糸は**アメリカ**など欧米向けの輸出が増加して、1909年に生糸の輸出量は中国を抜いて世界第1位になりました。製糸業が**外貨獲得産業**と呼ばれるのは、原料の繭と製糸器械が**国産**なので、これらを輸入

して外国へ外貨を支払う必要がなく、生糸の輸出で得た外貨がそのまま残ったからです。明治期の日本は重工業の発達が遅れ、機械（兵器を含む）・鉄類などの輸入が必要でした。製糸女工の過酷な労働で日本が獲得した外貨は、諸産業の原料・機械や軍需物資の輸入に用いられて、富国強兵を支えました。「糸を引くのも、国のため」（製糸女工が歌った「工女節」の一節）だったのです。

(3) 綿織物業は、どのように展開したのか？

綿織物業では、日清戦争後に**豊田佐吉**らによって**国産力織機**が発明され、農村での手織機による家内工業は、国産力織機を採用した農村内小工場での生産に転換していきました。また、綿糸を生産する紡績会社が**輸入力織機**を導入し、綿布（綿織物）の生産も行うようになりました。日露戦争での**満州**市場獲得もあって中国・韓国への綿製品輸出が増えていき、1909年に綿布の輸出額が輸入額を超え、綿織物業も紡績業に約10年遅れて輸出産業に成長しました。

(4) 重工業は、どのような形で政府が関与したのか？

政府は、日清戦争後の軍備拡張のなかで重工業資材となる鉄鋼の国産化を図り、福岡県に**官営八幡製鉄所**を設立しました（1897　操業開始は1901年）。鉄鉱石は、清の**大冶鉄山**で産出されたものを輸入し、石炭は製鉄所の背後にある**筑豊炭田**から供給されました。日露戦争後、八幡製鉄所が経営を拡張するとともに、兵器を製作する民間の製鋼会社として北海道の室蘭に**日本製鋼所**が設立され、工作機械では池貝鉄工所がアメリカ式旋盤の製作に成功しました。

また、政府は**造船奨励法**（1896）を定め、補助金を交付して民間造船業を奨励しました。官営事業の払下げを受けた**三菱長崎造船所**などが明治時代後期に発展しますが、造船業が本格的に成長するのは大正時代の大戦景気以降です。

(5) 運輸業は、どのように展開したのか？

鉄道業は、産業革命を支える陸上の物資輸送や人びとの移動を担いました。金禄公債を用いた華族の出資により**日本鉄道会社**（1881）が開業し（のち上野・青森間が開通）、民営鉄道の会社設立が急増すると、民鉄の営業キロ数が官鉄のそれを上回りました（官鉄では**東海道線**の東京・神戸間が開通）。のち、日露戦争後の〔**第1次西園寺内閣**〕のもとで**鉄道国有法**（1906）が公布され、全国の民鉄のうち幹線部分を政府が買収しました。朝鮮半島・満州への軍事行動に伴う輸送を想定し、鉄道網の統一的な管理が求められたからです。

海運業は、海外貿易の発展を支えました。**三菱**が共同運輸会社（三井系）と合併し、**日本郵船会社**（1885）が設立され、特に**ボンベイ航路**（神戸・現ム

ンバイ間）の開設は、インド産綿花の輸入に貢献しました。政府は**航海奨励法**（1896）を制定し、海運業に補助金を交付して貿易・輸送の保護を進めました。

(6) 貨幣・金融制度は、どのように確立していったのか？

トピック　国際金本位制

金本位制・銀本位制は、国内では兌換制度で紙幣価値を保障し、国際的には日本の通貨と外国の通貨とを交換するときの**為替相場を安定**させる機能を持ち、貿易の安定をもたらします。

図①は、日本もアメリカも金本位制で、紙幣が同じ額の正貨（金）と交換される状態（兌換）のシミュレーションです。仮に、日本で x 円の

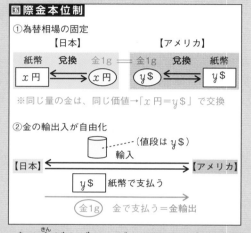

国際金本位制
①為替相場の固定
【日本】　　　　　　【アメリカ】
紙幣　兌換　金1g ＝ 金1g　兌換　紙幣
x 円 → x 円　　y＄ → y＄
※同じ量の金は、同じ価値→「x 円＝y＄」で交換

②金の輸出入が自由化
（値段は y＄）
輸入
【日本】 ← → 【アメリカ】
y＄　紙幣で支払う
金1g　金で支払う＝金輸出

金が１グラムで、アメリカで y＄の金が１グラムだとします。金本位制では「同じ量の金は、同じ価値を持つ」とみなすので、同じ金本位制を採用する国同士で為替相場を固定するのです。この場合は、日本の通貨とアメリカの通貨は、同じ重さの金を基準として、常に「x 円＝y＄」の相場で交換されるようになります。

図②は、貿易における金本位制の機能のシミュレーションです。物品を輸入して外国へ代金を支払うとき、外国の通貨だけでなく、金を使って支払うことも可能になります（金輸出）。この場合、「y＄＝金1g」なので、y＄の品物を輸入するときに、y＄の紙幣で支払ってもいいし、1gの金で支払ってもいいのです。逆も同じで、品物を輸出して外国から代金を受け取るとき、日本の通貨（円）で受け取るだけでなく、金で受け取ってもいいのです。このように、金の輸出入を自由にすることが、国際的な金本位制のルールです。金本位制の開始（為替を固定する）を「金輸出解禁」、金本位制の停止（為替を固定しなくなる）を「金輸出禁止」と呼びます。

1880年代半ば、日本は銀本位制を確立しましたが、欧米は金本位制を採用しており、産業革命推進のために貨幣・金融システムを欧米と共通にする必要が出てきました。そこで、1890年代後半、日清戦争の賠償金を用いて正貨蓄積（金）を進め、〔第2次松方内閣〕が**貨幣法**（1897）を制定して**金本位制を確立**しました。国内では紙幣と金の兌換が保証され、外国との間では「100円＝約50ドル」の固定為替相場で金輸出入を自由化し、貿易が安定しました。さらに、日本の通貨が国際的な信用を得て、外資導入も容易になりました。

　また、特別法で設置を認可された**特殊銀行**として、貿易金融を行う**横浜正金銀行**に加え、日清戦争後は農工業に長期的な融資を行う

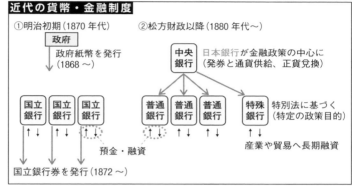

日本勧業銀行や、植民地の発券・金融を行う**台湾銀行**も設立されました。

(7) 財閥は、どのような経緯で形成されたのか？

　近代史における大企業というと、**財閥**を思い浮かべる人も多いと思います。その始

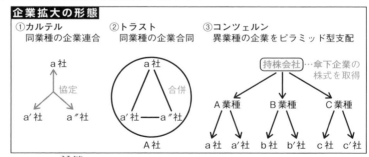

まりは、三井・三菱・古河などの**政商**です。これらは官営鉱山（炭鉱・銅山など）の払下げを受け、鉱工業を基盤に発展していきました。そして、様々な業種（異なる産業部門）の**傘下企業**を抱えて**多角経営**を展開していき、明治時代末期からは、**持株会社**が傘下企業の株式を所有して支配していく、**コンツェルン**形態を整えました。**四大財閥**と言えば**三井・三菱・住友・安田**で、**三井合名会社**（1909）が最初の持株会社です。

② 植民地・貿易・農業　～産業革命を支えるこれらの役割とは？

植民地や権益は、食料・原料・資源の供給地や工業製品の市場として重要でした。大正期に都市人口が増加し、朝鮮・台湾から米の移入が増えました。

貿易は、1890年代後半から1910年代前半にかけて輸入超過の状態が続きました。産業革命の進展で製品（生糸・綿糸・綿布）の

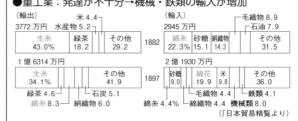

植民地・権益との経済的関係
- ●台湾：下関条約（1895）、**米・砂糖**移入
- ●満州：ポーツマス条約（1905）、**大豆粕**輸入、**綿布**輸出
- ●朝鮮：韓国併合条約（1910）、**米**移入、**綿布**移出

産業革命と貿易との関係
- ●紡績業：綿花や機械を輸入→綿産業全体では輸入超過
- ●製糸業：繭も器械も国産→外貨を獲得、最大の輸出産業
- ●重工業：発達が不十分→機械・鉄類の輸入が増加

輸出は増えたものの、原料（綿花・鉄鉱石）・鉄類・機械の輸入も増えたためです。

農業は立ち遅れていました。**米作**中心の零細経営で、商品作物（綿花など）の栽培は衰える一方、桑の栽培と**養蚕**（繭を生産）が広まりました。

③ 社会運動の発生 （1880年代～1910年代）

① 労働運動の発生

(1)　1890年代の労働運動はどのように展開し、政府はどう対応したのか？

1880年代後半～90年代、産業革命が始まり労働者が増加するなかで、早くも繊維産業に従事する**女工**による**労働争議**が発生しました。労働者が団結して**ストライキ**を起こし、劣悪な労働条件の改善を資本家（経営者）へ要求したのです。

労働者の実態
- ●横山源之助『**日本之下層社会**』（1899）
　…産業革命期の貧困層の状況調査
- ●農商務省『**職工事情**』（1903）
　…政府による工場労働者の実態調査
- ●細井和喜蔵『**女工哀史**』（1925）
　…第一次大戦後の紡績女工の状況

日清戦争後の1890年代後半、労働者は日常的な労働運動の組織化を図り、**労働組合**を結成して経営者の圧力に対抗しようとしました。アメリカで労働運動を学んだ**高野房太郎**が、**片山潜**とともに**労働組合期成会**（1897）を結成し、鉄工や鉄道関連などの男性労働者の労働組合を指導しました。しかし、〔**第2次山県内閣**〕は**治安警察法**（1900）を制定し、労働運動を規制しました。

⑵ 近代の公害問題は、どのように発生したのか？

　足尾銅山鉱毒事件とは、**古河**（古河市兵衛）が経営する**栃木県足尾銅山**が廃水を垂れ流し、鉱毒によって**渡良瀬川**の流域の農業に被害を与えた事件です。衆議院議員の**田中正造**が議会で追及しましたが、外貨を獲得する輸出産業であった産銅業を守りたい政府は、鉱毒対策に及び腰でした。田中正造は議員を辞職し、天皇へ直訴しようとしましたが、果たせませんでした（1901）。その後も、田中正造は地域住民とともに、政府に抗議し続けました。

② 社会主義運動の発生

⑴　1900年代の社会主義運動はどのように展開し、政府はどう対応したのか？

　社会主義は、資本主義による格差拡大を否定し、貧困者救済・経済活動規制・土地や資本の公有などの手段で社会平等を達成しようとする考えです。しかし、膨大な私有財産を所有する資本家・地主は社会主義に反対し、資本家・地主に支えられる政府は、社会主義を危険なものとみなして規制しました。

　日本では、最初の社会主義政党として**社会民主党**（1901）が**安部磯雄・片山潜・幸徳秋水**・木下尚江らによって結成されました。しかし、治安警察法で即日禁止となりました。日露戦争が近づくと、**平民社**（1903）が**幸徳秋水・堺利彦**らによって結成され、『**平民新聞**』を発行して日露戦争に反対しました。日露戦争ののち、最初の合法的な社会主義政党として**日本社会党**（1906）が結成され、〔**第1次西園寺内閣**〕が公認しました。しかし翌年禁止されました。

　こうしたなか、**大逆事件**（1910）が発生しました。管野スガらの社会主義者による天皇暗殺計画を理由に、〔**第2次桂内閣**〕は全国の社会主義者を逮捕し、翌年**幸徳秋水**らを死刑としました（幸徳秋水は暗殺計画に関与せず）。ののち、社会主義運動は低調となりました（「冬の時代」）。また、東京府の警視庁に政治犯・思想犯を取り締まる**特別高等課**（**特高**）が設置されました。

⑵　政府による労働者の保護政策は、どのように行われたのか？

　社会主義運動を徹底的に弾圧した〔**第2次桂内閣**〕ですが、1910年代になると、労働者を保護する社会政策も行い（労働者から徴発する日本軍兵士の弱体化を防ぐ意図があった）、労働者に対する事業主の義務を定めた**工場法**を制定しました（1911）。しかし、労働者の保護は、1人あたりの労働時間短縮や賃金上昇などのコストアップにつながるため、輸出産業である繊維産業の業界からの反対が多く、施行は5年後の1916年となりました。

年代	内閣	政治	外交	社会・経済
1910年代	西園寺②	**1 護憲運動と政党勢力の拡大** ①**第一次護憲運動** 〔西園寺②〕 陸軍2個師団増設問題	(1)	
	桂③	〔桂③〕 第一次護憲運動（1912）	(2)	
	山本①	〔山本①〕 軍部大臣現役武官制改正 シーメンス事件		
	大隈②	〔大隈②〕 第一次世界大戦に参戦	**2 第一次世界大戦と国際協調** ①**第一次世界大戦の勃発** 二十一カ条の要求 石井・ランシング協定 ロシア革命 →シベリア出兵	**3 大戦景気** ①**大戦景気** 海運業の躍進 重工業の発展 軽工業の輸出増 化学工業の勃興 輸出超過へ 金本位制の停止
	寺内	②**本格的政党内閣の誕生** 〔寺内〕 米騒動（1918）	②**パリ講和会議** ヴェルサイユ条約 三・一運動　五・四運動 国際連盟	②**戦後恐慌** 輸出不振 工場の操業短縮
	原	〔原〕 本格的政党内閣 大学令　選挙権の拡大	③**ワシントン会議** 四カ国条約　九カ国条約 ワシントン海軍軍縮条約	
1920年代	高橋	〔高橋〕		
	加藤(友)	③**非政党内閣の継続** 〔加藤（友）〕	※ワシントン体制の成立 →協調外交の展開	
	山本②	〔山本②〕 関東大震災からの復興 虎の門事件		(3)
	清浦	〔清浦〕 第二次護憲運動（1924）		
	加藤(高)①	④**「憲政の常道」** 〔加藤（高）①〕 治安維持法（1925） 普通選挙法（1925） ※政党内閣の慣行が続く	日ソ基本条約	

4 大正デモクラシー

①**デモクラシー思潮**　民本主義　天皇機関説
②**社会運動の発展**　労働運動　農民運動　社会主義運動　女性解放運動　部落解放運動

第 24 章 の テ ー マ

大正時代（**1910年代〜20年代前半**）の政治・外交と社会・経済を見ます。

(1) 国民の政治意識が高まるなかで、政党が伸長する一方で藩閥が後退し、**政党内閣**や**普通選挙制度**が実現して、**政党政治**が発展しました。

(2) **第一次世界大戦**に参戦した日本は国際的地位を高め、戦後の**ヴェルサイユ体制・ワシントン体制**を受容する協調外交を展開しました。

(3) **大戦景気**によって日本は本格的な工業国となり、自由主義・社会主義の潮流が外国から流入したことで社会運動が盛んになりました。

1 護憲運動と政党勢力の拡大 （1910年代〜20年代）

Ⅳ

近代・現代

① 第一次護憲運動 （1910年代前半）

(1) 第一次護憲運動は、何を契機に、どのように展開したのか？

　1912年に明治45年から大正元年に移行したころ、陸軍２個師団増設（朝鮮に駐留）の問題は、**立憲政友会**が与党の〔**第２次西園寺公望内閣**〕を揺さぶりました。内閣による増設の却下に反発した陸相が辞任し、軍部が後任陸相の推薦を拒否すると、軍部大臣現役武官制の制約で総辞職となったのです。そして、元老山県有朋の系列（陸軍・長州閥）である**超然内閣**の〔**第３次桂太郎内閣**〕が発足すると、内閣打倒をめざす第一次護憲運動（1912）が発生し、全国的な国民運動に発展しました。運動は「**閥族打破・憲政擁護**」（藩閥の打倒・世論尊重の実現）をスローガンに、**立憲政友会**の尾崎行雄と**立憲国民党**（もと憲政本党）の党首犬養毅が主導しました。実は、桂は山県の影響から離れて政党政治への移行を望んでおり、桂派官僚に立憲国民党の一部を加えた与党の形成（のち**立憲同志会**として成立）を画策しました。しかし、時すでに遅し。民衆の議会包囲が続くなか、桂は首相在任わずか62日で辞職しました（**大正政変**）。

(2) 政党の勢力伸張で、政治にどのような影響が及んだのか？

　海軍の〔**第１次山本権兵衛内閣**〕は**立憲政友会**が与党となったことから、軍部大臣現役武官制の改正で陸海軍大臣の現役規定を廃止し、**文官任用令の再改正**で政党員の官僚機構進出を再び可能とするなど、政党に配慮した制度変更を進めました。しかし、海軍高官の汚職事件（**シーメンス事件**）で総辞職しました。次の〔**第２次大隈重信内閣**〕は与党**立憲同志会**の総裁加藤高明が**外務大臣**となり、**第一次世界大戦が勃発**（1914）すると参戦を推進しました。

② 本格的政党内閣の誕生 （1910年代後半～1920年代初頭）

(1) 政党内閣が再び登場する背景には、どのような事件があったのか？

　山県系（陸軍・長州閥）である**超然内閣**の〔寺内正毅内閣〕も、次第に政友会・国民党と協力し、また中国権益確保につとめました（石井・ランシング協定など）。しかし、**大戦景気**下での都市化で米消費が増えて米価が上昇し、加えて**シベリア出兵**（ロシア革命で誕生した社会主義政権への干渉戦争）による軍用米需要を見越した買占めが重なり、米価が暴騰しました。そして、**富山県**で始まった安売り要求運動が、新聞報道もあり全国に波及して**米騒動**（1918）に発展すると、軍隊も出動させた鎮圧に批判が高まり、総辞職しました。

(2) 立憲政友会を与党とする政党内閣は、どのような政策を推進したのか？

　民衆運動の高揚を前に、元老山県有朋らも政党内閣を認め、**立憲政友会**が与党の「**本格的**」（首相が衆議院に議席を持つ）**政党内閣**である〔原敬内閣〕が成立し、原は「**平民宰相**」と呼ばれました。原は政友会の公

選挙法の改正

公布年〔内閣〕	実施年〔内閣〕	選挙権を持つ人			
		直接国税額	性別・年齢	総数	人口比
1889〔黒田〕	1890〔山県①〕	15円以上	**男 満25歳**以上	45万人	1.1%
1900〔山県②〕	1902〔桂①〕	10円以上	〃	98万人	2.2%
1919〔原〕	1920〔原〕	3円以上	〃	306万人	5.5%
1925〔加藤(高)①〕	1928〔田中(義)〕	制限なし	〃	1240万人	20.8%
1945〔幣原〕	1946〔幣原〕	〃	**男女 満20歳**以上	3688万人	50.4%

約である**積極政策**を実行し、**大学令**で帝国大学以外の大学（私立・公立）を認可し、官鉄拡張や海軍軍拡の計画で農村や軍部の支持を得ました。しかし、普通選挙の導入は拒否し、**選挙法改正**で納税資格を直接国税**3円以上**へ引き下げ、**小選挙区制**を導入しました。納税資格の急速な撤廃は、格差解消をめざす社会主義的な考えにつながり、社会秩序の維持には不適当だと原は考えたのです。

　また、**第一次世界大戦終結**（1918）で**パリ講和会議**に参加する一方、**戦後恐慌**で積極政策が行きづまりました。原の暗殺後、**立憲政友会**による**政党内閣**の〔高橋是清内閣〕は**ワシントン会議**に参加し、**協調外交**の基礎を築きました。

③ 非政党内閣の継続

(1) 第2次護憲運動の前提となる、非政党内閣の状況とは？

　海軍の〔加藤友三郎内閣〕の後、**関東大震災**（1923）の直後に成立した〔第

2次山本権兵衛内閣〕は戒厳令を発し（市民による朝鮮人・中国人殺傷事件や、無政府主義者の**大杉栄・伊藤野枝**が憲兵の甘粕正彦に殺される事件が発生）、**震災恐慌**が広まるなかで復興に尽力しました。しかし、無政府主義者（無政府主義は社会主義の一種で、権力を否定して小規模コミュニティを重視）が摂政裕仁親王（のちの昭和天皇）を狙撃した虎の門事件を機に、総辞職しました。

(2) 第二次護憲運動は、どのように展開したのか？
　〔**清浦奎吾内閣**〕成立の背景には、政党と距離を置く清浦に総選挙を行わせ、民意で政党政治を復活させるという元老西園寺公望の判断がありましたが、**貴族院**が基盤の**超然内閣**だったため、**憲政会**（もと立憲同志会）・**立憲政友会**・**革新倶楽部**（もと立憲国民党）の護憲三派は政権奪還をめざして第二次護憲運動（1924）を開始し、「**普選断行**」などを選挙公約としました。これに対し、現内閣での政権担当を望む勢力が立憲政友会から脱党し、**政友本党**を結成して与党化しました。結局、解散・総選挙で護憲三派が圧勝し、総辞職しました。

④「憲政の常道」

(1) 普通選挙制度は、どのように実現したのか？

政党内閣が復活し、護憲三派（最多議席が憲政会）が与党の〔**第1次加藤高明内閣**〕が成立しました。そして、**普通選挙法**を制定し（1925）、**満25歳以上の男性全員**が選挙権を

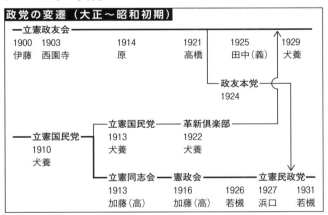

政党の変遷（大正〜昭和初期）

持ち、普通選挙制度の公約を実現しました。同時に、共産主義（革命による労働者政権樹立と財産共有による平等社会をめざす）を取り締まる方針で治安維持法を制定し（1925）、国体の変革や私有財産制度の否認（天皇制の打倒や資本主義の否定）を目的とする結社の処罰を定めました。普通選挙で拡大する労働者階層の政治的影響力に歯止めをかけるとともに、**ソヴィエト連邦**との間で**日ソ基本条約**を結んだことで、日ソ国交樹立による共産主義の流入を防ぐ意図がありました。
　のち、**憲政会**を単独与党とする〔**第2次加藤高明内閣**〕が成立しました。

⑵ 政党内閣の慣行は、どのようにして生まれたのか？

大正後期から昭和初期にかけて、もと立憲政友会総裁の元老**西園寺公望**が、〔**犬養毅内閣**〕までの７代にわたって衆議院多数党の党首を首相に推薦し、「**憲政の常道**」（1924〜32）と呼ばれる政党内閣の慣行が継続して、政党政治が発展しました。**立憲政友会**と、**憲政会**（のち**立憲民政党**）が交代で与党となる、二大政党制の時代となったのです。

② 第一次世界大戦と国際協調（1910年代〜1920年代）

① 第一次世界大戦の勃発

⑴ 第一次世界大戦の背景には、列強のどのような情勢があったのか？

19世紀末以降、列強は**帝国主義**（巨大資本が国家権力と結合し、軍事力による植民地・権益の獲得を国家間で競う）を展開し、世界進出を強めた**ドイツ**と「大英帝国」**イギリス**との対抗を軸に、**ドイツ・オーストリア**（墺）・**イタリアの三国同盟**と、**イギリス・ロシア・フランスの三国協商**が対立しました。

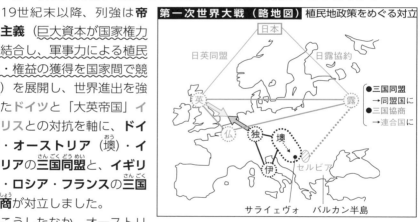
第一次世界大戦（略地図）　植民地政策をめぐる対立

こうしたなか、オーストリアがバルカン半島へ拡張すると、親露国のセルビアに危機感が広まり、オーストリア領となったサライェヴォで、セルビア人の民族主義者がオーストリア帝位継承者を殺害しました（**サライェヴォ事件**）。これが契機となって、同盟国（三国同盟、イタリアは連合国へ）と連合国（三国協商）との間で**第一次世界大戦**（1914〜18）が勃発し、一国の政治・経済を戦争に振り向け、全国民を様々な形で動員する**総力戦**が展開されました。

⑵ 日本は、なぜ第一次世界大戦に参戦したのか？

〔**第2次大隈内閣**〕の**加藤高明外相**は「**日英同盟**を口実に参戦し、東アジアのドイツ権益を奪取して日本の国際的地位を高める」という野心的な考えを主張して日本の参戦を主導し、日本は山東半島の**青島**を占領して山東省の**ドイツ**

権益を接収し、赤道以北のドイツ領**南洋諸島**（中部太平洋）も占領しました。

　当時の中国では、**辛亥革命**（1911〜12）で**中華民国**が成立して清が滅亡したのち、軍閥の**袁世凱**が北京政府の中心となりました（革命を主導した**孫文**は日本に亡命）。加藤高明外相は袁世凱政権へ**二十一カ条の要求**（1915）を突きつけ、**山東省**の**ドイツ**権益の継承や、**旅順・大連**の租借期限と**南満州鉄道**の経営期限の**99年**間延長（日露戦争で獲得した南満州権益の強化）などを承認させました。しかし、中国国民の反発が高まると、〔**寺内内閣**〕は軍事進出を改め、軍閥の**段祺瑞**政権に**西原借款**を与えて権益確保を図りました。

(3)　第一次大戦中の情勢の変化に、日本はどのように対応したのか？

　アメリカが**連合国**側で参戦すると、〔**寺内内閣**〕は**石井・ランシング協定**（1917）を結び（アメリカは日本の中国での特殊利益を認め、中国の**門戸開放・機会均等**〔アメリカの対中国方針〕を確認）、日米関係を調整しました。

　労働者・兵士による**ロシア革命**（1917）で帝政ロシア

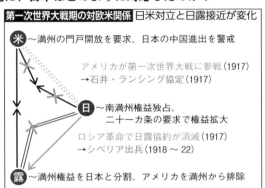

が崩壊し**ソヴィエト政権**が誕生したことは、世界を揺るがせました。社会主義国家の出現に対し、連合国が武力干渉を決定すると、日本は**日露協約**消滅後の満州権益維持も図り、この戦争に参加しました（**シベリア出兵**　1918〜22）。しかし、日本は連合国の撤退後も出兵を継続し、領土的野心を疑われました。

② **パリ講和会議**

(1)　第一次世界大戦の戦後処理は、どのように展開したのか？

　ドイツが中心の同盟国が敗北すると、勝利した**連合国**の「五大国」（米・英・日・仏・伊）が**パリ講和会議**（1919）をリードし、ヨーロッパの国際秩序が形成されました（**ヴェルサイユ体制**）。〔**原内閣**〕は、元老の**西園寺公望**（元首相・元政友会総裁）を全権としました。

　ヴェルサイユ条約（1919）で、日本は**山東省**の旧ドイツ権益を継承し（二十一カ条要求の規定の承認）、赤道以北の旧ドイツ領**南洋諸島**の**委任統治権**（国際連盟の依頼で統治）が認められました。

一方、「各民族は自らの政体を決定できる」という**民族自決**の潮流が及んだ**朝鮮**では、**三・一独立運動**（1919）が拡大しました。日本はこれを弾圧しましたが、武断政治から**文化政治**へ転換し、憲兵警察制度の廃止などを実行しました。また、連合国として参戦した**中国**では、山東省権益の日本継承に対する反発が強く、その返還などを求める**五・四運動**（1919）が拡大しました。

日本の大陸進出（略地図）

シベリア鉄道／シベリア出兵（1918〜22）／（満州）／東清鉄道／二十一カ条の要求（1915）／中華民国袁世凱政権／北京／山東半島／南満州鉄道／長春／奉天／大連／旅順／期限の延長（99カ年ずつ）／ドイツから継承／ヴェルサイユ条約で承認（1919）／ドイツの勢力範囲／膠州湾（青島）／ワシントン会議で中国へ返還（1922）／※山東省のドイツ権益

(2)　国際平和の維持は、どのように展開したのか？

　アメリカ大統領**ウィルソン**の提唱に基づく国際平和機関として、**国際連盟**（1920）が設立されました（本部は**ジュネーブ**）。「五大国」の一つである日本は、イギリス・フランス・イタリアとともに**常任理事国**となりましたが、<u>アメリカは上院の反対で参加しませんでした</u>（ドイツやソ連は、のちに参加）。

③　ワシントン会議

(1)　太平洋問題・中国問題では、どのような条約が結ばれたのか？

　パリ講和会議後に開かれた**ワシントン会議**（1921〜22）をアメリカがリードし、アジア・太平洋の国際秩序が形成されました（**ワシントン体制**）。〔**高橋内閣**〕は、海相の**加藤友三郎**を全権としました。

　米・英・日・仏の**四カ国条約**では、**太平洋**地域での勢力の現状維持が定められ、軍事同盟が不要となって**日英同盟**が廃棄されました。米・英・日・仏・伊・中・ベルギー・オランダ・ポルトガルの**九ヵ国条約**では、**中国**の主権尊重や**門戸開放・機会均等**が定められ（アメリカの対中方針を共有）、**石井・ランシング協定**が廃棄されました。また、<u>日中間交渉で**山東省**の返還を決めました。</u>

(2)　海軍軍縮問題では、どのような条約が結ばれたのか？

　米・英・日・仏・伊の**ワシントン海軍軍縮条約**では、艦隊の中心となる**主力艦**を10年間建造禁止とし、日本の保有量を対アメリカで6割、対イギリスで6割と定めました。当時の日本は**戦後恐慌**に陥り、財政悪化で軍拡が困難なた

め、米・英・日の建艦競争を終わらせたいアメリカの意向を受け入れたのです。

　こうして日本の中国・太平洋方面への政治的・軍事的進出は抑制されましたが、加藤友三郎海相が首相となった〔**加藤友三郎内閣**〕で海軍軍縮とシベリア撤兵が実行され、ワシントン体制を受容する**協調外交**の基礎が築かれました。

３ 大戦景気

① 大戦景気 （1910年代後半）

(1) 第一次世界大戦によって、なぜ好景気がもたらされたのか？

　大戦景気（1915〜19）は、**海運業**の活況から始まりました。**総力戦**により物資輸送が増え、世界的な船舶不足から日本船舶の利用が激増したのです。そして、日本の海運業向けに**造船業**が発達し、急成長した海運業・造船業に「**船成金**」が登場しました。さらに、船舶原料の鋼

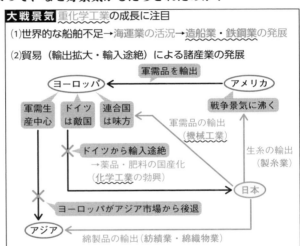

材需要が増え、**鉄鋼業**も発達しました（満鉄の鞍山製鉄所の設立など）。

　総力戦でヨーロッパは軍需生産優先となり、ヨーロッパ製品のアジア市場への流入が減ると、代わって日本製品がアジア市場を独占しました。アジアへの**綿織物**輸出が拡大して**綿織物業**が成長し、**紡績業**では紡績会社が中国に工場を設立しました（**在華紡**）。そして、ヨーロッパへの軍需品輸出で戦争景気となったアメリカへの**生糸**輸出が拡大し、**製糸業**が成長しました。重化学工業では、造船業・鉄鋼業の成長に加え、敵国ドイツからの輸入途絶で国産化が進んで**化学工業**が勃興し、さらに連合国への**軍需品**輸出で機械工業が発達しました。その他、**電力事業**が展開し（工場用動力で電力が蒸気力を上回る）、**水力発電**による福島県**猪苗代**発電所・**東京**間の長距離送電が始まりました。

　貿易面では、輸出の伸張で貿易収支が**黒字**（**輸出超過**）となり（1915〜18）、海運業のサービス輸出の増加でサービス収支も黒字（海外からの受取り

が海外への支払いを上回る）になりました。こうして、日本は**債務国**から**債権国**へ転換しました。一方、欧米の金本位制停止を受けて日本も**金輸出禁止**を実施し（1917）、これから約10年以上、日本は為替相場が不安定な状態となりました。

⑵　**大戦景気によって、日本社会はどのように変化したのか？**

　1910年代後半に工業生産額が農業生産額を上回り、日本は工業国となりました。そして、特に重化学工業に従事する**男性労働者**を中心に、工場労働者が著しく増加し、企業や工場が設立された都市部に人口が集中して、都市化が進行していきました。しかし、賃金は上昇したものの、好景気による物価上昇の幅はそれより大きく、**インフレ**によって賃金は実質的に低下しました。

② **戦後恐慌**（1920年代前半）　～1920年以降の経済状況は？

　大戦終結後、ヨーロッパは復興し、さらにアジア市場へ復帰しました。日本製品は今までのようには海外で売れなくなり、貿易収支は赤字（**輸入超過**）となりました。生産過剰から株価が暴落して**戦後恐慌**（1920）が発生すると、企業の倒産や工場の操業短縮が増加し、成金の没落も相次ぎました。こののち、1920年代の日本経済は恐慌が連続する状況（反復恐慌）となりました。

４　大正デモクラシー（1910年代～20年代）

① **デモクラシー思潮**　～国民の自由要求・政治要求を支えたのは、誰か？

トピック　「大正デモクラシー」

　大正時代、国民の自由拡大や政治参加の要求が高まりました。その思潮を支えたのは、憲法学者美濃部達吉の天皇機関説と、政治学者吉野作造の民本主義です。美濃部は、近代国家において統治権は法人としての国家に属し、天皇は国家の最高機関として**憲法に従い**統治権を行使する、という学説を唱え、統治権は神聖不可侵の天皇が無制限に保持する、という**天皇主権説**を唱えた**上杉慎吉**と論争しました。天皇を近代的な立憲君主と位置づけ、その無制限な権力行使を否定した美濃部説は、憲法解釈の主流となりました。

　吉野は、"democracy" の訳語として、国民主権を意味する「民主主義」

（これは天皇主権の憲法規定に抵触）ではなく、<u>民衆本位の政治を意味する「民本主義」を採用しました</u>。そして、明治憲法の枠内で一般人民の幸福実現をめざし、その手段として**普通選挙制**と**政党内閣制**を実現すべきだと提唱しました。吉野の考えは雑誌『**中央公論**』に掲載されて大きな反響を呼び、吉野は知識人の黎明会や学生の東大新人会を組織して民本主義を広めました。

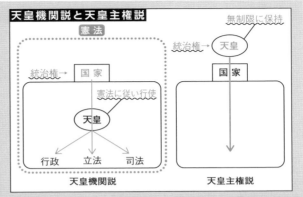

天皇機関説と天皇主権説

憲法

統治権→ 国家

天皇 ←憲法に従い行使

行政　立法　司法

天皇機関説

無制限に保持

統治権→ 天皇

国家

天皇主権説

② 社会運動の発展　～どのような社会階層による運動が展開されたか？

　大正初めに**鈴木文治**が結成した<u>友愛会</u>は<u>労資協調主義</u>でしたが、戦後恐慌で解雇が拡大すると、<u>日本労働総同盟</u>と改称し（1921）、階級闘争主義のもとでストライキを指導しました。また、初の**メーデー**も開催されました（1920）。**賀川豊彦・杉山元治郎**は<u>日本農民組合</u>を結成し（1922）、<u>小作農が寄生地主に対して小作料の引下げなどを求める</u>**小作争議**を指導しました。

　「冬の時代」だった社会主義運動はロシア革命の影響で復活し（**日本社会主義同盟**）、**堺利彦・山川均**は革命での労働者政権樹立と平等実現をめざす<u>日本共産党</u>（**コミンテルン**［国際共産党］の日本支部）を結成しました（1922）。

　明治末期、**平塚らいてう**が<u>青鞜社</u>を設立し、雑誌『**青鞜**』を発刊しました。創刊号の巻頭には「元始、女性は実に太陽であった。」で始まる有名なフレーズがあり、これは**女性解放運動**の始まりを告げる宣言でした。のち、**市川房枝**・平塚らいてうが<u>新婦人協会</u>を結成し（1920）、女性の政治的権利を獲得する運動を展開しました（**治安警察法第5条**の改正を実現）。さらに、市川房枝が**婦人参政権獲得期成同盟会**を結成しました（1924）。

　明治初期の身分解放令以降も続く社会的差別に対し、政府に頼らず差別撤廃を働きかける**部落解放運動**が起こり、**全国水平社**が結成されました（1922）。

第25章 近代文化

年代	文化	時期と特徴
1870年代	**1 文明開化** ○**思想** 　啓蒙思想（明六社・天賦人権思想） ○**教育** 　近代教育制度（学制・教育令） ○**宗教** 　神道・キリスト教・仏教 ○**生活** 　太陽暦　文明開化の風潮（煉瓦造・ガス灯）	1870年代（明治初期） 富国強兵・殖産興業 →政府主導で文化摂取 →欧米の近代文化導入
1880年代・1890年代・1900年代	**2 明治の文化** ○**思想** 　国権論・国家主義の台頭 ○**教育** 　学校令（初等教育の義務化・帝国大学）　教育勅語 ○**学問** 　外国人教師　人文・社会科学　自然科学 ○**出版・文学** 　新聞・雑誌 　戯作文学　政治小説　写実主義　ロマン主義　自然主義 ○**芸術** 　演劇（新派劇・新劇） 　美術（西洋画・日本画・彫刻） 　洋風建築	1880年代〜1900年代（明治時代） 近代化の進行 →欧米文化が広く浸透 国家主義的風潮 →伝統文化の再興
1910年代・1920年代・1930年代	**3 大正〜昭和初期の文化** ○**教育** 　高等教育の拡充（大学令） ○**思想・学問** 　マルクス主義　国家主義 ○**出版・文学** 　『キング』　円本　白樺派　プロレタリア文学 ○**芸術** 　演劇（新劇の発展）　美術（西洋画・日本画） ○**生活** 　洋風化（文化住宅）　映画　ラジオ放送	1910年代〜1930年代（大正〜昭和初期） 大戦景気以降の都市化 →都市中間層が担い手 教育の普及 →大衆文化・市民文化 (1) (2)

1870年代～1930年代に展開した近代文化の概略を見ていきます。

(1)(2)　明治維新期に**文明開化**が広まり、近代国家が形成されると、欧米文化の摂取や伝統的文化の復興といった「開化と復古」を内包した**明治の文化**が生まれました。さらに、資本主義が確立し、工業化・都市化が進むと、市民生活を豊かに彩る**大正～昭和初期の文化**が花開きました。

1 文明開化（明治初期、1870年代）

文明開化は政府が近代化を推進した**明治初期**の文化です。「近代」を理解するため西洋思想の摂取が進み、**森有礼**らによる**明六社**が『**明六雑誌**』を発刊して啓蒙思想を広め（**福沢諭吉**『**西洋事情**』『**学問のすゝめ**』、**中村正直**『**西国立志編**』『**自由之理**』）、**中江兆民**が『**民約訳解**』で紹介した**天賦人権**思想が民権運動を支えました。また、政府は近代国家の構成員の育成を目的に公教育制度を採用し、**学制**（1872）で**国民皆学**を示して小学校を重視し（負担に反発した**学制反対一揆**も発生）、**教育令**（1879）で自由主義的制度にしました。

宗教では、政府が**神仏分離令**で神仏習合を否定し（仏教に対する**廃仏毀釈**の攻撃も発生）、**大教宣布の詔**で神道国教化をめざしたが失敗し、**紀元節**（神武天皇の即位）・**天長節**（明治天皇の生誕）などの祝祭日で天皇権威の浸透を図りました。一方、**五榜の掲示**でのキリスト教禁止は、のち撤回されました。

太陰太陽暦（旧暦）の廃止と**太陽暦**（1873）の採用で、人びとの生活リズムが変化しました。また、東京の銀座に**煉瓦造・ガス灯**が登場し、**人力車**が各地を走り、**ざんぎり頭**が文明開化の象徴とされ、**牛鍋**が流行しました。

2 明治の文化（1880年代～1900年代）

明治の文化は、立憲体制の成立を経て近代国家が確立した時期の文化です。

●思想：1880年代後半に井上外交が行き詰まると、政府の欧化を貴族的だと批判する**徳富蘇峰**（**平民的欧化主義**、民友社の雑誌『**国民之友**』）と、欧化への懐疑を主張する**三宅雪嶺**（**国粋保存主義**、政教社の雑誌『**日本人**』）・**陸羯南**（国民主義、新聞『**日本**』）が論争し、日清戦争後には**高山樗牛**（雑誌『**太陽**』）の日本主義や徳富蘇峰の対外膨張論など、**国家主義**が拡張しました。

●教育：**森有礼**文相による**学校令**（1886）で制度整備が進み（小学校の**義務**

教育化や**帝国大学**）、教育勅語（1890）で明治憲法体制を支える**忠君愛国**が強調されました（奉読をめぐり**内村鑑三不敬事件**が発生）。明治末期には教科書が検定制から**国定制**となって統制が進む一方、義務教育が**4年**から**6年**へ延長され、就学率は100%近くに上昇しました。私立学校として、**慶應義塾**（福沢諭吉）・**同志社英学校**（新島襄）・**東京専門学校**（大隈重信）・**女子英学塾**（津田梅子）が著名です。

●学問：外国人教師による西洋学術の導入に加え、日本人による研究も進展しました。自然科学では、**北里柴三郎**（ペスト菌、**伝染病研究所**）や**志賀潔**（赤痢菌）、**高峰譲吉**（タカジアスターゼ・アドレナリン）や**鈴木梅太郎**（オリザニン）、**長岡半太郎**（原子構造）、**大森房吉**（地震計）が活躍しました。

●出版・文学：**大新聞**（政治評論）と**小新聞**（娯楽中心）が発展し（『**横浜毎日新聞**』が初の日刊新聞）、**総合雑誌**（『**中央公論**』など）が登場しました。
　明治初期の文学は、江戸文学系の**戯作文学**（仮名垣魯文）や民権運動を宣伝する**政治小説**でしたが、1880年代に欧化の影響を受けて登場した**写実主義**（坪内逍遙の評論『**小説神髄**』、言文一致体による**二葉亭四迷**『**浮雲**』）は西洋文芸理論により客観的描写を重視し、**近代文学の出発点**となりました。1890年代には人間の自由な精神と感情表現を重視する**ロマン主義**（**北村透谷**の雑誌『**文学界**』、**樋口一葉**・**与謝野晶子**）や俳句の革新運動（**正岡子規**）、1900年代には社会の現実をありのままに描く**自然主義**（**田山花袋**・**島崎藤村**）、明治末期には国家と個人の内面との対立を描く反自然主義（**夏目漱石**）が登場しました。

●芸術：民権運動を宣伝する**壮士芝居**（**川上音二郎**がオッペケペー節を歌う）から発展した**新派劇**に対し、明治末期に登場した近代劇の**新劇**では、**文芸協会**（島村抱月）や**自由劇場**（**小山内薫**）が海外の脚本を翻訳・上演しました。
　美術は、政府主導で西洋画が勃興し（高橋由一）、1880年代には伝統美術の復興で日本画が隆盛し（アメリカ人**フェノロサ**・**岡倉天心**の尽力で**東京美術学校**）、のち西洋画は**浅井忠**（明治美術会）・**黒田清輝**（白馬会、『**湖畔**』）らの活躍で盛んになりました。彫刻では伝統木彫の高村光雲と西洋ブロンズの**荻原守衛**、建築ではイギリス人**コンドル**（ニコライ堂）が著名です。

③ 大正〜昭和初期の文化 （1910〜1930年代）

大正〜昭和初期の文化は、都市市民が担い手の**大衆文化**が中心でした。

●教育：〔**原敬内閣**〕は**大学令**（1918）で私立大学を認可して、技術者・事務職の養成という産業界の要望に応え、高等教育機関への進学が増加しました。

●学問・思想：人文・社会科学では、哲学の**西田幾多郎**、歴史学の**津田左右吉**（日本古代史）、**民俗学**の**柳田国男**が登場し、労働者階級の解放を説く**マルクス主義**が影響力を持ちました（**河上肇**『**貧乏物語**』）。自然科学では**本多光太郎**（KS 磁石鋼）や**野口英世**（黄熱病）が活躍し、**理化学研究所**が設立されました。一方、国家主義では**北一輝**が天皇を中核とする変革を唱えました。

●出版・文学：新聞・雑誌の発行部数が伸びて**マス＝メディア**が発達しました。雑誌『**東洋経済新報**』で活躍した**石橋湛山**は植民地・権益を放棄する「**小日本主義**」を主張しました。また、大衆雑誌『**キング**』・児童雑誌『**赤い鳥**』（**鈴木三重吉**）や 1 冊 1 円の**円本**が登場し、活字文化が大衆化しました。

　文学では、人道主義的な**白樺派**（**武者小路実篤**・**志賀直哉**）、美を追究する**耽美派**（**谷崎潤一郎**・**永井荷風**）、理知主義的な**新思潮派**（**芥川龍之介**・**菊池寛**）、人間の感覚に根ざす**新感覚派**（**横光利一**・**川端康成**）が登場しました。また、娯楽的な**大衆小説**（**中里介山**の時代小説『**大菩薩峠**』）が人気を呼び、労働者階級を描く**プロレタリア文学**（**小林多喜二**『**蟹工船**』）も興りました。

●芸術：演劇では、島村抱月が松井須磨子と**芸術座**を結成し、**小山内薫**は**築地小劇場**を開きました。美術では、洋画団体の**二科会**（**梅原龍三郎**・**安井曽太郎**）や春陽会（岸田劉生『**麗子像**』）に加え、日本美術院が**横山大観**らによって再興され、雑誌の挿し絵の美人画を描く竹久夢二も活躍しました。

●生活：都市では**俸給生活者**が増え（新中間層）、女性の社会進出も進みました（**職業婦人**）。大都市には**鉄筋コンクリート造**のビルディングが建ち、私鉄がターミナルデパートを経営し、東京・大阪では**地下鉄**も開通しました。

　生活では、盛り場に洋装の**モボ**（モダンボーイ）・**モガ**（モダンガール）が出現し、郊外電車の沿線に和洋折衷の**文化住宅**が建てられ（一般家庭に**電灯**が普及）、百貨店のレストランで**トンカツ**や**カレーライス**が提供されました。

　娯楽では、**無声映画**（**活動写真**、弁士が解説）が音声入りの**トーキー**に発展しました。興行では、阪神急行電鉄社長の小林一三が設立した**宝塚少女歌劇団**が注目されます。**ラジオ放送**が開始され（1925）、**日本放送協会**の全国中等学校優勝野球大会（のち高校野球）の実況などが人気を呼びました。

年代	内閣	政治・外交	対アジア外交	経済
	原	(1)		**2 恐慌の連続と昭和初期の財政**
	高橋			**①震災恐慌**
	加藤(友)			〔山本②〕
	山本②	**1 中国情勢の変化と昭和初期の外交**		支払猶予令
	清浦			震災手形の発生
	加藤(高)①	**①幣原外交**		日本銀行の特別融資
	加藤(高)②	〔加藤(高)①〕～護憲三派		
1920年代		〔加藤(高)②〕～憲政会		**②金融恐慌**
	若槻①	〔若槻①〕～憲政会	**②中国統一の進展**	〔若槻①〕～憲政会
		対中国：内政不干渉	国民党が北伐を開始	震災手形処理
		既得権益は維持(満州)	(軍閥政権を打倒)	→取付け騒ぎ
			→幣原外交への批判	台湾銀行救済に失敗
		③田中外交	**④山東出兵**	〔田中(義)〕～政友会
	田中(義)	〔田中(義)〕～立憲政友会	北伐へ干渉	支払猶予令
		対欧米：協調(不戦条約)	張作霖爆殺事件	日本銀行の非常貸出
		対中国：強硬方針	(関東軍)	
		⑤田中内閣の反共政策		
		第1回普通選挙		
		→三・一五事件		
		→治安維持法改正		
	浜口	**⑥幣原外交の復活**		**③井上財政(デフレ)**
		ロンドン海軍軍縮条約		〔浜口・若槻②〕
		→統帥権干犯問題		金輸出解禁(1930)
				→為替安定を図る
		3 満州事変と軍部の台頭		緊縮財政
				産業合理化
	若槻②	**②軍部の台頭**	**①満州事変**	世界恐慌下で輸出減
		国家改造運動の高まり	柳条湖事件(1931)	→昭和恐慌の発生
1930年代		十月事件	→関東軍の戦線拡大	
		血盟団事件	リットン調査団	**④高橋財政(インフレ)**
	犬養	五・一五事件(1932)	第1次上海事変	〔犬養・斎藤・岡田〕
		→政党内閣が終わる	「満州国」建国	金輸出再禁止(1931)
		滝川事件	日満議定書	→円安で輸出増
	斎藤	(滝川幸辰)	国際連盟脱退通告	→ソーシャル・ダンピング
		天皇機関説問題		管理通貨制度
	岡田	(美濃部達吉)	ワシントン体制離脱	→予算の増加(軍需)
		二・二六事件(1936)		→重化学工業が成長
		(3)		(2)

第 26 章 の テ ー マ

昭和初期（**1920年代後半〜30年代前半**）の政治・外交・経済を見ます。

(1) 政党政治と**幣原外交・田中外交**とが関連しながら展開していきました。

(2) **震災恐慌・金融恐慌**を経て、**井上財政**のもとで**昭和恐慌**が発生しましたが、**高橋財政**のもとで日本経済は恐慌から脱出しました。

(3) **満州事変**が勃発して日本の**国際連盟脱退**に至り、軍部・右翼が台頭するなかで**五・一五事件**で政党内閣は終わり、学問・思想が弾圧されました。

1 中国情勢の変化と昭和初期の外交 (1920年代後半〜1930年代初め)

① 幣原外交　〜幣原喜重郎外相による外交の特徴は、何か？

1926年に大正15年から昭和元年に移行したころ、〔**第1次若槻礼次郎内閣**〕の幣原喜重郎外相が協調外交を継承していました（**幣原外交**）。彼は**護憲三派**内閣（〔加藤（高）①〕）・**憲政会**内閣（〔加藤（高）②〕〔若槻①〕）で外相を務め、欧米に対しては**協調**、中国に対しては**内政不干渉**を原則としつつ、満州などでの**既得権益の維持**を図りました。緊縮財政を党是とする憲政会が与党の内閣では、軍拡による軍事的進出が困難であり、経済的進出を充実させたのです。

② 中国統一の進展　〜幣原外交は、北伐の進行にどう対応したのか？

中華民国では、各地を割拠する**軍閥**が北京政府の実権をめぐって争いました。一方、革命運動を主導する**孫文**は、**国民党**を率いて中国南部に勢力を拡大しました。孫文は、北京政府（軍閥連合）の解消と国民国家の樹立を望み、社会主義革命をめざす**共産党**と協力して**第1次国共合作**を結成しました。孫文の死去後は国民党内で**蔣介石**が台頭し、国民革命軍を率いて北京政府を打倒する**北伐**を開始しました（1926）。蔣介石は**南京**を占領して**国民政府**を樹立したものの、共産党と敵対し（国共分裂）、国民革命軍が単独で北伐を続けました。

〔**第1次若槻内閣**〕の**幣原喜重郎**外相は、対中国内政不干渉の方針のもと、北伐には介入しませんでした。しかし、北伐が満州まで及ぶと危険だと考えた軍部・枢密院・野党立憲政友会が、幣原外交を「軟弱外交だ！」と非難しました。枢密院は、内閣に金融恐慌の処理を失敗させ、総辞職に追い込みました。

③ 田中外交 　〜田中義一兼任外相による外交の特徴は、何か？

　与党は**立憲政友会**に移り、〔**田中義一内閣**〕では田中義一が外相を兼任しました（**田中外交**）。欧米に対して**協調**を維持した点は、幣原外交と共通でした。日本は**ジュネーブ軍縮会議**に参加し、米・英・日で海軍軍縮を協議したものの、不調に終わりました。また、戦争の違法化を進める国際的潮流を背景に、国際紛争解決の手段としての戦争を放棄する**不戦条約**（1928）を**パリ**で調印しました（日本国憲法第9条「戦争放棄」につながる源流の一つ）。

　一方、中国に対して**強硬方針**で臨んだ点は、幣原外交と異なりました。中国権益を実力で守ろうとしたのです。

④ 山東出兵 　〜田中外交は、北伐の進行にどう対応したのか？

　田中は外交官・軍人を集めて**東方会議**を開き、対中国強硬方針を決定するとともに、**山東出兵**（1927〜28）を断行し、日本人居留民の保護を名目に北伐に干渉しました（日本軍が国民革命軍と衝突する**済南事件**も発生）。

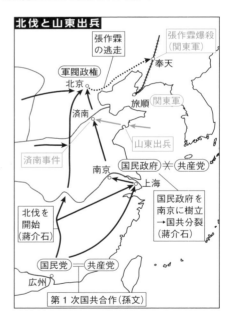

　北京政府の中心は満州軍閥の**張作霖**で、日本は張作霖と結んでいました。しかし、各地の軍閥は国民革命軍に敗北し、張作霖も北京から逃走すると、関東軍は弱体化した張作霖の排除と満州全域の直接支配を企み、本拠地の**奉天**に戻った張作霖を列車ごと爆殺しました（**張作霖爆殺事件**、日本では満州某重大事件として報道）。このとき、田中は事件処理の甘さで昭和天皇の信任を失い、総辞職しました。

　一方、張作霖の子の**張学良**は国民政府に合流し（北伐が完了し、国民政府が満州も含めて中国を統一）、抗日の姿勢を強めていきました。

⑤ 田中内閣の反共政策 　〜共産主義弾圧は、どのように進行したのか？

　社会主義勢力の中に議会立法で労働者・農民の擁護をめざす**無産政党**が登場し（**労働農民党**など）、〔田中義一内閣〕が実施した**第1回普通選挙**（1928）

では合計 8 名を当選させました。しかし、非合法の共産党が労働農民党を指導するなど公然と活動したことに危機感を持った内閣は、**三・一五事件**で共産党員を検挙し、労働農民党を解散させました。さらに、**治安維持法の改正**（1928）で最高刑を**死刑**とし、協力者も処罰可能としました（**目的遂行罪**）。また、東京警視庁に置かれていた**特別高等課**（**特高**）を全国に設置しました。

⑥ 幣原外交の復活　～海軍軍縮で、どのような国内問題が生じたのか？

　与党は**立憲民政党**（もと憲政会）に変わり、〔**浜口雄幸内閣**〕では**幣原喜重郎**が再び外相となりました。日本は**ロンドン海軍軍縮会議**に**若槻礼次郎**（もと首相・もと憲政会総裁）を全権として送り、米・英・日・仏・伊で**ロンドン海軍軍縮条約**（1930）が結ばれ、**補助艦**の保有量を対米・対英で約 7 割としました。しかし、軍縮に反対する海軍軍令部・野党立憲政友会・民間右翼は、**統帥権干犯**を主張して内閣を攻撃しました。憲法解釈上の通説では、天皇大権である統帥権（軍の作戦・指揮権）と編制権（兵力量の決定権）は別々の権限ですが、軍令部は、編制権は統帥権に付属すると解釈しました。政府が軍令部の同意を得ずに兵力量を決定したのは、軍令部が行使する統帥権を侵害したことになる、という理屈です。浜口は東京駅で右翼に狙撃され、翌年総辞職しました。

② 恐慌の連続と昭和初期の財政

① 震災恐慌（1923）　～震災で、なぜ銀行が危機に陥ったのか？

　大正後期、**関東大震災**で**震災恐慌**（1923）が発生すると、被災企業【図の A 社】が決済期日を守るのは困難となり【図①②③】、〔**第 2 次山本内閣**〕は 1 ヶ月間の**モラトリアム**（**支払猶予令**）で決済先送りを指示しました。

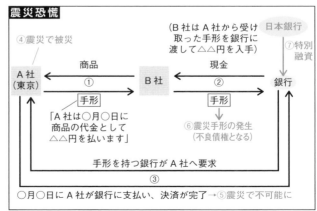

しかし、銀行が所持する手形には、決済不能な不良債権となるものがありました【④⑤⑥】。こうした**震災手形**の発生に対し、政府は**日本銀行**に指示して

特別融資を行わせました【⑦】。しかし、これは一時しのぎで、銀行は、手形を振り出した企業から支払いを受けて決済を完了し、特別融資を受けた分を日本銀行に返さなくてはなりません。しかし、まだ企業の経営は回復せず、決済が完了していない震災手形が残り、銀行の経営に対する不安が広がりました。

② 金融恐慌

(1) 第1次若槻内閣のとき、どのように金融恐慌が発生したのか？

昭和初期、**憲政会**が与党の〔**第1次若槻内閣**〕は**震災手形の処理**（手形の決済）を図りましたが、法案審議中に**片岡直温**蔵相が「東京渡辺銀行が破綻した…」と失言すると（実際は破綻していなかった）、預金引出しに殺到する**取付け騒ぎ**が発生して銀行の休業が相次ぎ、**金融恐慌**（1927）が拡大しました。

こうしたなか、第一次世界大戦で急成長した商社の**鈴木商店**が経営危機となり、融資元の**台湾銀行**（植民地台湾の中央銀行）が不良債権を抱えました。政府は日本銀行からの融資で台湾銀行を救済するため、天皇大権の**緊急勅令**を用いようとしましたが（当時帝国議会が閉会中であったため）、天皇諮問機関の**枢密院**は緊急勅令案を否決しました。枢密院は、中国で進行していた北伐を放置する**幣原外交**に不満で、台湾銀行救済を失敗させることで内閣を総辞職に追い込んだのです。

(2) 田中義一内閣は、どのように金融恐慌を沈静化させたのか？

〔**田中義一内閣**〕は元首相の**高橋是清**を蔵相に迎え、与党**立憲政友会**の**積極財政**方針で銀行救済を進めました。3週間の**モラトリアム**（**支払猶予令**）で、銀行に預金者への払戻しを一時停止させて、取付け騒ぎを収めました。同時に、**日本銀行**に銀行への**非常貸出**を行わせました（日本銀行は片面印刷の紙幣を大量に発行して供給）。こうして、金融機関に対する不安が解消されると、金融恐慌は終息しました。

(3) 金融恐慌の結果、経済界にはどのような状況が生じたのか？

財閥系中心の**五大銀行**（三井・三菱・住友・安田・第一）に預金が集中する一方、中小銀行の整理・統合が進みました。また、財閥が系列銀行を通して企業に融資し産業支配を強めました。一方、「憲政の常道」が展開するなかで、政党との結合を深めました（三井と立憲政友会、三菱と憲政会・立憲民政党）。

トピック 加藤高明と幣原喜重郎

　憲政会総裁で首相を務めた**加藤高明**は、明治政府の政商**岩崎弥太郎**（三菱の創業者）の長女と結婚しています。一方、加藤高明首相のもとで外相を務めた**幣原喜重郎**は、岩崎弥太郎の四女と結婚しています。実は、加藤と幣原は同じ閨閥に属する親類同士で（幣原は加藤の義弟にあたる）、両者をつなぐのが三菱だったのです。加藤が死去したのちも、幣原は憲政会・立憲民政党を与党とする内閣で外相を務め、戦後に首相となりました。ちなみに、加藤首相は男性普通選挙を実現し、幣原首相は男女普通選挙を実現しました。

③ 井上財政（デフレ）

(1) 井上蔵相によるデフレ政策とは？

　〔**浜口雄幸内閣**〕は元日銀総裁の**井上準之助**を蔵相に迎え、与党**立憲民政党**（もと憲政会）の方針である**緊縮財政**を実施して、総需要の減少により物価を下落させました（**デフレ政策**）。そして、デフレ下で安価・良質な商品を生み出せる企業だけが生き残れば良い、という考えのもと、生産性向上のためのリストラやコストダウンを促しました（**産業合理化**）。**井上財政**は、産業界のあり方を改善し、**国際競争力を強化**して輸出を拡大することを狙ったのです。

　また、緊縮財政下では軍事費抑制も必要でした（**ロンドン海軍軍縮条約**）。

(2) 金本位制への復帰は、何を狙ったものであったのか？

　金本位制に復帰する**金輸出解禁**（**金解禁**）もめざしました。同じ金本位制を採用する欧米諸国との間で**為替相場が安定**すれば、貿易が促進されます。ところが、井上蔵相は、当時の為替相場（新平価、100円＝約46〜47ドル）ではなく、以前金本位制だった1897〜1917年の為替相場（**旧平価**、100円＝約50ドル）を採用しました。100円で入手できるのが約46

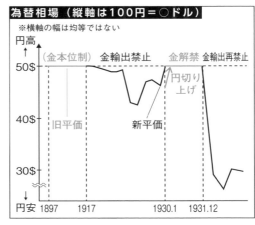

為替相場（縦軸は100円＝○ドル）
※横軸の幅は均等ではない

IV

近代・現代

～47ドルから約50ドルになれば円の価値が上がり（**円切り上げ**）、円高による輸出抑制効果が生じるため一層の産業合理化が必要です。井上蔵相は、円の国際的信用を高めるために旧平価を選択したのですが、国民にとっては厳しい政策でした。

(3) **金輸出解禁で、日本経済はどのような状況になったのか？**

　1929年10月にアメリカでの株価暴落を機に発生した世界恐慌が拡大するなか、アメリカの経済力を過信した井上蔵相は予定通り金輸出解禁（1930.1）を断行しました。その結果、世界恐慌の影響に旧平価が重なって輸出が激減し、輸入超過（貿易赤字）となりました。金本位制では、輸入品の代金を相手側の通貨で支払っても正貨（金）で支払っても良いというルールですが（金輸出）、輸入超過のときは金で支払うので、**正貨（金）**が日本から大量に**流出**しました。

　そして、デフレによる不況に産業合理化が重なると、工場の操業短縮や企業の倒産によって**労働者の失業**や賃下げが増加しました。こうして、昭和恐慌が発生したのです（1930）。内閣は、**重要産業統制法**（1931）を制定してカルテル・トラストを奨励し、一層の産業合理化を推進しました。

　〔第2次若槻内閣〕で**満州事変**が勃発すると（1931.9）、軍事費増大の必要性から緊縮財政は困難となり、また正貨流出を止める必要から、金本位制停止が見込まれました。財閥は円安ドル高になることを想定し、安いドルを大量に購入しておく**ドル買い**を進めましたが、これは財閥への批判を高めました。

(4) **昭和恐慌は、農村にどのような影響を及ぼしていったのか？**

　米価の下落に、アメリカへの生糸輸出激減による**繭価の暴落**が重なり、さらに失業者の帰村で不就業状態の農村人口が増加しました。こうして昭和恐慌下で農業恐慌が深刻化し、**欠食児童**の増加や農家の負債累積による**女性の身売り**などの社会問題が広がると、恐慌を招いた政党内閣への不満が広がりました。

④ 高橋財政（インフレ）

(1) **金輸出再禁止で、日本経済はどのような状況になったのか？**

　与党が**立憲政友会**に移って〔犬養毅内閣〕が成立すると、元首相の高橋是清が再び蔵相となり（〔斎藤実内閣〕〔岡田啓介内閣〕でも蔵相を継続）、積極財政での景気回復を図りました。高橋蔵相は就任直後に金輸出再禁止（1931.12）を断行して国際金本位制から離脱すると、**為替相場が急落**しました。**円安**によって輸出が急増し、**綿織物**の輸出はイギリスを抜き世界第1位となりました。しかし、このことは「**ソーシャル・ダンピング**」（国ぐるみでの不当な

安売り）だという国際的な非難を浴び、イギリスなどは**ブロック経済**（植民地との経済一体化を含む保護貿易政策）で日本製品の流入に対抗しました。

(2) 管理通貨制度への移行は、産業にどのような影響をもたらしたのか？

　高橋蔵相は金輸出再禁止と同時に円の金兌換を停止し、日本は**管理通貨制度**（政府が不換紙幣の発行を管理）へ移行しました。さらに、発行した赤字国債を日本銀行に引き受けさせて**財政膨張**を進めました（**インフレ政策**）。満州事変で生じた軍需に応じ、軍事費を中心に予算を増大させると、機械・金属・化学などの**重化学工業**が発達し（のち1930年代後半、重化学工業生産が軽工業生産を上回る）、官営八幡製鉄所と民間の製鉄所が合同した日本製鉄会社も設立されました。また、**新興財閥**が重化学工業部門を基盤に軍部と協力して大陸進出を強め、鮎川義介の**日産**（日本産業）は満州の重化学工業を独占し、野口遵の**日窒**（日本窒素）は朝鮮に化学コンビナートを建設しました。一方、重化学工業化により、石油・鉄類・機械などの対米依存が増えていきました。

(3) 高橋財政は、日本経済にどのような状況をもたらしたのか？

　円安を利用した輸出の増加と財政膨張による重化学工業の発達で、日本経済は恐慌から脱出しました。一方、農業恐慌に対しては、自助努力を行わせる農山漁村経済更生運動を進めましたが、農村の景気回復は立ち後れました。

　そして、高橋蔵相が軍事費の抑制に転じると軍部は反発し、〔岡田内閣〕のときの**二・二六事件**（1936）で高橋蔵相は暗殺されました。

３ 満州事変と軍部の台頭 （1930年代前半）

① 満州事変

(1) 満州事変に至る背景と、勃発後の経緯は？

　北伐の完了後、中国ではナショナリズムが高揚し、欧米や日本から権益を取り戻す**国権回収運動**が進行しました。これに対し、重要な資源供給地・市場である満州は「日本の生命線」だと叫ばれ、**関東軍**は**石原莞爾**らを中心に満州占領計画を立てて軍事侵略で権益を確保しようとしました。当時、国民政府（蔣介石）は国内統一深化のため、**共産党**との**国共内戦**に注力していました。

　関東軍は、**奉天**の郊外で満鉄の線路を爆破する**柳条湖事件**（1931.9）を起こし、これを中国側の策略だとして、自衛を口実に軍事行動を開始し、満州全土を占領しました（満州事変　1931〜33）。これは九カ国条約に違反する可能性があり、**立憲民政党**が与党の〔第２次若槻内閣〕は幣原外相のもとで**不拡**

大方針をとりました。しかし、世論やマスコミは軍の行動を支持し、事態を収拾できず総辞職しました。協調外交方針の幣原外交は、こうして終わりました。

立憲政友会が与党の〔**犬養毅内閣**〕に変わると、中国本土で日本軍が中国軍と衝突する**第1次上海事変**も発生しました。

(2) 日本は、国際連盟の動向に、どのように対処したのか?

国民政府は、満州事変への軍事的な対応には消極的で、国際連盟に提訴しての解決を図りました。国際連盟は**リットン調査団**を派遣し、「自衛」という日本の主張と「一方的な侵略」という中国の主張の正否を調査しました。

満州…東三省(奉天省・吉林省・黒龍江省)
→「満州国」は、東三省＋熱河省・興安省

ところが、調査の終了前に、関東軍は清の最後の皇帝だった**溥儀**を執政として、**満州国**の建国を宣言させました。〔**犬養内閣**〕は、満州国を承認しないまま**五・一五事件**(1932)で倒れ、海軍の〔**斎藤実内閣**〕は、**日満議定書**を結んで満州国を承認しました。満州国は、日本の軍人・官僚が実権を握る、事実上の植民地でした(のち溥儀は皇帝となる)。

その後、**リットン報告書**(日本軍の行動や満州国の存在を否定)が提出され、国際連盟の臨時総会が開催されて日本軍の撤兵を求める(ただし日本の満州権益は認める)対日勧告案が可決されると、これに反対した全権の**松岡洋右**らが総会から退場しました。その直後に日本は**国際連盟脱退**を通告し、国際的孤立の道を歩むことになります。最終的に**塘沽停戦協定**(1933)で満州事変は終結し、国民政府(蔣介石)は満州国の存在を事実上黙認しました。その後の満州国では、昭和恐慌の被害を受けた農村からの開拓移住政策が進められました。

海軍の〔**岡田啓介内閣**〕のとき、日本はワシントン海軍軍縮条約廃棄を通告し、ワシントン体制から離脱して大軍拡を開始しました。

② 軍部の台頭

(1) 「憲政の常道」は、どのような過程を経て終焉を迎えたのか?

現状に危機感を抱く**軍部の将校**(指揮官)や**右翼**が、既存勢力を打倒して軍

中心の国家体制にする**国家改造**を唱えるなか、陸軍結社の桜会と右翼によるクーデタ（政党内閣打倒・軍内閣樹立）未遂事件が発生しました（〔**浜口内閣**〕での**三月事件**、〔**第2次若槻内閣**〕での**十月事件**）。さらに、**立憲政友会**が与党の〔**犬養内閣**〕のとき、井上日召が率いる血盟団が前大蔵大臣の**井上準之助**と三井財閥幹部の**団琢磨**を暗殺しました（**血盟団事件**　1932）。昭和恐慌が続くなか、政党内閣や財閥への不満が右翼のテロを生んだのです。

　そして、**海軍**の青年将校らが首相の**犬養毅**を殺害する**五・一五事件**（1932.5）が発生し、内閣は総辞職しました。元老西園寺公望は次の首相に政党の党首を推薦せず、「憲政の常道」と呼ばれた政党内閣の慣行は終わりました。

(2)　学問・思想に対する弾圧は、どのように強められていったのか？

　共産主義者への弾圧が強まるなか（プロレタリア作家の小林多喜二が特高に殺害される事件も発生）、共産主義思想を放棄する**転向**が相次ぎました。また、無産政党は天皇のもとでの平等社会の実現や国家による資本主義の制限などの国家社会主義に転じ、**社会大衆党**は軍に接近して戦時体制に協力しました。

　海軍の〔**斎藤実内閣**〕は「挙国一致内閣」（立憲政友会員・立憲民政党員・官僚・貴族院議員・軍人が大臣となる）と呼ばれます。このとき、京都帝国大学教授**滝川幸辰**の自由主義的な刑法学説に対し、右翼から「共産主義的だ」と非難する声が上がり、事態を収めたい文部省（鳩山一郎文相）が京大に圧力をかけて滝川が休職処分となった、**滝川事件**が起きました。

　海軍の〔**岡田啓介内閣**〕では**天皇機関説問題**が発生しました。**美濃部達吉**の学説は憲法解釈の正統とされてきましたが、貴族院で「美濃部の学説は日本の国体に反する」という非難が上がり、軍部・右翼による排撃運動が激しくなると、政府は美濃部の著作を発禁処分とし、美濃部は貴族院議員辞職に追い込まれました。そして、内閣は**国体明徴声明**を発し、天皇制が日本の国体であるとして、天皇機関説を否定しました。こうして、政治の力によって学問の自由が奪われ、政党政治の理論的根拠が失われたのです。

(3)　軍部によるクーデタの結果、国内政治にはどのような傾向が生じたのか？

　陸軍内で、財閥や官僚など既存の勢力と結んで軍の影響力を拡大し総力戦体制をめざす**統制派**と、重臣や政党などの支配層を武力で排除し天皇親政をめざす**皇道派**との派閥争いが激化するなか、**陸軍皇道派**の青年将校が部隊を率いて首都を占拠し（**二・二六事件**　1936.2）、**高橋是清**蔵相や**斎藤実**内大臣らを殺害しました。しかし、戒厳令が発動され、昭和天皇の指示で彼らは「反乱軍」として鎮圧されました。これを機に、軍部は公然と政治介入を強めました。

年代	内閣	政治・社会	対アジア外交	対欧米外交
1930年代	斎藤	**1 日中戦争と総動員体制**	**③中国情勢の変化** 国共内戦 華北分離工作	
	岡田			
	広田	**①軍部の政治進出** 軍部大臣現役武官制の復活 国策の基準（北進・南進）	西安事件 →国共内戦の停止	**②三国防共協定** 独伊の全体主義化 日独防共協定
	林	**⑤戦時統制の強化**	**④日中戦争** 盧溝橋事件→日中戦争	日独伊三国防共協定
	近衛①	国民精神総動員運動 国家総動員法	南京占領 近衛声明（1～3次） 蔣介石は重慶で抗戦	
	(1)	国民徴用令		
	平沼	**2 第二次世界大戦と翼賛体制**	**①第二次世界大戦と三国同盟** ノモンハン事件 （北進策の挫折）	日米通商航海条約廃棄の通告 独ソ不可侵条約 第二次世界大戦
	阿部			
1940年代	米内	**②翼賛体制の成立** 新体制運動（近衛文麿） 大政翼賛会（隣組など） 大日本産業報国会 国民学校令	北部仏印進駐（南進）	日独伊三国同盟 日ソ中立条約
	(2)			
	近衛②			
	近衛③	**3 太平洋戦争と敗戦**	**①太平洋戦争の展開** 関東軍特種演習（北進） 南部仏印進駐（南進） 真珠湾攻撃・マレー半島上陸 →太平洋戦争の開戦 ミッドウェー海戦 大東亜会議 サイパン島陥落 ※「皇民化」政策	独ソ戦争 アメリカの対日石油禁輸 ハル＝ノート →日米交渉の決裂
	東条	**②戦時下の国民生活** 翼賛選挙 ※供出制 　配給制・切符制 学徒出陣 学童疎開		カイロ会談 ヤルタ会談
	小磯			
	鈴木(貫) (3)	**③敗戦** ポツダム宣言受諾→敗戦	沖縄戦 原爆投下・ソ連の参戦	ポツダム会談

昭和戦前・戦中期（**1930年代後半〜40年代前半**）の政治・外交を見ます。

(1) 軍部の政治介入が進むなか、日本は**日中戦争**に突入して**総動員体制**を築きました。また、全体主義化を進める独・伊との提携が進みました。

(2) **第二次世界大戦**が勃発すると、日本はドイツとの関係を強化して三国同盟を結ぶ一方、日中戦争のもとで**翼賛体制**を完成させました。

(3) 日本は南方進出を強化してアメリカと対立し、**太平洋戦争**に至りましたが、国民生活は破壊され、最後は連合国に無条件降伏しました。

IV

近代・現代

1 日中戦争と総動員体制 （1930年代後半）

トピック 戦争の呼称

日本史で「戦時中」と呼ばれる時期には、**日中戦争**（1937〜45）と**太平洋戦争**（1941〜45、**第二次世界大戦**の一部）が重なりながら展開しました。1941年以降に日本が戦った日中戦争と太平洋戦争について、当時の政府は「大東亜戦争」の名称を決定し（敗戦まで使用）、近年の歴史学研究ではこれを**アジア・太平洋戦争**と呼ぶことが増えています。

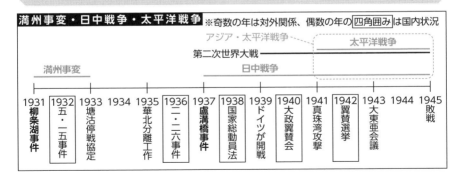

満州事変・日中戦争・太平洋戦争 ※奇数の年は対外関係、偶数の年の 四角囲み は国内状況

アジア・太平洋戦争
太平洋戦争
第二次世界大戦
満州事変
日中戦争

1931	1932	1933	1934	1935	1936	1937	1938	1939	1940	1941	1942	1943	1944	1945
柳条湖事件	五・一五事件	塘沽停戦協定		華北分離工作	二・二六事件	盧溝橋事件	国家総動員法	ドイツが開戦	大政翼賛会	真珠湾攻撃	翼賛選挙	大東亜会議		敗戦

① 軍部の政治進出 〜軍部の影響はどのように強まったのか？

軍部が政治発言力を強めるなか、外交官の〔**広田弘毅内閣**〕は**軍部大臣現役武官制を復活**させて、軍部による内閣への介入が再び可能となりました。そして、ワシントン海軍軍縮条約が失効し、大規模な軍備拡張計画に基づき予算が大幅に増やされ、国防中心の戦時体制が作られました。また、対外進出方針と

して「**国策の基準**」が決定されましたが、ここで示された、ソ連に対抗する**北進論**と、東南アジア・太平洋へ進出する**南進論**は、のちに膠着した日中戦争の打開策として実行に移され、太平洋戦争へとつながりました。

② 三国防共協定　～1930年代の世界情勢は、どのようなものだったか？

　世界恐慌の影響が拡大するなか、ドイツでは**ヒトラー**が主導するナチス政権が**一党独裁**（ナチズム）を確

1930年代の世界情勢
・自由主義陣営…アメリカ・イギリス・フランスが中心
・全体主義陣営（枢軸）…ドイツ・イタリアが中心
・社会主義陣営…ソ連が中心

立し、ヴェルサイユ体制の打破を掲げて国際連盟を脱退し、再軍備を宣言しました。国際連盟を脱退し、ワシントン海軍軍縮条約も廃棄して国際的孤立を深めた日本は、〔**広田内閣**〕のもとで日独防共協定を結び（1936）、ソ連への対抗と共産主義の抑止を約しました（のちイタリアも含めた**日独伊三国防共協定**〔1937〕を締結）。一党独裁（ファシズム）を固めていたイタリアも含め、日本は**全体主義**陣営（ドイツ・イタリア）との関係を深めたのです。

③ 中国情勢の変化　～国共内戦の停止は、どのようになされたのか？

　満州事変の終結後、関東軍は満州国の南にある華北を日本の影響下に置くため、中国人に親日政権を作らせる華北分離工作を進めました（1935～37）。しかし、国民政府の蔣介石は共産党との内戦に熱中し、抗日を求める声を顧みない。こうしたなか、共産党との戦いで西安（かつての長安）にいた満州軍閥の**張学良**が、視察で西安を訪れた**蔣介石**を監禁し、内戦停止と抗日を要求すると（**西安事件**　1936）、考えを改めた蔣介石は共産党との内戦を停止しました。

④ 日中戦争

⑴　日中戦争は、どのように始まり、拡大していったのか？

　日本では、陸軍の〔**林銑十郎内閣**〕を経て、貴族院議長（もと摂関家の近衛家）の〔**第1次近衛文麿内閣**〕が成立しました。そして、**北京**郊外で日中両軍が衝突する盧溝橋事件（1937.7）が発生し、**第2次上海事変**も起こって日中戦争（1937～45）が拡大すると、中国では**第2次国共合作**が成立して**抗日民族統一戦線**が形成され、宣戦布告もないまま長期戦となり（日本はこれを「支那事変」と呼称）、日本軍は首都**南京を占領**しました（**南京事件**も発生）。

　しかし、国民政府は内陸部の**重慶**に移り、東南アジアからの**援蔣ルート**を通じたアメリカ・イギリスの物資援助を受けながら、抗戦を続けました。

⑵　日中戦争に関連した外交は、どのように進行したのか？

　1938年、日本は**近衛声明**を発表し、各地に親日政権を作って和平を達成する方針に転換しました。第1次近衛声明では「**国民政府を対手とせず**」と表明し、蒋介石の国民政府との和平交渉を日本側から閉ざしました。第2次近衛声明では「日本・満州・中国の連帯と**東亜新秩序**の建設」を掲げ、今さらながら戦争目的を表明しました。のち、国民政府要人で親日派の**汪兆銘**が重慶を脱出し、日本の保護下で**南京に新国民政府**を樹立しましたが（1940）、政権としては弱体で、日本の和平工作は停滞しました。

日中戦争の展開

は日中戦争の戦線

⑤　戦時統制の強化

⑴　1930年代後半、思想統制はどのように強められたのか？

　文部省は『**国体の本義**』を作成し、神話をもとに国体の尊厳と天皇の神格性（「現御神」）を説き、国民精神を高めようとしました。

　日中戦争の開戦後、自由主義や社会主義への弾圧が一層強化されました。**矢内原忠雄**は政府の大陸政策を批判して、東京帝大を追われました。**人民戦線事件**では、反ファシズム団体の結成を計画したとして、**日本無産党**の指導者やマルクス主義経済学者の**大内兵衛**らが検挙されました（共産党員でなくても治安維持法を適用）。また、**火野葦平**『**麦と兵隊**』など従軍経験による戦争文学が登場しましたが、石川達三『**生きてゐる兵隊**』は発禁処分になりました。

⑵　日中戦争開始後、国民の経済活動はどのように統制されたのか？

　〔**第1次近衛内閣**〕は「挙国一致」などのスローガンを掲げて**国民精神総動員運動**を推進し（1937〜）、戦争協力を求めました。さらに、職場ごとに**産業報国会**を結成させ、労資一体を促進しました。また、軍事費を急増させると

ともに、内閣直属の**企画院**を設置して経済統制を強めました。さらに、国家総動員法（1938）で、政府は議会の承認なしに**勅令**を発して労働力や物資を統制する権限を得ました。議会が立法権の一部を政府へ譲り（授権立法）、議会の審議が形骸化したのです。のち、軍需産業へ動員する**国民徴用令**や公定価格を定める**価格等統制令**が出されました（1939）。

一方、軍需優先のなかで民需が制限され、「**ぜいたくは敵だ**」のスローガンのもと、日用品の**切符制**（事前配布の切符を添えて購入）、米の**配給制**（購入量の一定制限）、生産者への**供出制**（強制買上げ）が実施されました。

2 第二次世界大戦と翼賛体制（1930年代末～1940年代初め）

① 第二次世界大戦と三国同盟

(1) 日中戦争が進行するなか、北進策はどのように実行されたのか？

日中戦争が続くなか、日本は満州国と隣り合うソ連の動きを警戒し、国境をめぐってソ連と軍事衝突しました。満州国とソ連との国境付近で起きた張鼓峰事件に続き、司法官僚の〔平沼騏一郎内閣〕のとき、満州国とモンゴル（社会主義の親ソ国）との国境付近で**ノモンハン事件**が起きました（1939）。しかし、のち日本はソ連・モンゴルに惨敗して北進策は挫折し、北守南進策（北方の防衛と南方への進出）へ転換しました。

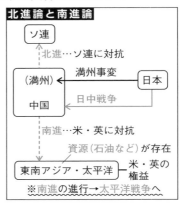

北進論と南進論

(2) 日中戦争が進行するなか、日米関係はどのように変化したのか？

第2次近衛声明「東亜新秩序建設」をワシントン体制への挑戦と受け止めたアメリカは、**日米通商航海条約の廃棄**を通告しました（1939）。自由貿易の解消で、アメリカ政府による貿易への介入が可能となり、アメリカは対日経済封鎖を強めました。

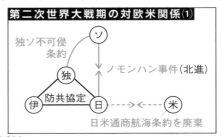

第二次世界大戦期の対欧米関係①

ノモンハン事件の最中、**独ソ不可侵条約**（1939）が結ばれました。防共協定と矛盾する条約の締結という事態を前に、〔平沼内閣〕は「欧州の情勢は複雑怪奇」と表明して総辞職しました。

(3) 第二次世界大戦の開始に対し、日本はどのように対応したのか？

陸軍の〔阿部信行内閣〕の成立後、ドイツがポーランドへ侵攻し、イギリス・フランスがドイツへ宣戦布告して第二次世界大戦が勃発しました（1939）。内閣はヨーロッパの世界大戦には介入せず、日中戦争に専念する方針でした。

海軍の〔米内光政内閣〕も大戦不介入を継続しましたが、ドイツの連戦連勝を見た陸軍は、ドイツと軍事同盟を結んで南方へ進出する南進論を主張しました。そして、近衛文麿が進めていた新体制運動（独・伊をまねた、強力な政治組織での一国一党体制をめざす）を支持し、内閣を総辞職に追い込みました。

ちなみに〔米内内閣〕では立憲民政党の斎藤隆夫が議会で反軍演説を行い（汪兆銘政権利用の和平工作を批判）、軍部の圧力で議員を除名されました。

(4) アメリカに対抗するため、どのような措置がとられたのか？

〔第2次近衛内閣〕（外相松岡洋右）は大戦不介入の方針を変更し、独・伊・ソと提携して南進策を実行しました。ドイツに降伏したフランスと交渉し、フランス領インドシナ北部へ軍を進める北部仏印進駐（1940.9）で南進の拠点を確保し、援蔣ルートの遮断を図りました。同時に、アメリカを仮想敵国とする日独伊三国同盟（1940.

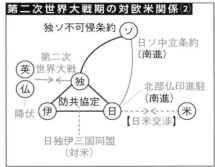

第二次世界大戦期の対欧米関係②

独ソ不可侵条約

日ソ中立条約（南進）

北部仏印進駐（南進）

防共協定

日独伊三国同盟（対米）

【日米交渉】

降伏

9）を結び、南進で想定されるアメリカの圧力を防ごうとしました。翌年に日ソ中立条約（1941.4）を結び、南進強化のため北方の安全を確保しました。

しかし、アメリカの対日経済封鎖が始まっており、全面戦争を避けたい日本は、野村吉三郎とハル国務長官との間で日米交渉を始めました（1941.4〜）。

② 翼賛体制の成立　〜翼賛体制は、どのような構造だったのか？

新体制運動の結果、既存政党はすべて解散し、大政翼賛会（1940）が結成されました。ところが、当初めざした政党組織にはならず、官製の上意下達機関に変質しました。下部組織として都市に町内会、農村に部落会が置かれ、末端に隣組が組

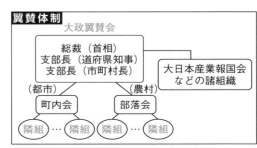

翼賛体制

大政翼賛会

総裁（首相）
支部長（道府県知事）
支部長（市町村長）

大日本産業報国会などの諸組織

（都市）　（農村）

町内会　　部落会

隣組　…　隣組　　隣組　…　隣組

織されて、全国民を全体主義的に組織して戦争に協力させる体制が確立したのです。さらに産業報国会の全国組織である大日本産業報国会（1940）が結成され、全ての労働組合は解散しました。また、小学校を国民学校と改称し、軍国主義的な教育を推進しました。

③ 太平洋戦争と敗戦 （1940年代前半）

① 太平洋戦争の展開

(1) 独ソ戦争の開始は、日本の方針をどのように変化させたのか？

突如、ドイツが独ソ不可侵条約を破ってソ連に侵攻し、**独ソ戦争**が始まりました（1941.6）。日本は南進策に加えて**北進策**も進めることを決定し、独ソ戦争がドイツ優位の場合のソ連侵攻（日ソ中立条約破棄）を想定し、満州国とソ連の国境付近に大軍を集結させ、**関東軍特種演習**

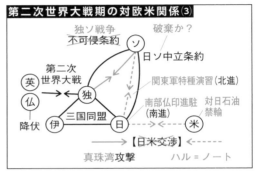

（関特演）を実施しました（1941.7）。しかし、ソ連へは侵攻せず、演習は途中で中止されました。

(2) アメリカとの対立を決定的にしたのは、何が原因か？

対米強硬論の松岡洋右外相を外して〔第3次近衛内閣〕が成立したものの、南進策を維持して南部仏印進駐（1941.7）を実行すると、直後にアメリカは日本の在米資産を凍結し、**石油の対日輸出を禁止**しました。日中戦争の継続は困難となり（こうした対日経済封鎖を軍部は「**ABCD包囲陣**」〔米・英・中・蘭〕と呼んで国民にその脅威を訴えた）、9月の御前会議（天皇・政府・軍部）では「帝国国策遂行要領」を決定し、10月を期限として日米交渉を継続しつつ対米戦争準備を行うことにしましたが、結局交渉は不調のままでした。

(3) 太平洋戦争は、どのように始まり、拡大していったのか？

陸相の**東条英機**が首相となって〔東条英機内閣〕が成立しました（陸相・内相も兼任）。しかし、日米交渉のなかで11月末にアメリカが提示した**ハル＝ノート**は、「中国・仏印からの全面撤退、三国同盟の破棄、満州国・汪兆銘政権の否認」といった、満州事変以前の状態に戻すことを要求する、日本にとって

厳しい内容でした。御前会議で開戦が決定され、陸軍のイギリス領**マレー半島**上陸と海軍の**ハワイ真珠湾**攻撃によって（1941.12）、**太平洋戦争**（1941〜45）が始まりました。

日本は「欧米の植民地支配からアジアを解放し、**大東亜共栄圏**を建設する」ことを掲げてアジア・太平洋各地を占領しましたが、現地で資源や物資を収奪し（石油・金属・米など）、軍政を行ってアジア諸民族を抑圧するのが、占領政策の実態でした。

日中戦争から太平洋戦争へ

(4) 太平洋戦争の戦局は、どのように変化していったのか？

ミッドウェー海戦（1942）の敗北から、アメリカ軍の反転攻勢が始まり、ガダルカナル島から撤退すると、日本は太平洋地域から後退していきました。日本は、汪兆銘政権や満州国、さらに占領地の代表者を東京に集めて**大東亜会議**（1943）を開き、「大東亜共栄圏」の結束を誇示しました。しかし、アメリカ軍の**サイパン島占領**（1944）を機に、〔東条内閣〕は総辞職しました。サイパン島には米軍基地が作られ、爆撃機による**本土空襲**が激化しました。

② 戦時下の国民生活

(1) 戦時下の政治状況は、どのようなものだったのか？

開戦直後、〔東条内閣〕は**翼賛選挙**（1942）を実施しました。政府が援助した**推薦候補**が8割以上の議席を占め、非推薦候補は僅かでした。議員の多くが翼賛政治会に参加し、議会は政府の決定を承認するだけの機関になりました。

(2) 国民生活は、どのようになっていったのか？

生活は苦しく、配給もコメ以外の小麦粉やイモなどの代用品になったり、配給では足りずに高価な**闇取引**に頼ったりしました。戦場への召集や工場への動

員が強化されたことで、農村の労働力が不足し、食糧不足が生じたのです。こうしたなか、政府は**食糧管理法**（1942）を定めて、生産・流通・配給を統制しました。また、兵力・労働力の不足を補うため、中学以上の学生・生徒や**女子挺身隊**（じょしていしんたい）に組織された未婚女性を軍需工場に動員し（**勤労動員**（きんろうどういん））、徴兵の年齢に達した文科系学生（ぶんか けい）（大学・高等学校など）を在学中に召集して戦場に送りました（**学徒出陣**（がくとしゅつじん））。**本土空襲**（ほんどくうしゅう）が激しくなると、国民学校の児童が地方へ集団で疎開する**学童疎開**（がくどうそかい）が実施され、工場は都市から地方へ移転していきました。

　すでに、植民地の朝鮮・台湾では**皇民化政策**によって、日本語教育の徹底や神社参拝の強制が進められ、朝鮮では日本風の姓名を名乗る**創氏改名**（そうしかいめい）も強制されました。太平洋戦争の開始後、朝鮮や台湾では**徴兵制が施行**され、朝鮮人や占領地域の中国人を日本本土の鉱山や港湾などで働かせました（**強制連行**（きょうせいれんこう））。

③ **敗戦**

(1)　沖縄戦は、どのように展開したのか？

　陸軍の〔小磯国昭内閣〕（こいそくにあき）のときの**東京大空襲**（とうきょうだいくうしゅう）（1945.3）では、焼夷弾（しょういだん）による東京下町への無差別攻撃で、死者が約10万人に上りました。アメリカ軍が**沖縄本島へ上陸**（おきなわほんとう）すると（1945.4）、総辞職しました。

　海軍の〔鈴木貫太郎内閣〕（すずきかんたろう）のとき（鈴木は侍従長（じじゅうちょう）の経歴があり、昭和天皇に終戦工作を期待された）、**沖縄戦**（おきなわせん）（1945.4〜45.6）が展開しました。男子学

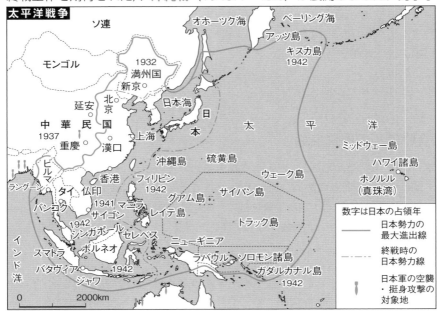

太平洋戦争

ソ連　モンゴル　満州国　1932　新京　延安　北京　中華民国　1937　重慶　漢口　上海　日本海　日本　オホーツク海　ベーリング海　アッツ島　キスカ島 1942　太　平　洋　ミッドウェー島　ハワイ諸島　ホノルル（真珠湾）　沖縄島　硫黄島　ウェーク島　ビルマ　ラングーン　タイ　バンコク　サイゴン　1941　マニラ　仏印　1942　シンガポール　1942　スマトラ　ボルネオ　セレベス　レイテ島　フィリピン　1942　グアム島　サイパン島　トラック島　ニューギニア　ラバウル　ソロモン諸島　ガダルカナル島 1942　バタヴィア　ジャワ　1942　インド洋

0　2000km

数字は日本の占領年
―― 日本勢力の最大進出線
---- 終戦時の日本勢力線
日本軍の空襲・挺身攻撃の対象地

226

徒は**鉄血勤皇隊**<ruby>鉄血勤皇隊<rt>てっけつきんのうたい</rt></ruby>として戦闘に参加し、女子学徒は**ひめゆり隊**などとして看護に従事するなど、地上戦で県民が直接戦闘に巻き込まれ、「集団自決」に追い込まれた人びとも含めて多くの犠牲が出ました。死者は軍人約９万人・民間人約９万人、うち沖縄県出身者は合計12万人以上にのぼりました。

　ドイツ降伏（1945.5）の後、連合国と戦っているのは日本だけとなりました。

⑵　連合国は、戦後処理に関して、どのような方針で臨んだのか？

　日本やドイツ・イタリアと戦っていた**連合国**<ruby>連合国<rt>れんごうこく</rt></ruby>は、アメリカ・イギリスを中心に、第二次世界大戦の戦後処理を協議しました。すでに、エジプトのカイロでアメリカ・イギリス・中国による会談が開かれ、カイロ宣言が出されていました（1943.11）。戦後日本の領土について、**満州**や**台湾・澎湖諸島**<ruby>澎湖<rt>ほうこ</rt></ruby>の中国への返還、旧ドイツ領南洋諸島委任統治領の剥奪、**朝鮮の独立**が定められました。

　そして、ソ連のヤルタでアメリカ・イギリス・ソ連による会談が開かれ、ヤルタ協定が出されました（1945.2）。秘密協定で、**ソ連の対日参戦**や、その見返りとして**南樺太**<ruby>南樺太<rt>からふと</rt></ruby>・**千島列島**<ruby>千島<rt>ちしま</rt></ruby>のソ連領有が約束されました。

　さらに、ドイツのポツダムでアメリカ・イギリス・ソ連による会談が開かれました。その際、アメリカは日本に関するポツダム宣言を提案してイギリスと合意し、日本と戦っているアメリカ・イギリス・中国の名で発表しました（1945.7）。**日本の無条件降伏**の勧告とともに、戦後日本の占領方針として**軍国主義の排除**と**民主化**が示され、これは GHQ による占領政策に継承されました。

⑶　日本は、敗戦をどのような形で迎えることになったのか？

　８月６日、アメリカは開発したばかりの**原子爆弾**<ruby>原子爆弾<rt>げんしばくだん</rt></ruby>（**原爆**<ruby>原爆<rt>げんばく</rt></ruby>）を広島に投下し、死者は14万人以上となりました。８月８日、ヤルタ協定に従い**ソ連が対日宣戦布告**し、満州・朝鮮などに侵入しました。これにより、戦後に満蒙開拓移民の中から**中国残留孤児**が生じ、ソ連の捕虜となった兵士の**シベリア抑留**も起きたのです。８月９日、アメリカは長崎に原子爆弾を投下し、死者は７万人以上となりました（広島・長崎の死者数は1945年末の時点での推計）。

　そして、８月14日の御前会議でポツダム宣言の受諾が決定され、連合国に通告されました。こうして、日本は**無条件降伏**したのです。８月15日、昭和天皇のラジオ放送が全国に流れ、〔**鈴木貫太郎内閣**<ruby>鈴木貫太郎<rt>すずきかんたろう</rt></ruby>〕は総辞職しました。

年代	内閣	政治	外交	社会・経済
1940年代	東久邇宮	**1 戦後の民主化政策** **①占領の開始** 　降伏文書調印 　人権指令		
	幣原	五大改革指令 　天皇の人間宣言 　公職追放令 　東京裁判 **④政党政治の復活** 〔幣原喜重郎〕 　男女同権の総選挙	**③日本国憲法の制定** 憲法改正要求〔幣原〕 マッカーサー草案 日本国憲法〔吉田①〕 〔国民主権 　平和主義 　基本的人権の尊重 民法・刑法の改正	**2 冷戦の拡大と占領政策の転換** **③経済再建から経済自立へ** 　国民生活の困窮 　インフレ 　金融緊急措置令 　　　　　　〔幣原〕
	吉田①	〔第1次吉田茂〕 　日本自由党 　日本国憲法の公布 　衆・参の総選挙		傾斜生産方式 　　　　　　〔吉田①〕
	片山	〔片山哲〕～社会党 　社会・民主・国民協同		
	芦田	〔芦田均〕～民主党 　社会・民主・国民協同 　昭和電工事件	**①冷戦の構造** 　米ソの対立 〔「西側」…資本主義 　「東側」…社会主義	※占領政策の転換 　経済安定九原則
	吉田②	〔第2次吉田茂〕 　民主自由党	**②東アジアでの冷戦** 　北朝鮮・韓国の建国	〔吉田②〕 　ドッジ＝ライン 　単一為替レート
	吉田③	〔第3次吉田茂〕 ※保守政権の継続	中華人民共和国 　→国民政府は台湾へ	シャウプ税制 　下山・三鷹・松川事件
		①	②	③

年代	政治
1940年代	**1 戦後の民主化政策** **②五大改革指令と民主化** ●婦人参政権の付与　→選挙法改正（女性参政権） ●労働組合の結成奨励　→労働組合法など ●教育制度の自由主義化　→教育基本法・学校教育法 ●秘密警察などの廃止　→治安維持法などを廃止 ●経済機構の民主化　→財閥解体（持株会社整理委員会など）※財閥解体は不徹底 　　　　　　　　　　→農地改革（自作農創設特別措置法など）※寄生地主制の解体

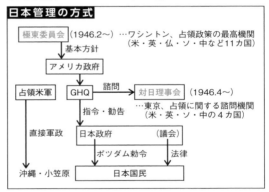

第28章のテーマ

現代が始まる、戦後初期（**1940年代後半**）の政治・経済・外交を見ます。

(1) **GHQ による占領**のなかで、大日本帝国憲法は**日本国憲法**に改められ、民主主義国家日本が誕生しました。議会政治も復活しました。

(2) 民主化政策として、**五大改革指令**に基づく諸改革が遂行されました。

(3) 第二次世界大戦後、米ソ対立による**冷戦**が展開し、東アジアへ波及して日本の国際的地位に影響しました。また、日本経済の復興も進みました。

1 戦後の民主化政策 （1940年代後半）

① 占領の開始

(1) 約7年間にわたる GHQ の日本占領には、どのような特色があったのか？

連合国による占領は、実質的にはアメリカ軍の単独占領でした。初期の占領政策は、GHQ（**連合国軍最高司令官総司令部**）の最高司令官**マッカーサー**が主導しましたが、日本の**非軍事化・民主化**をめざす占領政策の根拠は、**ポツダム宣言**の「軍国主義の排除」「戦争犯罪人の処罰、民主主義的傾向の強化、自由と人権の尊重」などの内容にあり、ポツダム宣言を受諾した日本は、これらを実行する義務がありました。そして、敗戦後も日本政府が残存したので、GHQ は日本政府を利用する間接統治方式を採用しました。

一方、戦争中に占領された**沖縄**と**小笠原**は、アメリ軍による**直接軍政**が実施され、GHQ による間接統治から外れました。のちに日本が独立を達成したあとも、沖縄と小笠原はアメリカの施政権のもとに置かれ続けたのです。

(2) GHQ は、どのような形で軍国主義の排除を主導したのか？

皇族の〔**東久邇宮稔彦内閣**〕が成立すると、**降伏文書に調印**し（この1945年9月2日が第二次世界大戦の正式な終結日）、陸海軍の武装解除を進めました。一方、GHQ は戦争責任の追及を始め、「平和に対する罪」を犯したとして、

政府・軍部の戦争指導者を**A級戦犯**容疑者として逮捕していきました。

内閣は、GHQが治安維持法・特高の廃止や政治犯の釈放を求めた**人権指令**（1945.10）に対応できず総辞職し、もと外相の[幣原喜重郎内閣]が成立しました。早速、マッカーサーは幣原首相に対し、**五大改革**と憲法の自由主義化を指示しました（1945.10）。そして、GHQが軍国主義者の**公職追放**を指令すると（1946.1）、政界・財界・官界・言論界の指導者が職を追われました。

A級戦犯を対象とする**極東国際軍事裁判所**が設置され、**東京裁判**が開かれました（1946〜48）。起訴された容疑者は全員有罪となり、もと首相の東条英機・広田弘毅らが死刑となります。一方、従来の戦争犯罪（捕虜・住民の虐待など）を犯した**B・C級戦犯**容疑者は、アジア各地の裁判所で裁かれました。

トピック ＜敗戦直後の昭和天皇

当時、昭和天皇の戦争責任を追及する世論が国内・国外に存在しましたが、GHQは昭和天皇を戦犯容疑者に指定しませんでした。神格化された天皇への畏敬の念が国民のなかに残存したため、GHQは天皇制廃止による混乱を避け、むしろ昭和天皇を占領に利用しようとしたと考えられます。とはいえ、戦前の天皇制のままではなく、GHQは政府と神道・神社との関わりを禁じる**神道指令**を発して（1945.12）、天皇崇拝の基盤である国家神道を解体しました。一方、昭和天皇は「**人間宣言**」を発表し（1946.1）、「現御神」としての神格性を自ら否定して、民主化に同調する姿勢を示しました。その直後に天皇が全国各地をめぐる巡幸が始まり、「人間天皇」が国民の前に立ち現れていくのです。

② 五大改革指令と民主化

(1) 「婦人参政権の付与」は、どのように実現したのか？

[幣原内閣]のもとで衆議院議員選挙法が改正され（1945.12）、**20歳以上の男女**が選挙権を持つことになりました。**戦後初の総選挙**では（1946.4）、大日本帝国憲法下の帝国議会衆議院に、**女性議員**39名が誕生しました。男女同権を定めた日本国憲法が公布・施行される前に、女性参政権が認められたのです。

(2) 「労働組合の結成奨励」と労働基本権の確立は、どう実現したのか？

労働組合法（1945）で団結権・団体交渉権・争議権（ストライキ権）が保障され、**労働関係調整法**（1946）で労働争議の解決方法が定められ、**労働基準法**（1947）で労働条件の最低基準が1日8時間と定められました（工場法

は廃止）。さらに、**労働省**も設置されました。労働者の社会的地位が安定し、購買力が向上して国内市場が形成されれば、植民地獲得の侵略戦争は不要になります。

⑶ 「教育制度の自由主義的改革」は、どのように実現したのか？

GHQ は軍国主義的な教員の追放を指示し、国定教科書の不適当箇所が「**墨ぬり**」され、戦前の道徳や皇国史観などが否定されて**修身・日本歴史・地理**の授業が一時禁止されました。そして、**教育基本法**（1947）で日本国憲法の精神に基づく**民主主義教育の理念**が示されて、教育の機会均等・男女共学・**義務教育9年**が定められ、学校教育法（1947）で**新学制**（機会均等を実現する6・3・3・4の単線型学校制度）が定められました。さらに、**教育委員会法**で教育行政が地方分権化され、教育委員は地域住民の**公選制**となりました（のち自治体首長の指名による**任命制**に）。一方、天皇中心の明治憲法体制を支えてきた教育勅語は、国会決議により排除・失効が確認されました。

⑷ 「秘密警察などの廃止」（圧制的諸制度の撤廃）は、どう実現したのか？

治安維持法や特高が廃止され（1945.10）、共産主義者などの政治犯が釈放されました。〔**東久邇宮内閣**〕が実行できなかった人権指令を〔**幣原内閣**〕が実行した形となりました。ただし言論の自由は制限され、「**プレス＝コード**」によってGHQへの批判は許されず、マスコミに事前の検閲が行われました。

⑸ 「経済機構の民主化」の財閥解体は、どのように進められたのか？

財閥は、陸海軍と結んで大陸進出や南方進出に協力し、軍国主義を助長した側面がありました。GHQは日本が二度と戦争に訴えることのないよう工業生産力

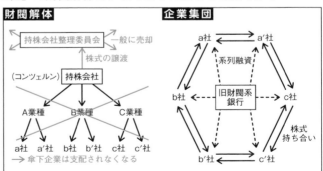

を抑制し、経済を弱体化させることを狙って財閥解体を進めました。

GHQが15財閥の資産凍結を指令したのち（1945.11）、**持株会社整理委員会**（1946）が持株会社保有の株式を譲渡されて一般に売却しました。これにより、株式所有による傘下企業への支配が無くなり、**コンツェルン**が解体しま

した。そして、**独占禁止法**（1947）で持株会社・カルテル・トラストを禁止し、**公正取引委員会**を設置して監視させました。さらに、**過度経済力集中排除法**（1947）で各業界を支配する巨大企業を分割することにして、325社を分割指定しました（銀行は分割の対象外）。しかし、占領政策の転換で、解体は不徹底となりました（分割は11社のみ、独占禁止法も緩和）。冷戦下でソ連との対決姿勢を強めたアメリカは、日本経済の弱体化を望まなくなったのです。

のちの高度経済成長期、解体されなかった旧財閥系の銀行を中心に、**企業集団**（三井・三菱・住友・第一勧銀・富士・三和）が形成されていきました。

(6)　「経済機構の民主化」の農地改革は、どのように進められたのか？

寄生地主制下で高額の小作料を負担する小作農の貧困が、国内市場の狭さを生み、植民地獲得の侵略戦争につながりました。GHQは、地主が貸す小作地を開放して小作農に取得させ、自作農創出を狙って**農地改革**を進めました。

〔幣原内閣〕の**第1次農地改革**では、所有地に居住しない**不在地主**の小作地はすべて開放の対象と

自作地と小作地

自作地と小作地の割合

1938（昭13）	自作地 53.4%	小作地 46.6
1950（昭25）	90.1%	9.9

自小作別の農家割合

1938（昭13）	自作 30.7%	自小作 42.8	小作 26.5
1950（昭25）	60.9%	32.4	5.0 その他 0.7

耕地面積別の農家割合 2町以上 10.0

1938（昭13）	5段以下 33.0%	5段〜1町 30.3	1〜2町 26.7
1950（昭25）	40.8%	32.0	21.7　5.5

注）1町＝10段≒1ha 　　　（『農林省統計表』より）

なったものの、所有地に居住する**在村地主**の小作地は**5町歩**（1町歩は約1万㎡）を超えた部分しか開放されませんでした（5町歩までの部分は地主所有のまま）。また、土地譲渡は地主と小作農との協議で行われ、不徹底でした。

そこで、改革が不十分だとGHQは判断し、〔第1次吉田茂内閣〕が制定した**自作農創設特別措置法**などに基づき、**第2次農地改革**が実施されました。在村地主の小作地は**1町歩**（北海道では4町歩）を超えた部分を開放の対象とし（1町歩までの部分しか地主は所有できない）、開放される面積を拡大しました。また、土地譲渡は国家が地主から強制買収して小作農へ売却する方法に改め、徹底しました。残った小作地も、**小作料**が現物納から**金納**になりました。

結果、小作地が全農地の約5割から約1割に減少し、小作農が激減する一方、地主の経済力や社会的地位が失われ、**寄生地主制は解体**されました。しかし、創出された自作農の多くは零細農家で、農業協同組合（農協）が各地に設立され農業経営を支援しました。また、山林は対象外で、山林地主は残りました。

③ 日本国憲法の制定

(1) 日本国憲法は、どのような過程で制定されていったのか？

　マッカーサーによる憲法自由主義化の指示を受け（1945.10）、〔幣原内閣〕は**憲法問題調査委員会**（松本烝治委員長）を設置しました。しかし、委員会の改正試案は天皇の統治権や不可侵性を維持するなど明治憲法の原則のままだったため、マッカーサーは GHQ に改正案作成を指示しました（1946.2）。当時発足直前だった**極東委員会**（ワシントンにおかれた占領政策の最高機関）が国際世論を背景に天皇制廃止を求める可能性があり、マッカーサーにとっては憲法改正を急いで進める必要があったのです。

　既に、幣原首相はマッカーサーとの会談で戦争放棄を憲法に入れる提案を行い、GHQ は草案作成にあたって民間の**憲法研究会**が発表していた「憲法草案要綱」（主権在民制と立憲君主制を含む）も参照しました。GHQ が提示した**マッカーサー草案**には、国民主権・天皇制の維持・平和主義が含まれました。

　その後、マッカーサー草案を日本政府が和訳・修正して政府原案として公表し、〔第1次吉田内閣〕のもと明治憲法改正の手続きで政府原案の修正が行われ（天皇の発議と帝国議会での審議）、日本国憲法は1946年11月3日（明治天皇生誕の日）に公布され、1947年5月3日（憲法記念日）に施行されました。

(2) 日本国憲法の三大原則とは、何か？

　まず、国民主権（**主権在民**）です。これと、**天皇**の「日本国民統合の**象徴**」（第1条）という規定とにより、形式的な三権分立だった明治憲法と比べ、司法・立法・行政の相互牽制が機能しました。そして、国民主権だからこそ、直接選挙に基づく立法府の**国会**（衆議院・参議院）は「国権の最高機関」（第41条）として、三権のうち突出した形になりました。また、明治憲法では貴族院・衆議院が対等でしたが、日本国憲法では衆議院の優越が定められました。

　次に、**平和主義**です。**戦争放棄**（第9条1項）と、そのための戦力不保持（第9条2項）により、日本が二度と戦争を起こさぬよう歯止めをかけたのです。

　もう一つ、基本的人権の尊重です。日本国憲法は、基本的人権を「侵すことのできない永久の権利」（第11条）として国民に保障したのです。

(3) 日本国憲法に基づく民主的諸制度は、どのように整備されたのか？

　民法改正では、男女同権の家族制度が定められ、旧民法の**戸主権が廃止**されました。**刑法改正**では、法の下の平等に基づき、大逆罪・不敬罪（天皇・皇室への罪）や姦通罪（夫のある妻とその相手の男性の罪）が廃止されました。

地方自治法が制定され、自治体首長は**公選制**となり、リコール制・条例制定権なども定められました。さらに、警察の地方分権化を規定した**警察法**が制定されました（**自治体警察**を新設）。こうして、中央集権的な地方制度・警察制度の柱となっていた**内務省**は役割を終え、GHQ の指示で解体されました。

④ **政党政治の復活**　～戦後初期、政党政治はどのように展開したのか？

　大政翼賛会は解散し、戦前の政党が復活しました（1945）。自由主義・資本主義を唱える**保守**では、立憲政友会系の**日本自由党**（**鳩山一郎**総裁）や、立憲民政党系の**日本進歩党**が結成されました。社会主義を唱える**革新**では、無産政党系の**日本社会党**（**片山哲**書記長）が結成され、合法政党となった**日本共産党**が活動を再開しました。また、中道では日本協同党が結成されました。

　〔**幣原喜重郎内閣**〕の戦後初の総選挙（男女同権）では**日本自由党**が第一党で、公職追放された鳩山一郎に代わり外相の**吉田茂**が総裁となりました。〔**第1次吉田茂内閣**〕は**日本自由党**を与党の中心とする、戦後初の政党内閣です。新憲法に基づく最初の衆議院・**参議院**同日選挙（1947.4）では**日本社会党**が第一党になりました。〔**片山哲内閣**〕の与党は日本社会党・民主党・国民協同党ですが、保守・中道との連立で社会主義政策は困難でした。〔**芦田均内閣**〕でも連立は維持されましたが（芦田均は民主党）、復興金融金庫の融資をめぐる汚職事件（**昭和電工事件**）で総辞職しました。〔**第2次吉田内閣**〕では、野党だった**民主自由党**（もと日本自由党）が少数与党となりましたが、総選挙で民主自由党が単独過半数を獲得して政権は安定し、**自由党**（もと民主自由党）が与党の〔**第3次吉田内閣**〕でサンフランシスコ講和（1951）を実現しました。

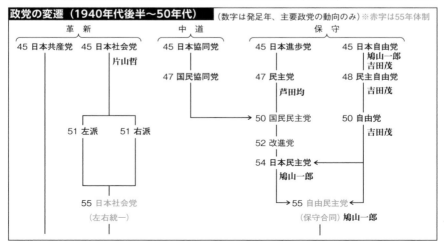

政党の変遷（1940年代後半〜50年代）　（数字は発足年、主要政党の動向のみ）※赤字は55年体制

革新		中道		保守	
45 日本共産党	45 日本社会党 片山哲	45 日本協同党		45 日本進歩党	45 日本自由党 鳩山一郎 吉田茂
		47 国民協同党		47 民主党 芦田均	48 民主自由党 吉田茂
			→ 50 国民民主党		50 自由党 吉田茂
51 左派	51 右派			52 改進党	
				54 日本民主党 ← 鳩山一郎	
55 日本社会党 （左右統一）				→ 55 自由民主党 （保守合同）鳩山一郎	

② 冷戦の拡大と占領政策の転換

① 冷戦の構造　～戦後の世界秩序は、どのように形成されたのか？

　第二次世界大戦が終わった直後、国際連盟に代わる新しい国際平和維持機関として**国際連合**が設立され（1945.10）、ニューヨークに本部が置かれましたが、戦勝国による協調体制がその本質でした（"United Nations" は「連合国」という意味）。そして、**安全保障理事会**を構成する米・英・仏・ソ・中（国民政府）の常任理事国は拒否権を持ち、経済制裁や軍事行動もできる強力な権限で世界大戦の再発を防ぎ、国際紛争を解決することになりました。

　一方、大戦後の世界では、アメリカ中心の「**西側**」（資本主義・自由主義陣営、西ヨーロッパなど）と、ソ連中心の「**東側**」（社会主義陣営、東ヨーロッパなど）の二大陣営が形成され、政治・経済・イデオロギー（理念）の面で争うようになりました。この情勢は**核兵器**の保有を伴い、世界大戦は起きなくても軍事的な緊張が続く、という意味で「冷たい戦争（**冷戦**）」と呼ばれました。

東西両陣営の形成	
「西側」（資本主義陣営）	**「東側」（社会主義陣営）**
1945 アメリカが原子爆弾開発→広島・長崎投下	
1947 トルーマン＝ドクトリン（アメリカ大統領） 　　　…共産主義に対する「封じ込め」を宣言	**1947** コミンフォルム 　　　…ソ連・欧州の共産党情報局
1947 マーシャル＝プラン（アメリカ国務長官） 　　　…ヨーロッパの経済復興を援助する計画	
1949 北大西洋条約機構（NATO） 　　　…アメリカと西ヨーロッパの集団安全保障	**1949** ソ連が原子爆弾開発 　　　→米ソの核兵器開発競争が激化
	1955 ワルシャワ条約機構 　　　…ソ連と東欧の集団安全保障

② 東アジアでの冷戦

(1)　敗戦後の日本領土は、どのように変化したのか？

　ソ連はヤルタ協定に基づき対日参戦したのち、満州・朝鮮に侵入し、南樺太・千島列島を占領しました。満州国は崩壊し、満州はソ連軍が占領して、のち中国へ返還されました。朝鮮は、カイロ宣言では日本から独立すると定められていましたが、北部がソ連軍に占領され、南部はアメリカ軍に占領されました。一方、ポツダム宣言を受諾した日本は、台湾を中国へ返還しました。

⑵ **冷戦は、どのように東アジアに波及していったのか？**

　南北に分割占領された朝鮮は、冷戦が激化するなかで統一されないまま、朝鮮南部に**大韓民国**（韓国、李承晩大統領）が建国され（1948）、朝鮮北部に**朝鮮民主主義人民共和国**（北朝鮮、金日成首相）が建国されました（1948）。冷戦の構造は、朝鮮の分断独立という形で波及したのです。

戦後の東アジア　（赤矢印はソ連の対日参戦（1945））

　日中戦争に勝利した中国では、国民党と共産党の内戦が再燃しましたが、農村に支持を広げた共産党が内戦に勝利し、北京で**中華人民共和国**（毛沢東主席）の建国を宣言しました（1949）。一方、敗北した国民党は**台湾**へ逃れ、**中華民国政府**（蔣介石総統）を存続させました。中華人民共和国は「東側」となり多数の国に承認されたのに対し、アメリカは中華民国政府を中国の正式代表としたため、中国政府の地位にも冷戦の構造が持ち込まれました。

③ **経済再建から経済自立へ**

⑴ **敗戦直後の経済と生活の危機は、どのようなものであったのか？**

　空襲で工業都市が壊滅し、工業生産力が激減しました。また、海外からの**復員**（兵士）・**引揚げ**（民間人）は人口急増による食糧不足を生み、**遅配・欠配**が続くなか、人びとは農村への**買出し**や**闇市**での闇買いで生き残ろうとしました。

　こうした物資不足に加え、戦争の事後処理のために通貨の発行量を増やしたことで貨幣価値が下がり、激しい**インフレーション**が生じました。

⑵ **猛烈なインフレーションに対し、政府はどのように対応したのか？**

　〔**幣原内閣**〕は**金融緊急措置令**（1946）で、銀行預金の引出しを禁じる**預金封鎖**と、旧円の流通を禁じて強制預金させる**新円切替**を実施し、さらに新円引出しの上限金額を設定しました。貨幣流通量を減らして価値を上昇させ、物価を下げようとしたのです。しかし、インフレ抑制の効果は一時的でした。

　〔**第1次吉田内閣**〕のときから**傾斜生産方式**が実行され、石炭業・鉄鋼業へ資金や資材を集中的に傾斜配分しました。生産回復で物資供給を増やし、物価を下げようとしたのです。しかし、**復興金融金庫**から産業への融資が増えると、貨幣流通量が増えて価値が下落し、物価が上昇しました（復金インフレ）。

(3) **戦後の労働運動は、どのように展開していったのか？**

労働者の権利が保障されると労働運動が高揚し（メーデーの復活、**総同盟**[右派]と**産別会議**[左派、共産党が指導]の結成）、官公庁労働者がまとまり吉田内閣打倒などを掲げた全国一斉のゼネラル・ストライキ（**二・一ゼネスト**1947）が計画されましたが、GHQの指令で実行前日に中止されました。

冷戦が東アジアに波及するなか、アメリカは占領政策を転換し、労働者の実力行使による政権奪取を抑止しました。GHQの指令で〔芦田内閣〕は**政令201号**を発し、のち国家公務員法が改正されて公務員は争議権を失いました。

(4) **インフレーションは、最終的に、どのように収束したのか？**

アメリカは、日本経済の自立を促し、「西側」の一員として東アジアにおける社会主義勢力の拡大に対抗させようとしました。ロイヤル陸軍長官は、日本を東アジアにおける「**反共の防壁**（共産主義拡大を防ぐ拠点）」にするべきだと演説し、GHQは〔**第2次吉田内閣**〕に対して**経済安定九原則**（1948）の実行を命じました。予算均衡や徴税強化など**総需要の減少**でデフレを生じさせ、輸出拡大で日本経済を自立させる狙いがありました。

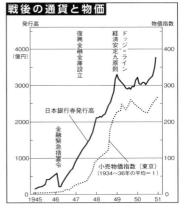

戦後の通貨と物価

まず、来日した銀行家**ドッジ**の指示のもとで〔**第3次吉田内閣**〕が**ドッジ＝ライン**（1949）を実施し、赤字がゼロになるように歳出を減らす**超均衡予算**を作成しました。さらに、貿易品目ごとに異なった複数為替レートをやめ、すべての貿易品に適用する**単一為替レート**を採用し、そこに**1ドル＝360円**の固定相場を導入して、輸出の安定を図りました。また、来日した大学教授**シャウプ**らの勧告に基づく**シャウプ税制改革**では、**直接税**中心主義（**所得税**の累進課税方式など）が採用されました。

経済安定九原則で生じたデフレにより、敗戦直後からのインフレは収まりましたが、歳

国鉄の怪事件（1949）

下山事件…国鉄総裁の下山定則が、常磐線の綾瀬駅付近で怪死
三鷹事件…中央線三鷹駅構内で、無人電車が暴走
松川事件…東北線の松川駅付近での、列車転覆事故

出削減やデフレは官公庁や企業の人員整理を生み、労働運動が激化しました。しかし、国鉄の謀略事件（**下山事件・三鷹事件・松川事件**）が相次ぎ（1949）、国鉄労働組合や共産党が疑いをかけられ、労働運動は打撃を受けました。

年代	内閣	政治	外交
1950年代	吉田 ③④⑤	**1 サンフランシスコ講和と独立** 警察予備隊の設置→再軍備開始 レッド＝パージ 公職追放の解除 破壊活動防止法　保安隊・自衛隊 米軍基地反対闘争　原水爆禁止運動	**①朝鮮戦争と日本の独立** 朝鮮戦争の勃発→単独講和へ サンフランシスコ平和条約〔吉田③〕 日米安全保障条約→米軍の駐留 **②日米安保体制と「逆コース」** MSA協定 第五福竜丸事件
	鳩山(一) 石橋	**2 55年体制の成立** **①吉田長期政権の崩壊** 〔第5次吉田茂内閣〕（自由党） **②55年体制** 〔鳩山一郎内閣〕（日本民主党） 鳩山首相が改憲・再軍備を掲げる 社会党が3分の1の議席を確保 自由民主党の結成（保守合同） 〔石橋湛山内閣〕（自由民主党）	(2)　　(1)　　(3) **③ソ連との国交回復** 日ソ共同宣言〔鳩山(一)〕 →国際連合へ加盟
1960年代	岸 池田 佐藤	**3 保守長期政権と戦後の外交** 〔岸信介内閣〕 安保改定への反対→60年安保闘争 **②経済政策優先への転換** 〔池田勇人内閣〕 国民所得倍増計画 東京オリンピック 〔佐藤栄作内閣〕	**①安保条約の改定** 日米相互協力及び安全保障条約〔岸〕 **③ベトナム戦争と日米関係の強化** 日韓基本条約〔佐藤〕 小笠原返還協定 沖縄返還協定〔佐藤〕→米軍基地の存続
1970年代	田中(角) 三木 福田(赳)	〔田中角栄内閣〕 「列島改造」　第1次石油ショック 〔三木武夫内閣〕 ロッキード事件 〔福田赳夫内閣〕	**④中国との国交正常化** 日中共同声明〔田中(角)〕 →台湾と断交 第1回先進国首脳会議〔三木〕 日中平和友好条約〔福田(赳)〕

戦後（**1950年代～70年代**）の外交を中心に、国内政治も見ます。

(1) **朝鮮戦争**が転機となり、**サンフランシスコ平和条約**で独立した日本は西側の一員となり、**日米安全保障条約**で日米の防衛協力が強まりました。

(2) 憲法問題と関連し、自由民主党が単独与党の**55年体制**が成立しました。

(3) 保守長期政権は、サンフランシスコ講和会議で残された外交上の課題（ソ連との国交、韓国との国交、中国との国交）を解決していきました。

1 サンフランシスコ講和と独立 （1950年代前半）

① 朝鮮戦争と日本の独立

トピック  朝鮮戦争

　1950年に始まった朝鮮戦争は、「冷戦」が「熱戦」になった事態と言えます。北朝鮮が南北統一をめざして北緯38度線を越え**韓国**を占領すると、国連安保理がソ連欠席のまま北朝鮮への武力制裁を決定し、それに応じて**アメリカ**軍が国連軍として参戦し、押し返しました。ところが、アメリカ軍が北緯38度線を超えて北朝鮮を占領すると、**中華人民共和国**が人民義勇軍を参戦させて北朝鮮を支援し、北緯38度線まで戦線を戻し、最終的に板門店で休戦協定が調印されました（1953）。そして現在も休戦状態が続き、平和条約は締結されず、戦争はまだ終わっていないのです。

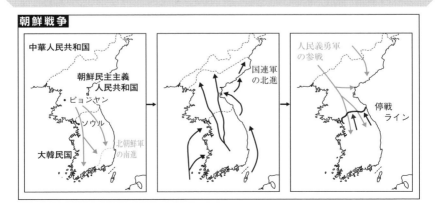

朝鮮戦争

中華人民共和国
朝鮮民主主義人民共和国
・ピョンヤン
ソウル
北朝鮮軍の南進
大韓民国

国連軍の北進

人民義勇軍の参戦
停戦ライン

(1) 朝鮮戦争は、日本にどのような影響を与えたのか？

　GHQに朝鮮戦争への対応を迫られた〔**第3次吉田茂内閣**〕は、レッド・パージ（共産主義者の公職追放）を進めました。さらに、日本占領軍が朝鮮半島へ出動した軍事的空白を埋める目的で警察予備隊（1950）を創設し、再軍備を開始しました。また、**公職追放が解除**されて戦前の議会政治家が政界へ復帰し、GHQの支援で反共の日本労働組合総評議会（**総評**）も結成されました。

　アメリカは国際戦略上の日本の重要性を認識し、米軍の日本駐留継続のため、早期講和による日本の独立と「西側」への編入を画策しました。そして、吉田は日本の防衛負担が軽減されれば経済復興へ集中できると考え、「西側」との**単独講和**を進めました。一方、「東側」を含む全交戦国との全面講和論も展開されました（社会党は全面講和論の左派と単独講和容認の右派に分裂）。

(2) サンフランシスコ平和条約では、何が規定されたのか？

　サンフランシスコ講和会議（1951）には中国（**中華人民共和国**・**中華民国**〔**台湾**〕）は最初から会議に招待されませんでした（のち日本は「西側」の中華民国〔台湾〕と**日華平和条約**を結んだ）。そして、サンフランシスコ平和条約が調印され（1951.9　発効は1952.4）、日本は独立を達成しました。しかし、ソ連や一部の東欧諸国は会議に参加したものの条約調印を拒否しました。

　日本は**朝鮮**の独立を承認し、**台湾・澎湖諸島**（日清戦争で獲得）を放棄し、**南樺太**（日露戦争で獲得）・千島列島を放棄しました。のち、日本政府は「**北方領土**」を平和条約で放棄した千島列島には含まれない日本固有の領土として、領有

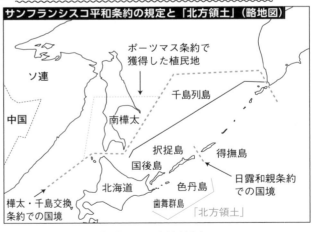

サンフランシスコ平和条約の規定と「北方領土」（略地図）

ポーツマス条約で獲得した植民地

ソ連

千島列島

中国

南樺太

択捉島

得撫島

国後島

日露和親条約での国境

北海道

色丹島

歯舞群島

樺太・千島交換条約での国境

「北方領土」

権を主張しました。また、**南西諸島・小笠原諸島**は**信託統治**（国際連合の依頼）になるよう、アメリカが国際連合へ提案するとされました。しかし、提案は行われず、アメリカの直接施政が継続しました（奄美諸島は独立直後に返還）。

　平和条約には、占領軍撤退と、「協定」による外国軍駐留の容認が規定され、**日米安全保障条約**（**安保条約**）（1951.9）が結ばれました。片務的な内容で、

「極東の平和と安全」のためアメリカは日本のどこにでも米軍の配備を要求できる権利を持ち、またアメリカの日本防衛義務を規定しませんでした。

　安保条約に基づき、細目を規定した**日米行政協定**が結ばれました（1952）。基地提供や駐留費用分担に加え、米軍の実質的な治外法権も認めました。

② 日米安保体制と「逆コース」　〜日本独立後の国内状況とは？

　〔第3〜5次吉田茂内閣〕は、非軍事化・民主化に逆行する政策を進めました（「**逆コース**」）。デモ隊が皇居前広場に突入して警官隊と衝突した**血のメーデー事件**を機に**破壊活動防止法**（破防法）が制定されました。アメリカの再軍備要求が強まり、警察予備隊の改組で**保安隊**（1952）が発足し、アメリカの援助と引きかえに防衛力増強義務を負う**MSA協定**が結ばれると、**自衛隊**（1954）が発足して**防衛庁**が設置されました。

　これに対し、革新勢力（社会党・共産党・総評）は批判を強め、石川県の**内灘事件**や東京都の**砂川事件**などの米軍基地反対闘争が高揚しました。また、アメリカの水爆実験でマグロ漁船**第五福竜丸**が被爆すると（1954）、翌年に第1回原水爆禁止世界大会が広島で開かれ、**原水爆禁止運動**が全国へ広がりました。一方、「平和利用」がうたわれて原子力基本法が制定され、茨城県東海村に原子力研究所が設立され、1960年代には**原子力発電所**が稼働し始めました。

2　55年体制の成立

① 吉田長期政権の崩壊　〜自由党に代わる与党は、どう成立したのか？

　公職追放解除で、もと日本自由党総裁**鳩山一郎**が政界に復帰したのち、〔第5次吉田内閣〕で**造船疑獄事件**が発生すると、鳩山は吉田との対抗姿勢を強め、鳩山のもとに結集した反吉田勢力が自由党から脱党しました。そして、日本進歩党・民主党系の政党に合流して**日本民主党**が結成されました。吉田は総辞職を決意し、日本民主党が与党の〔鳩山一郎内閣〕が成立しました（1954）。

② 55年体制　〜改憲・護憲をめぐり、どのような対立が生じたのか？

　鳩山は、「自主憲法制定（**改憲**）・再軍備」方針を掲げました。日本国憲法がGHQ案をもとにしたことから、日本人の手で新憲法を作るという口実で憲法改正を主張したのです。これに対し、**左派社会党**と**右派社会党**は「憲法改正反対（**護憲**）・再軍備反対（平和）」を唱えて鳩山と対立しました。そして、解散・総選挙で（1955）、左右社会党は**改憲の阻止**に必要な**3分の1の議席**を確保しました。改正発議には衆参両院で議員の3分の2以上の賛成が必要なため、

発議は不可能となったのです。日本社会党は、左右統一を果たしました。

一方、少数与党だった**日本民主党**は過半数に達せず、日本民主党と**自由党**は**保守合同**を進め、**自由民主党**（1955）を結成しました。こうして、保守の自由民主党が過半数を確保して単独与党となり、

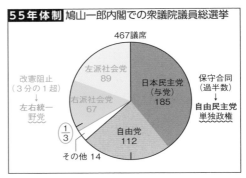

55年体制 鳩山一郎内閣での衆議院議員総選挙

467議席

改憲阻止（3分の1超）
左右統一
野党

左派社会党 89
右派社会党 67

日本民主党（与党） 185

自由党 112

その他 14

1/3

保守合同（過半数）
自由民主党単独政権

革新の日本社会党を中心とする野党が3分の1を維持して対抗する、**55年体制**が成立したのです。この体制は次の〔石橋湛山内閣〕に受けつがれ、1993年まで続きました。

③ ソ連との国交回復

(1) 1950年代の世界情勢は、どのような状況になっていたのか？

核兵器開発競争が激化する一方、東西対立が緩和される「雪どけ」が進みました。1953年、朝鮮休戦協定が結ばれ、冷戦構造を作り上げたソ連の指導者スターリンが死去しました。のち、ソ連は「東西平和共存」を表明しました。

第二次世界大戦後にアジア・アフリカ諸国の独立が進むと、東西両陣営のどちらとも距離を置く「**第三勢力**」が国際社会で影響力を持ち始めました。中国・インドを中心に**アジア・アフリカ会議**（1955）がインドネシアの**バンドン**で開かれ、反植民地主義・民族主権などの「平和十原則」が採択されました。

(2) 鳩山一郎内閣は、どのような外交上の成果を上げたのか？

〔鳩山一郎内閣〕は、これまでアメリカ一辺倒だった吉田外交のあり方を批判し、「自主外交」の方針を掲げてソ連との関係改善をめざしました。「雪どけ」の広がりによる冷戦の緩和もあって、**日ソ共同宣言**（1956）が調印され、日ソ間の戦争状態が終了して国交が回復しました。そして、ソ連が日本の国際連合加盟を支持したため、日本は**国際連合への加盟**を実現しました（1956）。

一方、平和条約を結んだ後に**歯舞群島・色丹島**が引渡されると規定され、平和条約を結ばない限りは「北方領土」問題が解決しないことになったのです。

3 保守長期政権と戦後の外交 （1950年代後半〜1970年代）

① 安保条約の改定

(1) 安保条約の改定は、日米関係のなかで何をめざすものだったのか？

〔**岸信介内閣**〕は「日米新時代」を唱え、アメリカと対等な立場の双務的な安保条約改定をめざし、**日米相互協力及び安全保障条約**（**新安保条約**）（1960）に調印しました。アメリカの日本防衛義務が明記され、10年間の期限後の条約廃棄も可能にしました（廃棄通告が無ければ自動延長）。また、日米行政協定を継承した**日米地位協定**も結ばれました。しかし、日米の**共同行動**も規定され、アメリカの軍事戦略に日本が巻込まれる可能性があることから、革新勢力や市民・学生の団体が安保改定に反対しました。

(2) 60年安保闘争は、なぜ高揚したのか？

岸は革新勢力と全面対決する強引な政治手法をとったため、**60年安保闘争**が激化しました。条約の**批准**の際、政府・与党は警官隊を国会内に導入して反対議員を排除する非民主的な手法を使い、**衆議院で強行採決**しました。これにより、「安保改定反対」を掲げていた運動は、「民主主義擁護・岸内閣打倒」を掲げた運動へと転じ、国会を包囲するデモが高揚しました。結局、参議院では審議されず、衆議院の優越により、新安保条約は30日後に**自然成立**しました。

② 経済政策優先への転換

(1) 1960年代、自民党政権の経済政策は、どのように展開したのか？

〔**池田勇人内閣**〕は「寛容と忍耐」をスローガンに革新勢力との対決を避け、**高度経済成長**を促進するため、10年間で国民総生産と1人あたり国民所得を2倍にする**国民所得倍増計画**（1960）を発表しました。1964年には**東海道新幹線**が東京・新大阪間に開通し、**東京オリンピック**も開催されました。

また、政治的な敵対関係と経済的な互恵関係とを分ける「政経分離」方針で、中華人民共和国との間で準政府間貿易（**LT貿易**）も始めました。

(2) 1960年代以降、野党にはどのような状況が見られたのか？

安保改定をめぐる路線対立で、社会党から右派が脱党して民主社会党（のち民社党）を結成し、公明党も結成されるなど、**野党の多党化**が進みました。

③ ベトナム戦争と日米関係の強化

(1) 1960年代の世界情勢は、どのような状況になっていたのか？

核ミサイル配備をめぐり核戦争の寸前となったキューバ危機（1962）を機に、核実験が制限され、核兵器の他国への供与などを禁止した核兵器拡散防止条約（1968）が結ばれるなど、核兵器開発競争に歯止めがかかりました。

一方、社会主義の路線や冷戦のあり方をめぐり、中華人民共和国がソ連と敵対し（**中ソ対立**）、国境紛争も発生するなど、「東側」に亀裂が走りました。

(2) ベトナム戦争は、日韓関係にどのような影響をもたらしたのか？

日本は独立後に「西側」の韓国と国交樹立交渉を始めたものの、植民地支配の事後処理や漁業権などが問題化し、交渉は膠着しました。

ところが、**1965年**にアメリカがベトナム戦争に介入すると、事態は急展開しました。アメリカが支援した南ベトナムが反政府組織（南ベトナム解放民族戦線）との内戦で動揺すると、アメリカが社会主義国の北ベトナムを攻撃し（**北爆開始** 1965）、アジアの反共（資本主義・自由主義）陣営の結束を強化するため、日韓両国に交渉促進を働きかけたのです。

こうして、〔**佐藤栄作内閣**〕のもとで**日韓基本条約**（1965）が調印され、植民地支配の完全な終了を確認し、日本は韓国政府を「朝鮮にある唯一の合法的な政府」と認めました。一方、北朝鮮とは国交不正常の状態が続いています。

(3) ベトナム戦争は、沖縄返還にどのような影響を与えたのか？

住民が主体の**祖国復帰運動**は、**北爆開始**（1965）によって高揚しました。沖縄が米軍の出撃基地となり、米軍による基地用地の強制接収やアメリカ兵の犯罪増加で、基地反対闘争も加わったからです。一方、沖縄の米軍基地に配備された核兵器の存在が懸念され、〔**佐藤栄作内閣**〕は世論に配慮して**非核三原則**「持たず・作らず・持ち込ませず」を表明し、交渉にあたりました。

まず**小笠原諸島が返還**され（1968）、次に**沖縄返還協定**（1971）が調印されて、**沖縄の日本復帰**が実現しました（1972）。しかし、協定には新安保条約の沖縄への適用が規定され、沖縄の米軍基地は使用され続けることになりました。

④ 中国との国交正常化

(1) 1970年代、アメリカと中華人民共和国との関係は、なぜ変化したのか？

国際社会は中華人民共和国を正式な中国と認め、国際連合の総会決議で中華人民共和国が国連代表権を獲得し、中華民国（台湾）が国際連合から追放されました。一方、ベトナム戦争が泥沼化したアメリカは、北ベトナムを支援した中華人民共和国に接近して、和平を画策しました（ベトナム和平協定 [1973]）。

これらを背景に、アメリカは**米中接近**に踏み出し、**ニクソン大統領が訪中**して（1972）、敵対関係を終了しました（米中国交正常化は1979年）。

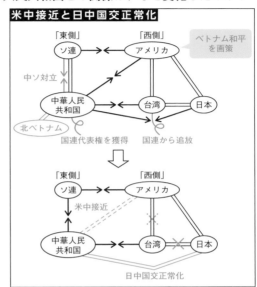

米中接近と日中国交正常化

(2) 中華人民共和国との国交正常化は、どのように達成されたのか？

〔**田中角栄内閣**〕では、田中首相が訪中して周恩来首相と会談し、**日中共同声明**（1972）が調印されました。日本が侵略戦争の「責任を痛感し、深く反省」し、「中華人民共和国政府が中国の唯一の合法政府」と認めました。これにより、中華民国（台湾）との国交を断絶し、日華平和条約は破棄されました。

田中は、産業の地方分散と高速交通網での接続という**日本列島改造**を打ち出しますが、公共事業の拡大で地価が高騰しました。また、第４次中東戦争によって**第１次石油ショック**（1973）が発生すると、中東の石油に依存していた日本では「**狂乱物価**」となりました（トイレットペーパー買占め騒動も発生）。

(3) 中華人民共和国との正式な国交樹立は、どのように達成されたのか？

〔**三木武夫内閣**〕のとき、石油ショックで生じた世界的な不況に対し、経済問題を中心とする**第１回先進国首脳会議**（サミット）が開かれました（1975）。また、**田中角栄**前首相が、アメリカ航空機会社の売り込みをめぐる汚職で逮捕される**ロッキード事件**が発生しました。〔**福田赳夫内閣**〕では、**日中平和友好条約**（1978）が調印され、中華人民共和国と正式に国交を樹立しました。

年代	内閣	政治	外交	社会・経済
1950年代	吉田③④⑤ 鳩山(一) 石橋		(1)	**1 高度経済成長と国民生活** ①**特需景気** ※朝鮮戦争(1950) ②**高度経済成長** 　神武景気　岩戸景気 　※技術革新・エネルギー革命 　東京オリンピック〔池田〕 　いざなぎ景気
1960年代	岸			③**国民生活の変化** 　消費革命(三種の神器・3C) ④**公害問題** 　四大公害訴訟（水俣病など） 　公害対策基本法〔**佐藤**〕 　環境庁〔**佐藤**〕
	池田			
1970年代	佐藤			**2 ドルショック・石油ショック** ①**ドルショック** 　金・ドル交換停止〔**佐藤**〕 　変動相場制〔**田中**〕 ②**石油ショック** 　第1次〔**田中**〕→「狂乱物価」 　第2次→安定成長へ
	田中(角)	(2)		
	三木			
	福田(赳)			
	大平			
1980年代	鈴木(善)	**3 現代の情勢** ③**保守長期政権の解体** 　分割民営化〔**中曽根**〕 　消費税の導入〔**竹下**〕	①**冷戦の終結** 　東欧の民主化 　冷戦の終結宣言	②**経済大国日本** 　輸出増大→貿易摩擦 　プラザ合意〔**中曽根**〕→円高 　内需拡大策→「バブル経済」 　株と土地の「バブル」崩壊
	中曽根			
	竹下			
	宇野			
1990年代	海部	55年体制の崩壊〔**宮沢**〕 非自民連立内閣〔**細川**〕	東西ドイツ統一 湾岸戦争 ソ連の解体	→平成不況
	宮沢			
	細川			

年代	文化	時期と特徴
1940年代～	**4 戦後の文化** ○**学問・文化** 　ノーベル賞（湯川秀樹）　文化財保護法　世界遺産 ○**文学・芸能・メディア** 　文学　映画　漫画（手塚治虫）　テレビ放送	1940年代後半～（戦後期） 敗戦でアメリカ文化の流入 消費社会を背景に大衆化 (3)

第 30 章 の テ ー マ

戦後（**1950年代〜70年代**）の経済と、現代（**1980年代〜90年代**）の政治・外交などを見ていきます。
(1) 1950年代後半から**高度経済成長**が始まって国民生活が変化し、1970年代の**ドル・ショック**と**石油ショック**は日本経済に影響を与えました。
(2) 1980年代から90年代にかけて、55年体制の動揺・崩壊や、**冷戦の終結**や、経済大国化が見られました。
(3) 敗戦からの復興や高度経済成長を背景とする、戦後の文化が展開しました。

1 高度経済成長と国民生活 （1950年代〜1970年代初め）

1950年代以降、高度経済成長の時代を迎えました。「**神武**」は伝説上の初代天皇、「**岩戸**」は天照大神の天岩戸伝説、「**いざなぎ**」は国生み神話の男神イザナギを指し、「歴史が始まって以来の好景気」という意味が込められます。

経済復興と高度経済成長
特需景気（1950〜53）
神武景気（1955〜57）
岩戸景気（1958〜61）
オリンピック景気（1963〜64）
いざなぎ景気（1966〜70）

① 特需景気

(1) 1950年代前半の経済復興は、どのようにして生じたのか？

朝鮮戦争に出動した**アメリカ軍**が日本で軍需品の調達や機械・自動車の修理を行い、対価として支払われたドルが日本経済発展の契機となりました（**特需景気** 1950〜53）。さらに、第二次世界大戦後の世界的な好景気のなかで、アメリカへの輸出が増大し、繊維・金属の生産が増え、鉱工業生産が戦前の水準に回復しました。また、政府出資の電源開発株式会社による水力発電所建設や、政府資金による計画造船が進められました（造船量は1956年に世界第1位）。

(2) 日本の独立後、国際的な経済システムと、どのように関わったのか？

1952年、日本は **IMF**（国際通貨基金）と **IBRD**（世界銀行）に加盟しました。世界銀行の融資はインフラ整備などに使われ、日本も東海道新幹線をつくるときに融資を受けています。さらに、**GATT**（関税と貿易に関する一般協定）にも加盟して、日本は国際経済の面でも「西側」の一員になりました。

② 高度経済成長

(1) 好景気は、どのように継続したのか？

　神武景気（1955〜57）から、年平均の経済成長率が10％前後となる高度経済成長が始まりました。経済企画庁『**経済白書**』（1956年度版）の「**もはや戦後ではない**」という言葉は、経済成長の好条件（敗戦後の国民の復興欲求や朝鮮特需）が消滅するなか、自立的な経済成長に向けての厳しい決意表明です。

　岩戸景気（1958〜61）では、〔**池田勇人内閣**〕による**国民所得倍増計画**（1960）もあって経済成長が加速し、**オリンピック景気**（1963〜64）では、**東京オリンピック**

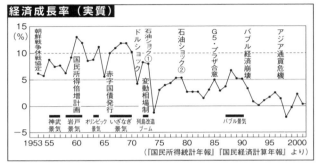

経済成長率（実質）

神武景気　岩戸景気　オリンピック景気　いざなぎ景気　列島改造ブーム　バブル景気

『国民所得統計年報』『国民経済計算年報』より

（1964）に関連する公共事業などで経済が成長しました（同年に東海道新幹線が開業した）。

　オリンピック景気の反動による不況の後（対策として〔**佐藤栄作内閣**〕が戦後初の赤字国債を発行）、**いざなぎ景気**（1966〜70）では重化学工業製品の輸出が増えて貿易黒字が拡大し、**GNP（国民総生産）**が資本主義世界でアメリカに次ぐ**世界第2位**となりました（1968）。この時期に大阪で開かれた**日本万国博覧会**（1970）は、経済成長を遂げた日本を世界にアピールしました。

(2) 高度経済成長の背景には、どのような要因があったのか？

　一つ目は、外国技術の導入と改良による技術革新と、生産拡大をめざした民間企業の積極的な設備投資です。これにより、鉄鋼、家電などの機械、自動車、プラスチックや合成繊維などの**石油化学**といった重化学工業が発達しました。政府も沿岸部の埋め立てなどの社会資本整備を進め、**太平洋ベルト**に臨海型の製鉄所や石油化学**コンビナート**が建設されました。

　二つ目は、**石炭から石油へ**と主要エネルギーを転換する**エネルギー革命**です。中東（西アジア・北アフリカ）で油田の開発が進み、安価な原油を大量に輸入できたのです。一方、石炭産業は衰退し、労働者の大量解雇に反対する**三井三池炭鉱争議**（1960）が起きました（同年に60年安保闘争も高揚した）。

　三つ目は、国内需要の拡大です。**終身雇用**や**年功序列賃金**といった「日本型

経営」の広まりによって、サラリーマンや労働者の収入や地位が安定しました。さらに、**総評**の指導のもとで行われる**春闘**（毎年春に一斉に賃上げを求める労働運動）が、賃金を上昇させていきました。こうして国民の所得水準が上がり、購買力が伸びれば、工業製品は日本国内で売れていきます。

　四つ目は、ドッジ゠ライン以来続いた、**１ドル＝360円**の**固定相場**です。高度経済成長期に日本経済の実力が伸びれば伸びるほど、それと比べて固定されたままの為替相場は割安となっていったのです（１ドル＝360円という数字は変わらないのに円安の状態になっていく）。これが輸出拡大につながりました。

(3)　開放経済体制への移行は、どのように進行したのか？

　日本は先進国となってきたので、経済保護政策をやめて開放経済体制へ移行することが求められ、〔池田勇人内閣〕のときに、GATT11条国へ移行して貿易を自由化したのに続き、1964年には**IMF8条国へ移行**して為替取引を自由化し、**OECD**（経済協力開発機構）**に加盟**して資本を自由化しました。

　そして、外資の流入に対抗するため、財閥解体での分割企業が合併（八幡製鉄と富士製鉄の合併による新日本製鉄）するなど、企業大型化が進みました。

③ 国民生活の変化

高度経済成長と占領期の政策

　戦後の民主化が、高度経済成長の一因となりました。**労働組合法**などで労働者の権利が保障され、農地改革で小作農が**自作農**化して小作料負担が消滅すると、国民の豊かさによる**内需**の増大が、経済発展をもたらしたのです。

　また、財閥解体で独占企業体が解体され、企業間競争が激化して**技術革新**が進行するとともに、**過度経済力集中排除法**で銀行が分割対象外だったことから、旧財閥系の銀行を中心に**企業集団**が形成されました。銀行が系列企業へ融資して結合したので、系列企業は**設備投資**の資金入手が容易でした。

(1)　国民の消費生活は、どのようになったのか？

　大衆消費社会が到来し、**消費革命**と呼ばれる耐久消費財の普及が見られました。1960年代には「**三種の神器**」と呼ばれた**電気冷蔵庫・電気洗濯機・白黒テレビ**が普及し、1970年代にかけて「**３С**」（新三種の神器）と呼ばれた**自家用車**（カー）**・クーラー・カラーテレビ**が普及しました。

マス＝メディアの広告は購買欲に刺激を与えるとともに、国民の生活様式を画一化させました。高度経済成長期には、国民の8〜9割が「自分は社会の中層にいる」という**中流意識**を持つようになりました。

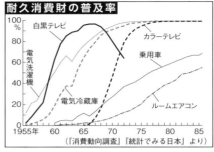

耐久消費財の普及率

（『消費動向調査』『統計でみる日本』より）

自動車は、1960年代後半からアメリカへの輸出が伸びましたが、国内でも普及していき、「マイカー（自家用車）」時代がやってきました。こうした**モータリゼーション**を示すのが、**名神高速道路**や東名高速道路の開通です。

⑵　農業の立ち遅れは、社会にどのような影響を及ぼしたのか？

産業構造が高度化し、第1次産業の衰退と第2次・第3次産業の成長が見られました。農業と工業・サービス業との格差を是正するため、〔池田勇人内閣〕は農業基本法（1961）を制定し、農家の自立経営促進と所得増大をめざしましたが、耕地の狭さから機械化の進行は大規模化ではなく省力化につながり、農業外収入（「父ちゃん」の出稼ぎ）が農業収入（「母ちゃん・爺ちゃん・婆ちゃん」の「三ちゃん農業」）を上回る**第2種兼業農家**が増加しました。また、豊かさは食生活の多様化をもたらし、主食の小麦や副食の消費が増えて米が余ると、政府は米の作付け制限や転作などの**減反政策**（1970〜）を進めました。

農村では**過疎化**が進行する一方、都市では**過密化**が進行し、住宅事情の悪化、交通渋滞や通勤ラッシュ、公共施設の不足などの都市問題が発生しました。そこで、都市近郊に大規模な**団地**を伴う**ニュータウン**（大阪千里ニュータウンや東京多摩ニュータウンなど）が建設されました。都市住民は、夫婦と未婚の子女による**核家族**が多く、1世帯あたりの家族構成員数は減少しました。

④ **公害問題**　〜四大公害は、どのような政治的影響を与えたのか？

高度経済成長は**公害問題**も発生させました。1960年代後半、**水俣病**（熊本県）・**新潟水俣病**（新潟県）・**イタイイタイ病**（富山県）・**四日市ぜんそく**（三重県）の被害をめぐる**四大公害訴訟**が起こされ、これらは訴えた被害者側が勝訴しました。政府も公害問題への対処を迫られ、〔佐藤栄作内閣〕

四大公害

水俣病	…熊本県水俣湾岸、有機水銀中毒（工場廃水）
新潟水俣病	…新潟県阿賀野川流域、有機水銀中毒（工場廃水）
イタイイタイ病	…富山県神通川流域、カドミウム中毒（鉱毒）
四日市ぜんそく	…三重県四日市市、硫黄酸化物（石油コンビナート煤煙）

のもとで**公害対策基本法**（1967）が制定され、**環境庁**（1971）が設置されました。公害対策は地方自治体のあり方にも影響を与え、社会党・共産党に推薦された人物が首長となる**革新自治体**は、地域住民の暮らしを守る公害規制や福祉政策を掲げました（**美濃部亮吉**が東京都知事に当選［1967］）。

2 ドルショック・石油ショック（1970年代）

① ドルショック

(1) ドルを基軸通貨とする通貨システムは、どのようなものであったか？

ブレトン＝ウッズ体制（IMF体制）は第二次世界大戦後の国際的な通貨・金融システムで、アメリカが世界中の金の大半を保有していることを背景に、ド

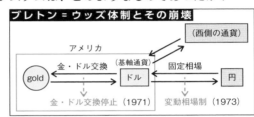

ルと金との交換比率を固定して兌換を保証し（**金・ドル交換**）、ドルと西側諸国の通貨（日本の円など）とを**固定相場**で結びます。こうした金ドル本位制（金で価値が保証されたドルを基軸通貨とする）によって、アメリカを中心とする西側諸国は、互いに固定相場のなかで円滑な貿易を行うことができました。日本はドッジ＝ライン（1949）で**単一為替レート**を実施したとき、この体制に参入しました。

(2) 金・ドル交換停止はなぜ停止され、のち為替制度はどう変化したか？

1960年代後半のアメリカでは、ベトナム戦争の軍事支出や、西側諸国への経済援助、復興した日本やヨーロッパからの輸入により国際収支が悪化し、各国は獲得したドルをアメリカで金と兌換したため、金が大量流出しました。

こうしたなか、**ニクソン大統領**は**金・ドル交換停止**を含む新経済政策を発表し、**ドルショック**（1971）が拡大しました（日本では［**佐藤栄作内閣**］）。1ドル＝360円という割安な為替レートは崩れ、のちスミソニアン協定で**1ドル＝308円**の円切り上げ（ドル切り下げ）となり、最終的に**変動相場制**へ移行し（1973）、以降は日本経済の実勢にあわせて円高の傾向が強まっていきました。

② 石油ショック

(1) 第1次石油ショックはなぜ発生し、どのような影響を広げたのか？

第二次世界大戦後の中東では、パレスチナに移住したユダヤ人が建国したイスラエルと、この地を追い出されたパレスチナ人を支援するアラブ諸国との間

で、激しい対立があり（**パレスチナ問題**）、すでに3度の戦争が起きていました。1973年に**第4次中東戦争**が勃発すると、アラブの産油国で結成されたＯＡＰＥＣ（アラブ石油輸出国機構）が、イスラエルを支援する欧米や日本に対して原油の輸出制限を行い、4倍にまで価格を引き上げました。

　こうした**第1次石油ショック**（1973）は、原油を輸入に依存する日本経済を直撃しました。エネルギー資源や石油化学工業原料の価格高騰に、〔**田中角栄内閣**〕の日本列島改造政策にともなうインフレも重なり、「**狂乱物価**」が生じました。翌年の国民総生産は前年を下回り、戦後初の**マイナス成長**（1974）となりました。世界に影響を与えた経済問題に対応するため、パリで初の**先進国首脳会議**（**サミット**）が開かれました（1975　日本では〔**三木武夫内閣**〕）。

⑵　**2度の石油ショックを経て、日本経済はどう変化したのか？**

　1970年代末、イランでイスラーム復興と反欧米を掲げた革命が勃発すると（**イラン革命**）、革命政府による原油産出制限で再び原油価格が高騰し、**第2次石油ショック**（1978〜79）が発生しました。こうして、内需に支えられてきた高度経済成長の時代が終わり、日本経済は安定成長へ向かっていきました。

　企業は省エネルギーや人件費削減などの**減量経営**を進め、「重厚長大」産業から「軽薄短小」産業（ハイテク産業）への転換が進むなか、パーソナルコンピューターや産業ロボットなどＭＥ（マイクロ・エレクトロニクス）技術を導入した、事務所や工場のＯＡ（オフィス・オートメーション）化も進みました。

3　現代の情勢（1980年代〜1990年代）

① 冷戦の終結

⑴　**1980年代、米ソ対立は、どのような結末を迎えたのか？**

　ソ連がアフガニスタンへ侵攻して（1979）、社会主義の親ソ政権を反政府組織から守ろうとしたのに対し、反発した「西側」（日本も含む）がモスクワオリンピックをボイコットしました（1980）。そして、アメリカのレーガン大統領がソ連への強硬姿勢をとり、再び東西両陣営が緊張しました（新冷戦）。

　1880年代後半、ソ連の指導者ゴルバチョフが登場し、社会主義を維持したうえで民主的な改革（**ペレストロイカ**）を進めました（チェルノブイリ原子力発電所事故も発生［1986］）。外交面では核軍縮と対米協調を進め、アフガニスタンから撤退しました。

　そして、米ソ首脳のマルタ島会談で「**冷戦の終結**」が宣言されました（1989）。「ヤルタからマルタへ」と言われる冷戦の時代は、終わりを告げたのです。

(2) ソ連と東ヨーロッパには、どのような状況が生まれたのか？

　ソ連の改革は東ヨーロッパ諸国を刺激し、社会主義政権の崩壊と民主化が進行しました（東欧革命）。ベルリンは東ベルリン（東ドイツ領）と西ベルリン（西ドイツ領）に分断されていましたが、市民の力によって**「ベルリンの壁」が崩壊**し（1989）、のち**東西ドイツの統一**が達成されました（1990）。

　そして、東欧の民主化に刺激を受けたソヴィエト連邦内の共和国が、次々と連邦からの離脱を宣言し、最終的に**ソ連邦は解体**されました（1991）。

(3) 1990年代以降、アメリカはどのように国際秩序に関与したのか？

　宗教・民族の対立による内戦が各地で勃発し、唯一の大国となったアメリカが介入を強めました。イラン革命を契機とするイラン・イラク戦争（1980〜88）を終えたイラクは、国力回復を図って隣国のクウェートへ侵攻しましたが、アメリカ中心の「多国籍軍」が国連決議のもとで武力制裁を加えました（**湾岸戦争** 1991）。日本は多額の資金供与を行ったものの、その後の日本は「国際貢献」の名目で、アメリカの世界戦略への協力を一層求められました。

② 経済大国日本

(1) 貿易摩擦は、どのような状況のなかで発生したのか？

　1980年代前半、内需が縮小するなかで、自動車・電気機械・**半導体**を中心に輸出が伸張して**貿易黒字**が拡大しましたが、欧米との間に**貿易摩擦**を生み、特に膨大な対日貿易赤字を抱えたアメリカは日本に批判的でした。

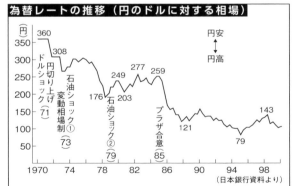

為替レートの推移（円のドルに対する相場）

（日本銀行資料より）

　米・日・独・仏・英の５カ国で**Ｇ５**（５カ国蔵相・中央銀行総裁会議）が開かれ、為替市場への協調介入によるドル高の是正を決定した（**プラザ合意** 1985）のち、円高が急激に進行しました。さらに、日本の輸入を増加させるため、自由化が進められました。日米交渉で**牛肉・オレンジの自由化**が実施され、GATT の多国間交渉（ウルグアイ゠ラウンド）でコメ輸入の部分開放も実施されました（1993）。

(2) 「バブル経済」は、なぜ発生したのか？

　1980年代後半、急速な円高の進行で、輸出不振による**円高不況**が生じました。海外へ生産拠点を移す企業が相次ぎ、日本国内では**産業の空洞化**が進みました。政府が内需の拡大を図って**超低金利政策**をとると、金融機関からの多額の融資金が株式や土地の投機的取引（相場の変動で生じる差額を利得する取引）へ流れ込み、株価や地価が暴騰し、空前の「**バブル経済**」が生まれました。

(3) 「バブル経済」が崩壊すると、日本経済はどうなったのか？

　1990年代に入ると、株価の暴落に続いて地価も暴落し、「**バブル経済**」が**崩壊**しました。金融機関は不良債権や不良資産を抱えて経営が悪化し、企業の生産活動も停滞して、**平成不況**となりました。**リストラ**による失業者の増加や消費の冷え込みが見られ、1990年代後半には金融機関の破綻が相次ぎました。

③ 保守長期政権の解体（1980年代〜1990年代）

(1) 1980年代、保守長期政権はどのような状況だったのか？

　〔**大平正芳内閣**〕の後、〔**鈴木善幸内閣**〕のもとで**臨時行政調査会**（第2次）が置かれ、次の〔**中曽根康弘内閣**〕のときに調査会の答申にもとづく**行財政改革**が本格化しました。財政赤字を抑えるため国有企業の民営化が進められ、**日本電信電話公社**（電電公社）は **NTT** になり、**日本専売公社**は **JT** になり、**日本国有鉄道**（国鉄）は **JR**7社に分割されました。ほか、**プラザ合意**（1985）での円高加速や**男女雇用機会均等法**の制定も、この内閣のときでした。

　1989年に昭和64年から平成元年に移行したころ、〔**竹下登内閣**〕ではシャウプ税制以来の改革として大型間接税の消費税（税率**3％**）がスタートしましたが（1989）、贈収賄事件である**リクルート事件**が総辞職の原因となりました。短命に終わった〔**宇野宗佑内閣**〕の後、〔**海部俊樹内閣**〕のときには総評が解散し、労資協調路線の全国的労働組合である**連合**（日本労働組合総連合会）が成立しました（1989）。**湾岸戦争**（1991）への対応に迫られ、「多国籍軍」へ資金援助を行い、戦後のペルシア湾へ海上自衛隊の掃海艇を派遣しました。

(2) 1990年代、55年体制はどのように崩壊したのか？

　〔**宮沢喜一内閣**〕のとき、「国際貢献」の一環として、日本国憲法の範囲で**国連平和維持活動**に参加する **PKO 協力法** が制定され（1992）、初の自衛隊海外派遣としてカンボジアへ派遣されました。しかし、佐川急便事件やゼネコン汚職事件などで自民党金権政治への批判が強まるなか、「政治改革」を主張する議員が自民党を離党し、内閣不信任案の可決を経た解散総選挙では、自民党が

過半数割れして大敗する一方、自民党・共産党を除く８党派が過半数を制し、**非自民８党派の連立**による〔**細川護熙内閣**〕が発足しました（細川は日本新党）。38年続いた自民党長期政権は終了し、55年体制は崩壊したのです（1993）。そして、ウルグアイ＝ラウンドで決定されたコメ輸入の部分開放が実施され、政治改革法で衆議院に小選挙区比例代表並立制が導入されました。

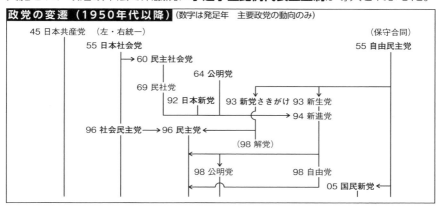

政党の変遷（1950年代以降）（数字は発足年　主要政党の動向のみ）

45 日本共産党　（左・右統一）　　　　　　　　　　　　　　　　　　　　（保守合同）

55 日本社会党　　　　　　　　　　　　　　　　　　　　　　55 自由民主党

→ 60 民主社会党

64 公明党

69 民社党

92 日本新党　　　93 新党さきがけ 93 新生党

→ 94 新進党

96 社会民主党 → 96 民主党 ←

（98 解党）

98 公明党　　　98 自由党

05 国民新党 ←

IV

近代・現代

4　戦後の文化（1940年代後半〜）

　人文科学では考古学が発展し（**岩宿遺跡**・**登呂遺跡**の発掘調査）、社会科学では政治学の**丸山真男**が登場し、自然科学では物理学の湯川秀樹が中間子理論で日本人初のノーベル賞を受賞しました（1949）。また、学界の代表機関として**日本学術会議**が置かれ（1949）、法隆寺金堂壁画の焼損を機に文化財保護法（1950）が制定され、国際連合のユネスコで採択された世界遺産の条約に日本も批准しました（**原爆ドーム**は核兵器の惨禍を伝える文化遺産）。

　文学では、坂口安吾・**太宰治**が戦前の価値観に挑戦し、**大岡昇平**・野間宏が自らの戦争体験を著しました。映画では、**黒沢明**や溝口健二が国際映画祭で高評価を受けました。漫画では、手塚治虫『**鉄腕アトム**』が少年雑誌に連載されてテレビアニメも作られ、**長谷川町子『サザエさん』**が新聞に連載されました。歌謡曲では、並木路子「**リンゴの唄**」が敗戦直後の人びとに共感を得て流行し、**美空ひばり**が歌謡界の女王とされました。メディアでは、民間ラジオ放送に加えてテレビ放送（1953）も始まり、人びとの日常生活に欠かせないものになりました。

山中裕典（やまなか　ひろのり）

河合塾講師、東進ハイスクール・東進衛星予備校講師。大学・大学院では日本史学を専攻し、私立中高一貫校の教員として大学受験指導に力を入れた経歴をもつ。現在、予備校で東大・京大・一橋大をはじめとする国公立大対策を中心に、早大・慶大をはじめとする難関私大対策なども担当する。特に、論述式問題の対策指導は、圧倒的な支持を得る。

授業では、オリジナル年表で歴史のタテのつながりとヨコのひろがりを把握することに加え、図解板書で歴史の構造を描き出して理解を深める。「歴史の全体像をつかみ、動きをイメージできれば、覚えた知識が使いこなせるようになる」をモットーに、あらゆる形式・内容の入試問題を解くときにベースとなる「ゆるぎのない基礎力」が身につく授業を展開する。

大人の教養　面白いほどわかる日本史

2023年3月29日　初版発行

著者／山中　裕典

発行者／山下　直久

発行／株式会社KADOKAWA
〒102-8177　東京都千代田区富士見2-13-3
電話　0570-002-301（ナビダイヤル）

印刷所／株式会社加藤文明社印刷所